本书由中国—上海合作组织国际司法交流合作培训基地资助出版

本书部分内容为作者主持的2019年国家社会科学基金一般项目“我国国际商事法庭重大制度革新研究”（19BFX-204）的阶段性研究成果

上海政法学院国际法文库

总主编　刘晓红

美国冲突法成文化初论

许庆坤　著

法律出版社
LAW PRESS·CHINA
北京

图书在版编目(CIP)数据

美国冲突法成文化初论 / 许庆坤著. -- 北京 : 法律出版社, 2022

ISBN 978-7-5197-6658-0

Ⅰ. ①美… Ⅱ. ①许… Ⅲ. ①冲突法—研究—美国
Ⅳ. ①D997.2

中国版本图书馆 CIP 数据核字(2022)第 065251 号

美国冲突法成文化初论
MEIGUO CHONGTUFA CHENGWENHUA CHULUN

许庆坤 著

责任编辑 韩满春
装帧设计 臧晓飞

出版发行 法律出版社
编辑统筹 学术·对外出版分社
责任校对 王 丰 郭艳萍
责任印制 陶 松
经　　销 新华书店

开本 710 毫米×1000 毫米 1/16
印张 16 **字数** 239 千
版本 2022 年 7 月第 1 版
印次 2022 年 7 月第 1 次印刷
印刷 北京建宏印刷有限公司

地址:北京市丰台区莲花池西里 7 号(100073)
网址:www.lawpress.com.cn
投稿邮箱:info@lawpress.com.cn
举报盗版邮箱:jbwq@lawpress.com.cn

销售电话:010-83938349
客服电话:010-83938350
咨询电话:010-63939796

书号:ISBN 978-7-5197-6658-0
定价:68.00 元

凡购买本社图书,如有印装错误,我社负责退换。电话:010-83938349

总　序

当今世界正面临百年未有之变局,全球化正朝着治理体系构建的方向演进发展,国际力量对比和国际法治也处于深刻的变革之中。在众声喧哗的世界政经舞台上,中国提出的“共商、共建、共享”原则已渐成国际新共识,“你中有我、我中有你”的“人类命运共同体”正日益由理念走向实践,而践行这一理念的“一带一路”倡议也正获得从东方到西方的广泛认同。在全球加速变革的宏观背景下,某些不合时宜的国际法理念和制度需要重构或完善;国际关系实践的新问题需要国际法理论作出回应或阐释;如何推进全球治理体系的法治化,更是值得我国国际法学者深入研究的重大课题。

胸怀天下,服务社会,乃大学之使命。上海政法学院坚持“立足政法、服务上海、面向全国、放眼世界”的办学宗旨,培养德法兼修、全面发展,具有创新思维和全球视野的高素质复合应用型人才,主动对接经济社会发展重大需求,为推动地区和世界和平发展贡献绵薄之力。2013 年 9 月 13 日,习近平主席在上海合作组织比什凯克峰会上宣布,中方将在上海政法学院设立“中国—上海合作组织国际司法交流合作培训基地”,并愿意利用这一平台为其他成员国培养司法人才。此后,2015 年,最高人民法院在学校设立“一带一路”司法研究基地;2019 年,司法部牵头成立“中国—上海合作组织法律服务委员会”,学校为首批交流合作基地之一。依托这些重要平台,学校在推动上海合作组织成员国和

“一带一路”沿线国家司法交流合作方面发挥了积极作用,也加快了国际法学科建设和国际化人才培养的步伐。近年来,学校国际法学科汇聚了一批资深学者和优秀才俊,产出了一批研究成果,在我国国际法学领域,乃至世界国际法学舞台上发出了“上政声音”。“闭门造车之独乐,不如共襄学术之众乐”,为展示我校国际法学人的最新研究成果,加强与国内外同仁之间的合作交流,我们特推出这一套“上海政法学院国际法文库”。

就为学做文之要,我曾提出若干原则与学校诸位同仁共勉,即脚踏实地潜心学术,稳立潮头放眼四海,不盲从权威,不人云亦云,秉“多观察、多思考、多研析”之作风,做“有高度、有温度、有态度”之学人,务“求实、求新、求深”之学术,写“凝练典雅、蕴涵深刻、启迪心智”之文章,并以“胸怀天下而治国际法学”作为国际法学人毕生之追求!

“上海政法学院国际法文库”秉承“包容性与专业性并举,批判性与创新性共存”的理念,坚持求同存异、多维发展。“包容性与专业性并举”不仅是“上海政法学院国际法文库”的核心元素,亦为国际法学科发展的重要品质。只有“不拘一格、海纳百川”,才能为国际法学研究带来源源不断的能量与养分,才能为国际法的发展提供更为广阔的学术空间。同时,只有“立足前沿、高屋建瓴”,以专业眼光、专业态度和专业知识解读和分析国际法的理论和问题,才能更好地指导和引领国际法实践。“包容性与专业性并举”,国际法学的理论研究便能不断走向深入,国际法学科的发展便能开枝散叶、发扬光大。

“批判性与创新性共存”,意在学术研究离不开批判,批判是创新的土壤。如果说批判性思维对法律学人而言弥足珍贵,其于国际法学人更是不可须臾或缺。比较法视角一直是国际法理论研究的重要方法之一。身为国际法学人,不仅要善于从古今中外法律文化中消化吸收有效的养分,也要敢于怀疑权威、藐视权威,敢于对纷繁芜杂的法律文化成果作批判性的扬弃。爱尔维修曾指出:普遍的真理应该完整地表达出来。每一个体掌握的只是局部真理,普遍真理是不断创新的结果,而创新不过是不同观点在交锋和碰撞中溅出的火花罢了。

正因如此,“上海政法学院国际法文库”秉持“包容性与专业性并举、批判性与创新性共存”的标准,严格遴选优秀学术成果,以期激荡创新的火花,张扬理性的光辉。相信这一文库的推出,能为国际法同仁提供思考与争鸣的平台,为中外法学的互鉴互通提供交流的渠道,也能拓宽广大读者的国际视野。

中国的发展离不开世界,世界的发展也离不开中国。处在今天的时代,我国国际法学人躬逢其盛,自当奋发有为,积极投身国际友好关系和国际新秩序的建设,以学术研究创新为中国国际法学的学科建设添砖加瓦,以洒扫一室兼济天下之襟怀为中国国际法和国际法治的可持续发展建言献策。这不仅是一代国际法学人作为整体所负的光荣使命,也是每个国际法学人肩上不容推卸的历史责任!我想,这大概也是"上海政法学院国际法文库"适时推出的意义之所在吧。

是为序。

刘晓红
2019 年 4 月 12 日
于上海

目 录

序

当前,统筹推进国内法治和涉外法治是我国法治建设的重要内容。国际私法虽冠以“国际”二字,但其主要构成为国内法,调整的是涉外民商事交往事项,显而易见属于涉外法治的组成部分。2010 年我国《涉外民事关系法律适用法》通过以来,迄今已十余年,其粗疏简陋之弊在司法实践中日益凸显。国内学界诸多有识之士近年来大声疾呼对其修订和完善。研究国外在此领域编撰规则的经验教训,无疑对我国下一步的法律修订具有现实意义。本书旨在探讨美国冲突法成文化的利弊得失和理论争鸣,希冀为我国立法完善和研究深化提供些许镜鉴。

虽然美国法整体上早已进入成文法时代,但在冲突法领域,普通法却依然占据主导地位,宛如一处相对平静的港湾。不过,在这片看似风平浪静的港湾里,冲突法成文化已经发展为一股后劲十足的潮流。具有深厚大陆法系传统的路易斯安那州首开先河,成为美国第一个系统编撰冲突法的州。它一方面在形式上继承了大陆法系立法的“简洁”“庄重”“优美”,另一方面在内容上采撷了两大法系的制度精华,创建了具有鲜明本地特色的冲突法混合制度。俄勒冈州在实行普通法制度的各州中领风气之先,率先制定了成文冲突法,在冲突法正义和实体法正义的困境中寻求突破口,恢复了法律灵活性和稳定性的适度平衡。为应对普通法的复杂性和不确定性的痼疾,美国法学会两度编撰“冲突法重述”,

将繁杂的判例法系统梳理为成文的冲突法规则,这套规则已成为广为法院认可的民间法。2014 年开启的《冲突法重述(第三版)》起草,亮点纷呈,令人瞩目。为应对冲突法发展新挑战,美国法学会晚近还起草了具体领域的冲突法立法建议和法律原则,以引领冲突法成文化的新发展。在官方立法和民间组织立法之外,还有众多学者和法官将理论成果和司法判例密切结合,起草了独具风格的法律选择规则,成为冲突法成文化的涓涓细流。在冲突法成文化的背后,是法官和学者对冲突法成文化态度的巨变。本书力图初步呈现一副美国冲突法成文化的立体画卷。

本书主体分为四章。前两章分别探讨路易斯安那州和俄勒冈州的官方立法。第三章全面剖析美国法学会的民间立法,即前两版"冲突法重述"以及晚近《冲突法重述(第三版)》的起草。第四章分析法官和学者的个人规则提炼。

第一章"采撷两大法系冲突法的精华:路易斯安那州的冲突法立法",探讨路易斯安那州立法的背景、内容和得失。该州虽然在美国率先制定成文冲突法规则,但此类规则并未得到法院的严格遵循,法院在部分领域信马由缰,自行创立判例法。"冲突法革命"导致该州判例"杂草丛生",迫使该州议会毅然决定全面编撰冲突法。新冲突法在大陆法系立法结构下融合了两大法系冲突法精华,最大特点是将美国本土的比较损害分析方法条文化并上升为一般规则;合同冲突法汲取了欧美冲突法的养分,侵权冲突法则以大陆法系的立法形式系统提炼了欧美现代冲突法的理论和实践。这部立法是欧式的明确规则和美式的灵活方法相互融合的有益尝试,在司法实践中提高了法律适用的确定性和可预见性。

第二章"普通法制度的成文化:俄勒冈州的冲突法立法",全面分析了俄勒冈州 2001 年《涉外合同法律适用法》和 2009 年《侵权和其他非合同赔偿性请求法律适用法》的立法背景、具体内容以及立法特色和理论渊源。1964 年俄勒冈州最高法院在涉外合同领域作出了美国第一个真正具有革命性的判例,是美国第二个投入"冲突法革命"的州。多种现代法律选择方法使该州的冲突法像脱缰的野马,导致判例前后不一,法律的指引功能几近丧失。该州立法机关一改长期的普通法传统,决定结合最新理论和立法成果将繁杂的判例法编撰成文。两部冲突法立法明确限定了适用法院地法的情形、将规则与方法巧妙结合、规则精细且宽严有别、法律选择方法灵活有度,充分体现了里斯、西蒙尼德斯和纳夫齐格三位教授的先进理论成果。

第三章"融合法律界集体智慧的民间法:美国'冲突法重述'",系统研究了美国法学会与"法律重述"的关系,《冲突法重述(第一版)》和《冲突法重述(第二版)》的起草过程、主要内容和经验教训,并分析了《冲突法重述(第三版)》的起草争议及其草案的部分内容。美国法学会民间立法活动的法理根基已出现重大转向,过分追求规则的理论纯粹性、理论基础错误和脱节于实践是《冲突法重述(第一版)》的主要败因,折中主义构成了《冲突法重述(第二版)》的最显著特色,《冲突法重述(第三版)》的起草争议及其草案蕴含的内在紧张关系意味着此版重述征途漫漫。

第四章"冲突法成文化的涓涓细流:法官和学者的规则提炼"精选了一位法官和三位学者个人总结的规则,以例证美国冲突法成文化的个体基础。在"冲突法革命"中声名远播的富尔德法官在一系列乘客法判例的基础上创立了"纽美尔规则",在侵权冲突法领域将处在"革命"最前沿的纽约州纳入了规则化的轨道。偏爱规则的西蒙尼德斯教授为推动《冲突法重述(第三版)》的起草工作提出了侵权冲突法建议条文。"法律适用意愿分析说"的忠实信徒塞德拉教授总结出了十条"法律选择通例",为柯里方法的实践可行性提供例证。擅长实证研究的博彻斯教授将内布拉斯加州的判例法系统总结为成文的法律选择规则,期望为法官和律师提供明确的规则指引。

美国冲突法成文化是对"冲突法革命"反思的重要结晶之一,彰显了美国现代法律选择规则的鲜明特色,呈现的是一副理论与实践水乳交融的生动画面。但本书只是该领域的初步研究成果,联邦和各州其他成文法中的法律选择规则、美国法学会晚近出版的冲突法立法建议和法律原则等众多问题尚有待深入探讨。

导　言

与一些人的初步印象恰恰相反,作为典型普通法国家的美国早已进入成文法时代。在美国快速工业化和城市化的 19 世纪末和 20 世纪初,普通法面对急剧的社会变革反应迟缓,立法机关为缓解社会矛盾开始大量制定成文法。在 20 世纪 30 年代的罗斯福新政时期,在法律现实主义运动的推动下,为度过经济大萧条而掀起的立法浪潮催生了美国现代经济法和社会法。[①] 早在 1977 年,耶鲁大学法学院的卡拉布雷西(G. Calabresi)教授就明确宣告:在过去的 50~80 年,美国已经从普通法主导时期进入"成文法为首要法律渊源"的时代,"成文法主宰了现代美国法"。[②] 如今,成文法已经统领美国社会和经济生活,法院裁判案件更多的是依赖成文法而非普通法,[③]以致伯纳姆(W. Burnham)教授提醒"将美国称为普通法国家其实是种误导",[④]彼得·海(Peter Hay)教授认为美国法律制度其实为一种判例法和成文

---

① 关于法律现实主义运动对美国立法的影响,参见许庆坤:《美国冲突法理论嬗变的法理——从法律形式主义到法律现实主义》,商务印书馆 2009 年版,第 12-45 页。

② See G. Clabresi, *A Common Law for the Age of Statutes*, Cambridge, Harvard University Press, 1982, p. 1, 183.

③ 参见[美]H. W. 埃尔曼:《比较法律文化》,高鸿钧等译,清华大学出版社 2002 年版,第 39 页。

④ [美]W. 伯纳姆:《英美法导论》,林利芝译,中国政法大学出版社 2003 年版,第 41 页。

法的“混合法”[①]。

但在冲突法领域,却有一番别样景致,普通法犹如一处相对平静的港湾,外面的成文法浪潮在此没有掀起惊涛骇浪。莱弗拉尔(R. Leflar)教授在20世纪70年代末观察到,“美国冲突法的主体至今一直是法官所造之法”。[②] 10年后,里斯(W. Reese)依然看到,“有关法律选择的成文法相对稀少”。[③] 时至今日,不仅判例法依然在冲突法领域占据主导地位,而且法院判决时更多地依赖法律选择方法而非法律选择规则,[④]法官们乐此不疲地从事个案分析,旁若无人地不断“重新发明车轮”。西蒙尼德斯(S. Symeonides)教授,通过阅读数千份判决书,失望地发现司法印象主义和直觉主义仍旧大行其道,美国冲突法案件就像《一千零一夜》中的故事,个个“新鲜而独特”。[⑤] 荣格(F. Juenger)教授的结论与之类似,他认为美国判例法混乱不堪,浏览美国判例法的感受就像阅读《爱丽丝梦游仙境》。[⑥]

冲突法领域的这种局面同美国“冲突法革命”[⑦]息息相关。司法界曾经流行适用比尔(J. Beale)起草的美国法学会《冲突法重述(第一版)》(以下简称《重述一》)。由于基于错误的既得权理论并脱节于司

---

① 参见[美]彼得·海:《美国法概论》(第四版),许庆坤译,北京大学出版社2020年版,第8页。

② R. Leflar, “Choice-of-Law Statutes”, *Tennessee Law Review* 44, 1976-1977, p. 951.

③ W. Reese, “Statutes in Choice of Law”, *American Journal of Comparative Law* 35, 1987, p. 395.

④ 关于美国法律选择方法阵营的最新数据,参见 S. Symeonides, “Choice of Law in the American Courts in 2020: Thirty-Fourth Annual Survey”, *American Journal of Comparative Law* 69, 2021, p. 159。虽然有数量众多的法院采用《冲突法重述(第二版)》,但其实大多数法院适用其中的一般法律选择方法而非具体的法律选择规则。See P. Borchers, “Courts and the Second Conflicts Restatement: Some Observations and an Empirical Note”, *Maryland Law Review* 56, 1997, p. 1233, 1244.

⑤ See S. Symeonides, “A New Conflicts Restatement: Why Not?”, *Journal of Private International Law* 5, 2009, p. 411.

⑥ See F. Juenger, “A Third Conflicts Restatement?”, *Indiana Law Journal* 75, 2000, p. 403.

⑦ 彼得森(Peterson)教授将20世纪美国冲突法的历史分为三个阶段:既得权时代、冲突法革命时代和折中主义时代。See C. Peterson, “Private International Law at the End of the Twentieth Century: Progress or Regress?” *American Journal of Comparative Law* 46, 1998, p. 199. 但美国冲突法“革命”是个模糊的概念,甚至这一称呼是否妥当都值得商榷,因此对于其起止时间存在不同看法。参见许庆坤:《美国冲突法理论嬗变的法理:从法律形式主义到法律现实主义》,商务印书馆2009年版,第79页,注释1、2。

法实践，这套民间法在 1934 年出版之前就受到库克（W. Cook）、凯弗斯（D. Cavers）、安特马（H. Yntema）和劳伦森（E. Lorenzen）等法律现实主义者的猛烈抨击。早期批评之声不断酝酿发酵，在 20 世纪 50~70 年代终于发展成一场轰轰烈烈的“冲突法革命”。学者们从各种视角批判比尔的理论和规则的荒谬，并提出了令人耳目一新的“法律适用意愿分析说”（governmental interest analysis）“法院地法说”“五点考虑因素说”“优先法律选择原则”等现代法律选择理论和方法。[①] 在学者的鼓动下，法官们也不甘落后地跃入司法界“冲突法革命”的浪潮中，纷纷抛弃比尔的僵硬冲突法规则，改而采用各种现代法律选择方法进行个案分析。[②] 一时间，人们认为法律选择规则就是比尔的粗劣规则，柯里（B. Currie）的“没有法律选择规则我们会更好些”的极端论断盛行一时。[③] 在冲突法理论与实践的乱象之中，立法机关不愿踏入这片“阴暗的沼泽地”。因此，尽管库克教授很早就发现《联邦宪法》赋予了国会制定全国统一冲突法的权力，[④]斯廷森（E. Stimson）教授在 1950 年还为此拟定了完整的立法建议稿，[⑤]但美国国会迄今为止尚未有冲突法立法迹象。

在这看似风平浪静的港湾里，却奔涌着一股成文化的强劲潮流，其掀起的浪花有望改变美国冲突法的传统发展模式和进程。在 1972 年美国“冲突法革命”高潮之际，作为弄潮儿的纽约州上诉法院一改个案分析的风格，创立了条文化的“纽美尔规则”（Neumeier）。[⑥] 以规则导向为特征的《冲突法重述（第二版）》（以下简称《重述二》）逐渐为众多

---

① 关于学界的“冲突法革命”，参见许庆坤：《美国冲突法理论嬗变的法理——从法律形式主义到法律现实主义》，商务印书馆 2009 年版，第 79 页以下。

② 关于司法领域的“冲突法革命”，参见 P. Hay, P. Borchers, S. Symeonides, C. Whytock, *Conflict of Laws*, St. Paul, West Academic Publishing, 6th ed., 2018, p. 65-104。

③ See S. Symeonides, “Private International Law at the End of 20th Century: Progress or Regress?” in *Private International Law at the End of 20th Century: Progress or Regress?* (S. Symeonides ed.), The Hague, Kluwer Law International, 2000, p. 23-24.

④ 库克认为《联邦宪法》第 1 条中的“充分信任与诚信条款”赋予了国会这一权力。See W. Cook, *The Logical and Legal Bases of the Conflict of Laws*, Cambridge, Harvard University Press, 1942, p. 105.

⑤ See E. Stimson, “Simplifying the Conflict of Laws: A Bill Proposed for Enactment by the Congress”, *American Bar Association Journal* 36, 1950, p. 1005-1006.

⑥ Neumeier v. Kuehner, 31 *N. Y. 2d* 121(1972).

法院所接受,成为美国冲突法的主流规则,表明法院对待冲突法的态度正悄然发生变化。在 1991 年,秉承大陆法系传统的路易斯安那州将《路易斯安那州民法典》(以下简称《路州民法典》)中的零星法律选择规则发展成蔚然大观的单独"冲突法篇",成为美国对冲突法全面立法的第一州。俄勒冈州分别于 2001 年和 2009 年通过了《涉外合同法律适用法》和《侵权和其他非合同赔偿性请求法律适用法》,在美国普通法州中率先引领冲突法成文化的潮流。波多黎各自由邦的冲突法立法草案正等待立法机关的批准。① 获得各州广泛接受的《统一商法典》《统一证券法》《统一遗嘱认证法》中均有法律适用条款,规定妥当、思虑周全,堪为成文法中法律选择规则的典范。② 在冲突法官方立法和民间集体立法的背后,还有众多法官和学者将理论与判例密切结合,提出了个性化的法律选择规则。

美国冲突法历来是学者的领地,③冲突法成文化潮流的形成与发展与学者对待成文冲突法规则的态度之转变密不可分。在"冲突法革命"渐入高潮之际,深具远见卓识的凯弗斯教授就试图力挽当时流行的个案分析趋势,强调"冲突法正义"和"规则导向",并将早年提出的"规则和结果选择说"进一步发展为"优先选择原则"。④ 在对待规则和方法的选择上,《重述二》的报告人里斯教授态度明确:"同其他领域一样,发展规则同样应该是法律选择领域的一个目标。"⑤"冲突法革命"导致的判例法乱象使柯里的规则虚无主义渐趋失去市场,里斯教授的观点逐步获得广泛认可。罗森堡(M. Rosenberg)教授在 20 世纪 80 年代敏锐地观察到,即便柯里学说的忠实信徒也无法容忍彻底的个案分析方法,

---

① See S. Symeonides, "A New Conflicts Restatement: Why Not?", *Journal of Private International Law* 5, 2009, p. 408 - 409. 关于波多黎各自由邦冲突法立法的进展,参见 S. Symeonides, "The Third Conflicts Restatement's First Draft on Tort Conflicts", *Tulane Law Review* 92, 2017, p. 3, Note 7。

② See R. Leflar, "Choice - of - Law Statutes", *Tennessee Law Review* 44, 1976 - 1977, p. 963-965.

③ See H. Kay, "Ehrenzweig's Proper Law and Proper Forum", *Oklahoma Law Review* 18, 1965, p. 233.

④ 关于凯弗斯"优先选择原则"的提出背景和内容,参见许庆坤:《美国冲突法理论嬗变的法理——从法律形式主义到法律现实主义》,商务印书馆 2009 年版,第 182 页以下。

⑤ W. Reese, "Choice of Law: Rules or Approach", *Cornell Law Review* 57, 1971 - 1972, p. 319.

开始回到规则的轨道;他们意识到,可预见性、适用简便和判决一致性是实现正义的必要条件,而构思精妙的规则可以促进这些目标的实现。[①] 在众多学者中,作为"冲突法革命"领军人物之一的莱弗拉尔教授态度的转变可谓典型:

> 如果我们的目标是追求取得法律正义的良好规则,那么适用于特定情形的法律选择规则,是出现于普通法中还是成文法中并无多少差异。同样的规则得以任何一种形式创立。尽管典型的成文法更不灵活,但并非任何一种冲突法案件都需要灵活性。况且,在不需要精确性的领域,也可在成文法中注入灵活性,恰如对待普通法,以及普通法通常规定的方式。[②]

整体而言,美国冲突法学者晚近对成文法的态度发生了"巨变"。例如,在美国法学院协会冲突法分会 1989 年有关群体性侵权和复杂诉讼案件的冲突法问题研讨会上,三位主要发言人尽管主张的方案内容不同,但均赞同采用成文法作为解决方式。难以想象在 10 年前能达成如此的高度一致。[③] 再如,在美国法学院协会冲突法分会 1999 年关于起草《冲突法重述(第三版)》(以下简称《重述三》)的研讨会上,绝大部分学者支持着手起草工作。[④]

导致学者态度转变的原因有多种,但有两点不容忽视。一方面,过分灵活的现代法律选择方法使美国判例法事实上处于混沌状态,结果的可预见性和确定性几近丧失,和《重述一》的僵硬规则所导致的后果同样糟糕。另一方面,立法实践和学者的研究表明,成文的冲突法规则并非只是《重述一》中简单而僵硬的规则这样一种形式,而是可以采用多种新形式。比如,采用选择性连结点以促进交易的有效性,采用推定

---

① See M. Rosenberg, "The Comeback of Choice-of-Law Rules", *Columbia Law Review* 81, 1981, p. 951.

② R. Leflar, "Choice-of-Law Statutes", *Tennessee Law Review* 44, 1976-1977, p. 952.

③ See C. Peterson, "New Openness to Statutory Choice of Law Solutions", *American Journal of Comparative Law* 38, 1990, p. 423-424.

④ See S. Symeonides, "A New Conflicts Restatement: Why Not?", *Journal of Private International Law* 5, 2009, p. 385.

规则、分割方法或例外条款，或者赋予一方当事人以法律选择权，等等。[①] 因此，即便美国学者开始接纳成文的冲突法规则，但此类规则绝非《重述一》中的传统规则，也非欧洲大陆的现代规则，而是深具美国特色的现代法律选择规则。

下文将对美国冲突法成文化进行初步研究，探讨美国现代典型成文法律选择规则的成因、内容以及各方反响。首先《路州民法典》第四编"冲突法篇"，笔者将主要以其中的债权冲突法为例，从立法背景、立法内容和理论评析三方面分析其如何巧妙地立足本地实践，采撷两大阵营冲突法之长，将冲突法"规则"与"方法"融会贯通而自成一家，成功实现冲突法的本土化和现代化。其次，笔者将探讨俄勒冈州的《涉外合同法律适用法》和《侵权和其他非合同赔偿性请求法律适用法》，详解其为何和如何从普通法制度转变到成文法制度，并分析其结构和内容以及立法特色和理论基础。再次，笔者将对深具美国特色的民间法——"冲突法重述"作系统研究，全面分析两次"冲突法重述"的起草过程、主要内容和经验教训，并对《重述三》起草的学术争议以及草案的部分内容予以分析，该部分将与笔者的《美国冲突法理论嬗变的法理——从法律形式主义到法律现实主义》一书中有关内容相互补充和验证。最后，笔者将探究冲突法成文化的涓涓细流——法官和学者的成文化表述，"纽美尔规则"的来龙去脉以及晚近三位学者风格各异的规则提炼将在该部分一一展现。

需要指出的是，在美国，冲突法通常包括管辖权、法律适用和判决的承认与执行三部分，[②]而本书主要探讨法律适用部分；由于美国冲突法的变革主要发生于涉外合同和侵权领域，因此，本书重点研究这两个领域的法律适用规则。

---

① See C. Peterson, "New Openness to Statutory Choice of Law Solutions", *American Journal of Comparative Law* 38, 1990, p. 427-428.

② 参见［美］彼得·海：《美国法概论》（第四版），许庆坤译，北京大学出版社 2020 年版，第 104 页。

第一章　采撷两大法系冲突法的精华

——路易斯安那州的债权冲突法立法

就宏大风格而论，欧洲大陆法系冲突法侧重"规则"和法律确定性，[①]而美国普通法系冲突法偏好"方法"和法律灵活性。[②] 两类冲突法看似各执一端、水火难容。身处普通法腹地的路易斯安那州却巧妙地立足本地实践，采撷两大阵营冲突法之长，将冲突法"规则"与"方法"融会贯通而自成一家，成功实现了冲突法的本土化和现代化，并于1991年通过了美国迄今为止的第一部全面的冲突法立法。[③] 在该法生效30周年之际，如何评价该法的立法技巧和得失？下文将主要以其

---

① See E. Vitta, "The Impact in Europe of the American 'Conflicts Revolution'", *American Journal of Comparative Law* 30, 1982, p. 3, 16; S. Symeonides, "Private International Law at the End of 20th Century: Progress or Regress?" in *Private International Law at the End of 20th Century: Progress or Regress* (S. Symeonides ed.), The Hague: Kluwer Law International, 2000, p. 26-27.

② 参见[美]彼得·海：《美国法概论》(第四版)，许庆坤译，北京大学出版社2020年版，第108-111页。这是从整体印象所作的简略归纳。严格说来，不存在欧洲冲突法和美国冲突法，欧洲各国冲突法各有千秋，美国各州冲突法也别具一格。

③ 路易斯安那州议会1991年通过了关于冲突法的第923号法案，意在对《路州民法典》中冲突法部分予以修订。该法原本设想置入该法典的"序编"部分，条文编号为第14~49条；后来其中的第15~49条被编入《路州民法典》第四编"冲突法"，条文相应地调整为第3515~3549条。州议会1997年第257号法、1999年第890号法和2005年第213号法分别对第3533条、第3520条和第3549条作了修订。

中的债权冲突法为例,从立法背景、立法内容和理论评析三方面予以分析。

一、从传统到现代的冲突法变迁历程

路易斯安那州(本章以下简称路州)的大陆法系传统源远流长、根深蒂固。长期占领该州的法国和西班牙殖民者埋下的大陆法系种子至1803年美国购买该州时已根植于当地人的生活,以致第一任州长欲同他州一道实施普通法时遭致全体立法委员集体辞职的强烈抗议,最后只好屈从立法机关保留大陆法系制度。① 路州最初的冲突法与民事实体法一道以《法国民法典(草案)》为样板,被规定在1808年《路州民法汇编》第9条和第10条。② 在利弗莫尔(Livermore)发表美国第一部冲突法著作20年之前,路州就成为美国第一个制定成文冲突法规则的州。③

尽管这两条过分简略的规定并未被其来源地法国的《拿破仑法典》全盘接受,但却在路州稳定地保留至1992年1月新冲突法生效之日。在1825年《路州民法典》中,《路州民法汇编》的第9条没有改变,而第10条增加了两款,涉及法律行为的效力。后来,这两条一直保持原貌至20世纪70年代。到20世纪70年代,这两条的序号改为第14条和第15条,后一条增加了从《路州民法典》其他部分调整过来的三款,分别涉及婚姻财产、财产和消灭时效。④

但是,处于普通法海洋中的路州法官并未如同欧洲大陆的法官亦步亦趋地严格遵循立法机关的旨意,而是在冲突法的发展中创造性地吸纳普通法成分,使该州冲突法呈现混合法系的特征。在合同冲突法

---

① See S. Symeonides, "An Introduction to 'The Romanist Tradition in Louisiana': One Day in the Life of Louisiana Law", *Louisiana Law Review* 56, 1995-1996, p. 6251-6253.

② 《路州民法汇编》第9条:"本法平等地约束所有本地居民,居住在本地的外国人及其位于本地的财产适用本法。"第10条:"行为和书面文件的形式和效力取决于作出地或实施地的法律和惯例。" See S. Symeonides, "The Conflicts Book of the Louisiana Civil Code: Civilian, American, or Original?", *Tulane Law Review* 83, 2008-2009, p. 1043.

③ See S. Symeonides, "Exploring the 'Dismal Swamp': The Revision of Louisiana's Conflicts Law on Successions", *Louisiana Law Review* 47, 1986-1987, p. 1031-1032.

④ See S. Symeonides, "The Conflicts Book of the Louisiana Civil Code: Civilian, American, or Original?", *Tulane Law Review* 83, 2008-2009, p. 1044.

领域,法官对成文法作了灵活解读,允许当事人选择合同准据法;[①]在当事人没有选择时,方依据《路州民法典》第 10 条对涉外合同适用合同缔结地法或合同履行地法。[②] "分割法"被广泛应用于多个方面:当事人选择的法律对于一个争点无效,但可以对其他争点依然有效;缔约能力适用当事人住所地法;合同形式适用合同缔结地法。[③] 在侵权冲突法领域,该州法官则信马由缰,直接置大陆法系的"立法至上原则"于不顾,径直创制普通法规则。1825 年《路州民法典》第 9 条比法国《拿破仑法典》第 3 条更为宽泛,因此路州法官原本可以与法国法官一样,[④]将《路州民法典》第 9 条作为"在本地发生的涉外侵权适用本地法"的法律基础,但路州的法院并未以该条作为判决的依据,而是根据姊妹州的做法创制了"涉外侵权适用侵权行为地法"的普通法规则。[⑤]

1973 年"贾格尔斯诉皇家保险公司案"(Jagers v. Royal Indem. Co.,以下简称"贾格尔斯案")是路州冲突法发展中的一座里程碑。路州从此逐步抛弃僵硬的传统冲突法规则,转而采用柯里的"法律适用意愿分析"[⑥]等美国现代法律选择方法,跃入美国"冲突法革命"的洪流。该案中的贾格尔斯女士于 1969 年乘坐儿子驾驶的汽车时,因发生在密西西比州加佛港的交通事故而受伤。母子均为路州的居民,儿子的保险公司为路州的公司。贾格尔斯女士以儿子及其保险公司为被告在路州起诉。路州最高法院判定,此案为虚假冲突案件,密西西比州没有适

---

① See F. Adkins, "Conflict of Laws: Contracts and Other Obligations", *Louisiana Law Review* 35, 1974-1975, p. 117.

② See D. Karam, "Conflict of Laws-Contracts", *Louisiana Law Review* 47, 1986-1987, p. 1196.

③ See D. Karam, "Conflict of Laws-Contracts", *Louisiana Law Review* 47, 1986-1987, p. 1194, 1203, 1208; F. Adkins, "Conflict of Laws: Contracts and Other Obligations", *Louisiana Law Review* 35, 1974-1975, p. 112, Note1; J. Lewis, "Conflict of Laws in Louisiana: Contract", *Tulane Law Review* 38, 1963-1964, p. 726-727.

④ 1804 年《拿破仑民法典》第 3 条第 1 款规定:"警察及治安之法律,拘束所有领域内之居民。"此处的"警察之法律",既包括行政法规,也包含侵权行为法在内。法院照此解释,对在法国发生的涉外侵权行为适用法国法。参见[法]巴迪福:《国际私法各论》,曾陈明汝译,正中书局 1978 年版,第 257 页。

⑤ See S. Symeonides, "Louisiana's New Law of Choice of Law for Tort Conflicts: An Exegesis", *Tulane Law Review* 66, 1991-1992, p. 680.

⑥ 关于该分析方法的具体内容,请参见许庆坤:《美国冲突法理论嬗变的法理——从法律形式主义到法律现实主义》,商务印书馆 2009 年版,第 127-144 页。

用其家庭成员侵权免责法的意愿，而路州具有适用其受害人应获得赔偿法律规定的意愿，因此该案应适用路州法。[①] 该判例不仅宣告了传统侵权冲突法的终结，而且被适用于大多数涉外合同案件中。[②] 路州最高法院在1980年"邓纳姆继承案"(Succession of Dunham)的判决中明确承认路州法院在涉外合同领域采用了法律适用意愿分析方法。[③]

路州法院在安享现代法律选择方法所带来的个案公平的同时，也备受法律确定性丧失之苦。对于涉外侵权案件，路州最高法院在"贾格尔斯案"中只给出了虚假冲突的解决方案，而对于真实冲突或无冲突案件，该院则未给出锦囊妙计，各级法院只好自寻出路。有些法院继续采用法律适用意愿分析方法，即简单适用法院地法；有些法院转向《重述二》，适用与当事人和纠纷具有"最重要联系"法域的法律；至少在一个案件中，有法院用"比较损害分析方法"补充《重述二》的规定。[④] 涉外合同冲突法领域同样乱象重生。有些法院遵循"贾格尔斯案"判例，有些法院则依然遵循成文法，还有法院只在成文法没有规定的事项上采用现代法律选择方法。[⑤]

冲突法判例的"杂草丛生"促使立法机关拿起"剪刀"对其予以修剪。由路州法学会承担的冲突法立法起草工作起始于1984年12月，完成于1988年。由西蒙尼德斯教授作为报告人起草的条文引起了大家的争论，但最终获得10名委员组成的咨询委员会以及随后的路州法学会的通过。该草案于1990年提交路州议会，经过一次修改后于1991年再次提交议会，最终在众议院以90：0的投票结果和在参议院以36：0的投票结果获得一致通过。该草案通过1991年第923号法成为法律，于1992年1月1日正式生效。它是迄今为止美国第一部全面的冲突法立法。[⑥]

---

① Jagers v. Royal Indem. Co., 276 *So. 2d* 311-313(La. 1973).

② See D. Karam, "Conflict of Laws-Contracts", *Louisiana Law Review* 47, 1986-1987, p. 1199.

③ Succession of Dunham, 393 *So. 2d* 444(La. Ap., 1980).

④ See S. Symeonides, "Louisiana Conflicts Law: Two 'Surprises'", *Louisiana Law Review* 54, 1993-1994, Note 54.

⑤ See D. Karam, "Conflict of Laws-Contracts", *Louisiana Law Review* 47, 1986-1987, p. 1181.

⑥ S. Symeonides, "The Conflicts Book of the Louisiana Civil Code: Civilian, American, or Original?", *Tulane Law Review* 83, 2008-2009, p. 1047.

上述路州冲突法演变历程表明，尽管路州保留了将冲突法置入《路州民法典》的大陆法系传统，具体规定与法国冲突法可谓同根同源，但路州法官利用成文冲突法的简陋大胆引入普通法制度，至少在侵权冲突法领域已跃入美国"冲突法革命"的洪流。混合法系的特征使路州对两大法系冲突法之长均耳濡目染并处之泰然，将二者在成文法中融会贯通可谓水到渠成并波澜不惊。路州如何在立法中采撷两大法系冲突法精华并自称一体？下文主要从债权冲突法的立法结构和内容方面予以具体解析。

二、在大陆法系结构下融合两大法系冲突法精华

（一）大陆法系的立法结构

路州冲突法承袭了大陆法系冲突法的立法结构[①]，《路州民法典》第四编"冲突法"分为八章，依次为："总则""身份""夫妻财产""继承""物权""合同之债""侵权和准侵权之债""诉讼时效"。与大陆法系的立法传统相一致，"冲突法"部分开始被置于原有的"序编"（Preliminary Title）中。但由于增加如此多的条文需要对其他条文重新编号，进而对援引这些条文的判例造成影响，因此，后来路州法学会决定将第923号法的第15条至第49条改为第3515条至第3549条，并置于《路州民法典》的最后单独成编：第四编"冲突法"。[②] 该编条文共35条，属于一般法，《商法典》《保险法成文法大全》和《动产租赁法》等其他法律中的冲突法将作为特别法优先适用。[③] 整编立法内容全面而条文简洁，形似疏散而逻辑严密，侧重灵活性而不失明确性，可谓颇得大陆法系立法技术之精髓。难怪报告人不无得意地宣称，该编的立法风格具有大陆法系

---

① 晚近典型的大陆法系冲突法立法首先分为"总则"和"分则"，在"分则"中再细分为"自然人""婚姻""家庭关系""继承""物权""债权"等。如1987年《瑞士联邦国际私法》分为"总则""自然人""婚姻""亲子关系""监护和其他保护措施""继承""物权""知识产权""债权""公司""破产及和解""国际仲裁"等；1978年《奥地利联邦国际私法》分为"总则""属人法""亲属法""继承法""物权法""无形财产权""债法"等。

② 报告人西蒙尼德斯教授当时未被告知这种排序的修改，事后得知这一情况，他表示了强烈的反对意见。See S. Symeonides, "The Conflicts Book of the Louisiana Civil Code: Civilian, American, or Original?", *Tulane Law Review* 83, 2008-2009, p. 1048.

③ 《路州民法典》第14条："除非本州法律另有明确规定，涉外案件适用依本法典第四编之规定所选择的法律。"

立法的“简洁”“庄重”和“优美”。[①]

债权冲突法分为“合同之债”和“侵权和准侵权之债”的冲突法。将侵权和准侵权纳入债的范围是大陆法系国家的典型做法。[②] 每一部分又细分一般规则和特别规则，统分结合而疏密有序。合同冲突法的特别规则区分“合同形式”“缔约能力”“当事人意思自治”“其他法律行为和准契约之债”而分别规定；侵权冲突法特别规则区分“行为和安全标准的争点”“损失分配和经济赔偿的争点”“产品责任”“惩罚性赔偿”“例外情形”“法人的住所”。初览其结构恍若与大陆法系立法无异，细品其内容却见两大法系制度之精髓兼得。下文将以债权冲突法的内容为例对其作具体分析。

（二）融合两大法系精华的具体内容

路州债权冲突法的最大特点是将美国本土的比较损害分析方法条文化并上升为一般规则。合同冲突法汲取了欧美冲突法的养分，侵权冲突法则以大陆法系的规则系统提炼了美国冲突法的理论和实践。

1. 一般规则

合同冲突法和侵权冲突法均有一条一般规则（分别为《路州民法典》第 3537 条和第 3542 条）。这两条均基于《路州民法典》第 3515 条规定的适用于整编冲突法的一般规则。此类一般规则提炼了巴克斯特（Baxter）教授的“比较损害分析说”和加利福尼亚州运用该说的司法实践，以简洁的条文创立了具有路州特色的最小损害原则，立法方式与美国《重述二》的相关规定类似。

《路州民法典》第 3515 条要求基于政策分析针对案件争点适用政策可能受到最严重损害（most seriously impaired）的法域的法律。[③] 其他冲突法条文均源于该条，而且在具体条文没有规定时适用该一般规则。[④]

---

① See S. Symeonides, “The Conflicts Book of the Louisiana Civil Code: Civilian, American, or Original?”, *Tulane Law Review* 83, 2008-2009, p. 1054.

② 英美法系没有大陆法系外延宽泛的“债”的概念。比如在美国，“债”并不涵盖侵权。参见[美]彼得·海：《美国法概论》（第四版），许庆坤译，北京大学出版社 2020 年版，第 130 页。

③ 《路州民法典》第 3515 条：“除非本编另有规定，涉外案件中的争点适用如下法域的法律：某法域的法律若不适用于这一争点，则其政策会受到最严重的损害。通过权衡相关法域的有关政策的强度和关联度确定该法域，政策权衡应考虑到：（1）各法域与当事人和纠纷的关系；以及（2）州际秩序和国际秩序的政策和需要，包括维护当事人正当期望的政策，以及使受数地法律支配的当事人可能遭受的负面后果最小化的政策。” La. Civ. Code Ann. Art. 3515（1991）.

④ La. Civ. Code Ann. Art. 3515 Comment（a）（1991）. 下文未注明的对该条的解释均来自该法典的官方“释义”。

运用该规则的具体步骤如下：首先辨明相关法域的法律政策，既包括实体法政策，也包括冲突法政策；然后权衡上述政策的"强度和关联度"（strength and pertinence），权衡标准并非政策的优劣，而是该法域与当事人和纠纷的地域联系以及促进民商事交往的冲突法政策；最后根据权衡结果确定政策可能受到最严重损害的法域。

遏制挑选法院以及促进判决一致性理所当然属于法官应考虑的冲突法政策，因此该条并未将其专门列明，而是强调了法官可能忽视的两项政策——"维护当事人正当期望"和使涉外民商事交往当事人"可能遭受的负面效果最小化"。重视保护私人权益的冲突法政策是这部立法的一大特色。尽管美国联邦制决定了法律的多元性，从而导致跨州旅行者应对不同的法律制度"像给其汽车加油那样频繁"，但法律的多元性不应成为跨境交往者的负担。相反，冲突法的目标之一应为降低涉外交往的成本。①

刻意从负面效果反向比较政策的强弱是报告人欲将其与柯里的"法律适用意愿分析说"相区别。报告人认为柯里错误地将冲突法问题"视作州际间的竞争而非在避免法律冲突上的州际合作"。据此，该条采用了"政策"而非"意愿"的措辞。但其实，"政策"与"意愿"是"同一硬币的两面"，因为若案件与一个法域的政策密不可分则意味着该法域对实现自己的政策具有意愿。这种反向表述让人容易将其与巴克斯特教授的"比较损害分析说"②及加利福尼亚州对该说的司法实践③相提

① S. Symeonides, "Louisiana's New Law of Choice of Law for Tort Conflicts: An Exegesis", *Tulane Law Review* 66, 1991-1992, p. 695-696.

② 巴克斯特教授的"比较损害分析说"是对柯里教授的"法律适用意愿分析说"的修正和发展。巴克斯特赞同柯里解决虚假冲突的方案，但在解决真实冲突的方案上与柯里产生了分歧。他主张如此分析和解决真实冲突：（1）分析相关州在冲突法案件中的两种不同的调整目标——内部目标和外部目标。内部目标是隐含在每个州解决相冲突的私人利益方案中的目标，这种目标在纯粹的州内案件中也存在。外部目标出现在涉及不同州的居民之间的交易中，它们是每个州在所有的涉及它负有管理责任的情形下，都要实现的为本地目的制定的私人利益调整方案的目标。在每个真实冲突的案件中，总有一个州的外部目标作出让步。（2）可以描述和运用一条规范化的原则来决定哪一方的外部目标作出让步。这个原则是在普遍范围内内部目标受到最小损害的州的外部目的在特定案件中作出让步。See W. Baxter, "Choice of Law and the Federal System", *Stanford Law Review* 16, 1963-1964, p. 8-9, 17-18.

③ 路州从 1976 年"伯恩哈德案"（Bernhard v. Harrah's Club, 16 *Cal.* 3*d* 313, 546 *P.* 2*d* 719, 128 *Cal. Rptr.* 215）开始，直至晚近一直在运用巴克斯特的"比较损害分析说"解决真实冲突。See P. Hay, P. Borchers, S. Symeonides, C. Whytock, *Conflict of Laws*, St. Paul, West Academic Publishing, 6th ed., 2018, p. 740-748.

并论。报告人承认,路州采用的方法继承了前二者的基本思路,即法律选择过程应当追求使相关法域的利益损害最小化,而不是以牺牲其他法域的利益为代价使一个法域的利益最大化。除此之外,两种方法便分道扬镳,路州的立法并未采用巴克斯特学说中的利益的数量测算方法。为与巴克斯特学说相区别,报告人在立法草案中特意采用了"影响"(affected)而非"损害"(impaired)一词,但路州法学会后来决定还是采用"损害"以提醒法院注意法律选择带来的负面后果。相比较而言,报告人更认可温特劳布(R. Weintraub)教授将路州的方法总结为"基于法律选择结果的方法"。①

强调针对特定争点(issue)选择法律,同样体现了美国冲突法的特色。逐个争点分析的结果可能对同一案件中的不同争点适用不同法域的法律。这种结果就是所谓的"分割"现象。在欧洲大陆,"分割法"纯属例外;而在美国,"分割法"是采用法律适用意愿分析方法的常见结果。②

路州此类立法与《重述二》对最重要联系原则的规定相类似,在合同冲突法和侵权冲突法的一般规则中体现得尤其明显。这两条具体领域的一般规则虽然在内容和措辞上与"总则"中的一般规则大同小异,但它们均补充列举了相应的连结点和特殊政策。《路州民法典》第3537条③要求权衡政策时应考虑相关法域与当事人和交易的连结点,包括合同谈判地、签订地和履行地,合同标的所在地以及当事人的住所地、惯常居所地或营业地。这些连结点既非无所不包,也无等级之分,

---

① See S. Symeonides, "Problems and Dilemmas in Codifying Choice of Law for Torts: The Louisiana Experience in Comparative Perspective", *American Journal of Comparative Law* 38, 1990, p. 437; S. Symeonides, "The Conflicts Book of the Louisiana Civil Code: Civilian, American, or Original?", *Tulane Law Review* 83, 2008–2009, p. 1052–1053.

② 参见[美]彼得·海:《美国法概论》(第四版),许庆坤译,北京大学出版社2020年版,第115页。

③ 《路州民法典》第3537条:"除非本章另有规定,合同之债的争点适用如下法域的法律:某法域的法律若不适用于这一争点,则其政策会受到最严重的损害。通过权衡相关法域的有关政策的强度和关联度确定该法域,政策权衡应考虑到:(1)各法域与当事人和交易的有关连结点,包括合同谈判地、签订地和履行地,合同标的所在地,以及当事人的住所地、惯常居所地或营业地;(2)合同的性质、类型和目的;以及(3)第3515条规定的政策,以及便于有序安排交易的政策、促进跨地区商业交往的政策以及保护一方当事人免受另一方不合理要求的政策。"

更非采用了连结点分组理论。它们可因合同性质、类型和目的等不同而重要性有别。应考虑的特殊政策,包括便利有序交易安排、促进跨地区商业交往以及保护弱方当事人,同样非穷尽式列举,政策之间也无高低之分。[①]《路州民法典》第 3542 条[②]要求权衡政策时应考虑相关法域与当事人和导致纠纷之事件的连结点,包括侵权行为地和损害结果地,当事人的住所地、惯常居所地或营业地以及可能存在的法律关系的重心地;应考虑的特殊政策包括遏制非法行为和补偿受害人。这些连结点和政策同样没有穷尽,也无高低之分。[③] 这两条分别与《重述二》第 188 条合同冲突法中的最重要联系原则[④]和《重述二》第 145 条侵权冲突法的一般原则[⑤]至少在三方面相类似:列举了连结点,指明应考虑的政策,采用了抽象的法律适用原则。尽管路州的最小损害原则与《重述二》的最重要联系原则在表述上貌似悬殊,但是在路州冲突法报告人看来,二者其实有异曲同工之妙,差别的象征意义大于实际意义。[⑥]

2. 合同冲突法

合同冲突法特别规则仅有三条,涉及合同形式、缔约能力和当事人

---

① La. Civ. Code Ann. Art. 3537 Comments(1991).

② 第 3542 条:"除非本章另有规定,侵权或准侵权之债的争点适用如下法域的法律:某法域的法律若不适用于这一争点,则其政策会受到最严重的损害。通过权衡相关法域的有关政策的强度和关联度确定该法域,政策权衡应考虑到:(1)各法域与当事人和导致纠纷之事件的有关连结点,包括侵权行为地和损害结果地,当事人的住所地、惯常居所地或营业地,以及当事人之间的法律关系(如果有的话)的重心地;(2)第 3515 条规定的政策,以及遏制非法行为的政策和弥补侵害行为后果的政策。" La. Civ. Code Ann. Art. 3542(1991).

③ La. Civ. Code Ann. Art. 3542 Comments(1991).

④ 《重述二》第 188 条:"(1)有关特定合同争点的当事人权利和义务,依第 6 条所述原则,适用就该争点与交易和当事人具有最重要联系的法域的实体法。(2)如果当事人没有做出有效的法律选择(参见第 187 条),那么适用第 6 条的原则决定该争点的准据法时,要考虑的连结点包括:(a)缔结地;(b)合同谈判地;(c)履行地;(d)合同标的所在地;(e)住所、居所、国籍、公司成立地和当事人营业地。这些连结点要根据它们对于特定争点的相对重要性来衡量。(3)如果合同谈判地和履行地位于同一法域,则除非第 189-199 条和第 203 条规定的其他情况,该地的法律通常应予适用。"

⑤ 《重述二》第 145 条:"(1)有关某一侵权争点(issue)的当事人权利和责任,依第 6 条所述原则,适用就该争点与事件和当事人存在最重要联系的法域的实体法。(2)在适用第 6 条的原则决定一个争点的准据法时,应当考虑的连结点包括:1 损害发生地;2 加害地;3 当事人的住所、居所、国籍、公司成立地和当事人营业地;以及 4(假如存在)当事人之间关系的重心地。这些连结点要根据它们对于特定争点的相对重要性来衡量。"

⑥ See S. Symeonides, "The Conflicts Book of the Louisiana Civil Code: Civilian, American, or Original?", *Tulane Law Review* 83, 2008-2009, p. 1051.

意思自治。保险合同、动产租赁合同、消费信贷合同和消费者合同等具体合同分别由其他特别法予以调整。这三条规则虽然内容精简，却充分吸收了欧美合同冲突法的立法成果，微妙地平衡了法律的确定性和灵活性。

在传统的合同冲突法上，欧洲与美国曾出现严重分歧。欧洲传统的合同冲突法普遍采用意思自治原则，而美国传统上采用《重述一》中的合同缔结地法。① 不过，伴随《重述二》广为美国法院接受，②欧美现代合同冲突法出现了趋同化：采用意思自治原则、采用宽松的选择性冲突法规则认可合同形式的有效性和当事人的缔约能力等。③

与欧美主流的合同冲突法相一致。在合同形式和当事人缔约能力方面，路州冲突法均采取了促成合同有效原则。《路州民法典》第 3538 条允许合同形式适用合同缔结地法、合同履行地法、当事人共同住所地或营业地法、合同准据法。④ 之所以如此宽松灵活，是因为各地合同形式的立法差异通常微不足道，无关重大法律政策，不应因此类立法的细小差异使当事人订立合同的目的落空；但若依合同冲突法“一般规则”所指引合同准据法的所属地将合同形式视为重大政策事项，则合同形式应符合该地法律要求。⑤ 《路州民法典》第 3539 条允许缔约能力适用

---

① 参见许庆坤：《论传统国际私法——兼与徐崇利教授商榷》，载《中国国际私法与比较法年刊》(第九卷)，北京大学出版社 2007 年版，第 11 页、第 22-23 页。

② 早在 20 世纪 80 年代初，美国就有 13 个州明确采用《重述二》。See H. Kay, “Theory into Practice: Choice of Law in the Courts”, *Mercer Law Review* 34, 1982-1983, p. 556. 到 2019 年底，已有 24 个州在合同冲突法上采用了《重述二》。See S. Symeonides, “Choice of Law in the American Courts in 2019: Thirty-Third Annual Survey”, *American Journal of Comparative Law* 68, 2020, p. 259.

③ 《重述二》第 187 条和 1980 年欧共体《合同之债法律适用公约》(以下简称《罗马公约》)第 3 条规定了意思自治原则，《重述二》第 199 条和《罗马公约》第 9 条均规定合同形式只要符合合同准据法和合同缔结地法即为有效，《重述二》第 198 条规定当事人缔约能力可适用合同准据法或当事人住所地法。虽然《罗马公约》未对当事人缔约能力的法律适用作出全面规定，但 1987 年《瑞士联邦国际私法》第 35 条和第 36 条以及 1978 年《意大利民法典》第 17 条均允许其选择适用当事人属人法或行为地法。

④ 《路州民法典》第 3538 条：“若符合如下法律之一，则合同形式为有效：(1)合同缔结地法；(2)合同履行地法，条件是合同约定的履行地为实际的合同履行地；(3)当事人的共同住所地或营业地的法律；(4)依第 3537 条或第 3540 条确定的合同实质问题的准据法。但是，若由于公共政策，依第 3537 条确定的合同实质问题的准据法要求合同采用特定的形式，则合同应符合该要求。” La. Civ. Code Ann. Art. 3538(1991).

⑤ La. Civ. Code Ann. Art. 3538 Comment(c)(1991).

缔约时当事人住所地法或依合同冲突法“一般规则”所指引合同准据法所属地的法律。该条谨慎平衡了维护当事人正当期望和保护交易安全的冲突法政策。前者要求法律选择的范围宽泛,但后者要求适用侧重保护弱方当事人的住所地法。因此,该条虽然采取了选择性连结点,但可选择的范围有限,未允许适用当事人选择的法律。尊重当事人住所地法既符合路州判例法和大陆法系立法,也与美国大多数冲突法理论相吻合。①

《路州民法典》第3540条规定了在合同的实质问题上采用意思自治原则。② 当事人选择合同准据法既可以明示选择,也可以默示选择(implied choice),但该条禁止推定选择(hypothetical choice)。当事人既可以在签订合同时选择法律,也可以在签订合同后选择法律;既可以选择适用于部分合同问题的法律,也可以选择适用于全部合同问题的法律。当事人意思自治的限度是,所选择的法律不得违反依合同冲突法“一般规则”所指引的合同准据法所属地的公共政策。③

3. 侵权冲突法

与合同冲突法特别规则的简略相比,侵权冲突法特别规则内容详尽,范围广泛,涵盖了“行为和安全标准的争点”“损失分配和经济赔偿的争点”“产品责任”“惩罚性赔偿”“例外情形”以及“法人的住所”。

这些规定以大陆法系的成文法形式系统总结了美国“冲突法革命”的理论和实践成果以及路州的判例法,深具本地特色。报告人认为,至20世纪80年代,欧美侵权冲突法出现明显分野,高下悬殊。大多数欧洲国家仍恪守传统的侵权行为地法规则,而美国大多数州不仅已弃之不用,而且摆脱了其背后的属地主义思维。鉴于此,报告人主要依赖美国本土的司法实践,用相对精确的大陆法系规则,将散落在数千份判决中的美国宝贵司法经验系统提炼,创制了具有路州特色的侵权冲突法。④

---

① La. Civ. Code Ann. Art. 3539 Comment(c)(1991).

② 《路州民法典》第3540条:“合同之债的所有其他争点适用当事人明示选择的或明确依从的法律,但若该法违反依第3537条本应适用法律所属法域的公共政策,则此种情形除外。” La. Civ. Code Ann. Art. 3540(1991).

③ La. Civ. Code Ann. Art. 3540 Comments(1991).

④ See S. Symeonides, “The Conflicts Book of the Louisiana Civil Code: Civilian, American, or Original?”, *Tulane Law Review* 83, 2008–2009, p. 1056.

在涉外侵权案件中区分“行为和安全标准的争点”和“损失分配和经济赔偿的争点”起始于美国纽约州的“巴布柯克诉杰克逊案”(Babcock v. Jackson,以下简称巴布柯克案),[①]可谓美国“冲突法思想中的重要突破”和美国“对国际冲突法思想的主要贡献之一”。[②] 此种区分源于侵权实体法中规制行为的规则和分配损失的规则的划分,及其分别追求的两种不同的立法目的——遏制侵权行为和赔偿受害人。冲突法上此种区分的价值在于便于确定对特定争点最有适用自己法律意愿的法域。对于行为和安全标准,侵权行为地更为关切,愿意适用自己的法律以实现规制行为的立法目的;而对于损失分配和经济赔偿,则当事人所属法域更加关注受害人是否应当获得适当的救济。因此,区分两种不同的争点并分别适用不同的法律可有效解决长期存在的法律属地性和法律属人性之间的矛盾。[③]

属地原则在行为和安全标准上居于主导地位,除非当事人住所地位于侵权行为地,属人原则与该争点无关。侵权行为地分为侵害地和损害结果地,《路州民法典》第 3543 条区分不同的情况予以调整,谨慎平衡两地的政策目标。[④] 如果侵害地和损害结果地位于同一法域,则行为和安全行为标准适用该法域的法律,无论其内容如何均如此。若侵害地和损害结果地并非位于同一法域,则考虑两地法律的内容决定适用何地的法律。若侵害地法规定了更高的行为标准,则该地的法律适用。此种规定既符合侵害地规制行为的政策目标,对损害结果地的政策无伤大雅,也符合行为人遵守行为地法的正当期望,于公于私均为公平;相反,若行为标准适用损害结果地法,则其会破坏侵害地规制本地行为和保护本地人的政策。若损害结果地法规定了更高的行为标准,

---

① Babcock v. Jackson, 12 *N. Y. 2d* 473, 483(1963).

② S. Symeonides, “Problems and Dilemmas in Codifying Choice of Law for Torts: The Louisiana Experience in Comparative Perspective”, *American Journal of Comparative Law* 38, 1990, p. 441.

③ See P. Hay, P. Borchers, S. Symeonides, C. Whytock, *Conflict of Laws*, St. Paul, West Academic Publishing, 6th ed., 2018, p. 784-785.

④ 《路州民法典》第 3543 条:“有关行为和安全标准的争点适用导致损害之行为发生地的法律,条件是损害结果发生在该法域或发生在未规定一种更高行为标准的另一法域。在所有其他情况下,此类争点适用损害结果发生地的法律,条件是行为导致损害之人应事先预见到损害结果会发生在该地。前款规定不适用于如下案件:导致损害的行为发生在本州,且导致损害者住所在本州或与本州存在其他重要联系。此等案件适用本州法律。”

则只有在侵害人可“预见”损害发生在该地时，该地法才应适用。此处的“预见”不是指预见到损害结果地法的内容，而是指预见到损害结果发生在某地。[①] 此外，该条还规定了保护本地侵权人的例外情形：若侵害地在路州，侵害人住所在路州或与路州存在其他重要联系，则此类案件适用路州法律。这意味着，在损害结果地法规定了更高行为标准时，即便侵害人预见到损害结果发生在该地，也不适用该条第 2 款所要求的损害结果地法。报告人指出，这一例外规定并非报告人和顾问委员会起草的，而是由路州法学会的理事会经过长期争论确定的。[②]

属人原则在损失分配和经济赔偿上居于主导地位；唯有受害人和侵害人的住所不在同一法域时，侵权行为地这一连结点才发挥作用。《路州民法典》第 3544 条区分受害人和侵害人的住所位于同一法域和位于不同法域两种情况，仅规定了理论观点较为一致和实践证明成熟的规则。[③] 一方面，该条仅适用于受害人与侵害人之间的赔偿问题，而不涉及共同侵害人之间的关系，以及侵害人与第三人之间的追偿关系；另一方面，当受害人和侵害人的住所位于不同法域时，该条第 2 款仅规定了连结点重叠的部分情况，未涉及相关连结点散在各地的情形。如果损害发生时，受害人与侵害人的住所位于同一地，则赔偿问题适用该地法律，无论该地法律内容如何；即便受害人与侵害人的住所不在一地，若两地法律内容实质相同，也视二者位于同一地。后者涉及一种“虚假冲突”，如此规定便利法院审理案件，对于群体性诉讼其便利性尤其明显。如果损害发生时，受害人与侵害人的住所位于不同法域，则区分两种情况分别适用法律。当侵害地和损害结果地均位于受害人的住所地或侵害人的住所地时，赔偿问题适用该侵权行为地法；当侵害地和

---

① La. Civ. Code Ann. Art. 3543 Comments(1991).

② S. Symeonides, “Louisiana’s New Law of Choice of Law for Tort Conflicts: An Exegesis”, *Tulane Law Review* 66, 1991-1992, p. 713.

③ 《路州民法典》第 3544 条：“故意侵权或过失侵权的受害人与侵害人之间有关损失分配和经济赔偿的争点，依序适用如下法律：（一）若在损害发生时，受害人和侵害人的住所在同一法域，则适用该法域的法律。若其住所虽位于不同法域，但这些法域对于特定争点的法律规定实质上相同，则其被视为住所位于同一法域。（二）若在损害发生时，受害人和侵害人的住所位于不同法域，则(1)当损害结果和侵害行为发生在这些法域之一时，适用该法域的法律；(2)当损害结果和侵害行为发生在不同法域时，适用结果发生地的法律，条件是①受害人的住所在该法域，②侵害人应事先预见到这一结果发生在该法域，③该法域的法律比侵权行为地法规定了更高的对受害人经济赔偿的标准。” La. Civ. Code Ann. Art. 3544(1991).

损害结果地位于不同法域时，只有满足了三个条件，才适用结果发生地法：受害人的住所在该地，侵害人预见到损害结果发生在该地，且该地法律比侵害地法规定了更高的赔偿标准。[①]

产品责任冲突法是《路州民法典》中唯一针对特殊侵权行为所作的规定。鉴于此类冲突法的复杂性和理论分歧，而且此类案件在路州并不常见，《路州民法典》第 3545 条只规定了相对无争议的适用路州法律的情形，但这并非意味着偏爱法院地法。[②] 除了产品制造或生产地与产品取得地均出现在路州的情形之外，该条规定只要产品制造或生产地、产品取得地、受害人住所或居所、损害结果地四类连结点有其二出现在路州，则适用路州的法律，除非被告能证明当时无法通过正常商业渠道在路州取得此类产品。[③] "产品"不仅包括"工业品"，而且包括"天然品"，无论是未加工过的，还是加工过的、人为改变的产品；既包括动产，也包括不动产；无论是单成分的产品或合成的产品，还是产品的组成部分。产品不必是"缺陷"产品，只要产品造成了损害就足以符合条件，如产品说明的误导造成了损害。对产品在路州伤害路州居民适用路州法律符合保护本地居民的政策，而对其他情况适用路州法律可使路州产品标准得以遵守。在所有上述情况下，立法者均认为若不适用路州法律均将使路州政策遭受最严重的损害。[④]

惩罚性赔偿冲突法是路州基于本地司法实践制定的世界上第一条直接有关惩罚性赔偿的冲突法条文。正因为是首开先河，该条的通过在路州法学会和路州议会中遇到强大阻力，立法过程可谓一波三折。[⑤] 最终出台的《路州民法典》第 3546 条只规定了可以判处惩罚性赔偿的

---

① La. Civ. Code Ann. Art. 3544 Comments(1991).

② See S. Symeonides, "Louisiana's New Law of Choice of Law for Tort Conflicts: An Exegesis", *Tulane Law Review* 66, 1991–1992, p. 751, 757.

③ 《路州民法典》第 3545 条："产品所致损害的侵权责任和准侵权责任以及赔偿，无论是补偿性赔偿、特别赔偿，还是惩罚性赔偿，若符合如下情形之一则适用本州法律：(1)住所或居所在本州者在本州遭受损害，(2)产品在本州制造、生产或取得，并且在本州造成损害或在另一法域对住所在本州者造成损害。若导致损害的产品或被告的任何同类产品当时无法通过正常商业渠道取得，则前款的规定不予适用。前两款未规定的所有案件适用本章的其他条款。"

④ La. Civ. Code Ann. Art. 3545 Comments(1991).

⑤ See S. Symeonides, "Louisiana's New Law of Choice of Law for Tort Conflicts: An Exegesis", *Tulane Law Review* 66, 1991–1992, p. 735, 743.

两种情况:(1)侵权行为地法和损害结果地法或侵害人住所地法均允许此类赔偿;(2)损害结果地法和侵害人住所地法均允许此类赔偿。① 由于该条采用的措辞是“可以”(may)而非“应当”(shall),因此法院可自行斟酌是否判处此类赔偿。由于立法者认为惩罚性赔偿制度的目的是惩罚侵害人和遏制侵权行为,而赔偿功能是次要和附带的,因此该条所使用的连结点均与侵害人密切相关,而未将受害人的住所地列入其中。②

上述侵权冲突法的具体规则确保了法律适用的确定性,但其僵硬性可能束缚法官追求个案公正。为了进一步增强法律适用的灵活性,《路州民法典》第 3547 条将第 3542 条的“一般规则”明确为“例外规则”,即从一个“例外”(exceptional)案件的整体情况考虑,可“明显”(clearly)看出,若另一法域的法律不适用于特定争点,其政策将遭受更严重的损害,则适用另一法域的法律。“例外”和“明显”两个限定语并未出现在最初的草案中,它们是在路州法学会的长期辩论中被添加的,目的是确保该条规定不至于轻易地“吞并”上述具体规则。但报告人特别指出,“例外”一词并非表明该条仅适用于特别罕见的情形;只要大多数理性人认为,不适用某法域的法律,其政策将比第 3543~3546 条所指引的法域受到更加严重的损害,则应启动该例外条款的适用。③

此外,侵权冲突法部分还包含一条颇有路州特色的对“法人的住所”的界定。《路州民法典》第 3548 条规定,住所在州外的法人只要在路州从事商务,并因在路州的活动导致侵权,则“应当”被视作路州的法人。该条在起草之初本是第 3544 条的一款,后来增加了第 3546 条和第 3543 条第 3 款,于是这部分便被单列为一条。该条中的“应当”是众议院对草案中“可以”的修改,确保只要外州法人符合该条的规定,法院就将视其为路州的法人。一些公司可能受益于该条的规定,因为它们作为侵权人可以享有路州禁止惩罚性赔偿金的保护。④

---

① 《路州民法典》第 3546 条:“除非如下法律准许,本州法院可以不予判处惩罚性赔偿:(一)侵害行为发生地法,以及损害结果发生地法或侵害人住所地法;或者(二)损害结果发生地法以及侵害人住所地法。”

② La. Civ. Code Ann. Art. 3546 Comments(1991).

③ See S. Symeonides, “Louisiana’s New Law of Choice of Law for Tort Conflicts: An Exegesis”, *Tulane Law Review* 66, 1991-1992, p. 776.

④ Ibid., p. 760, 762.

三、小结

如何使冲突法一方面具有确定性，以发挥指引功能，另一方面又不失灵活性，以实现个案公平？为切中冲突法确定性和灵活性的“黄金分割点”，路州立法者力求汲取两大法系冲突法的精华。众多规则具体明确，颇具大陆法系立法风格，但同时立法中又包含了多种“软化”冲突法的美国方法：将法律选择“规则”与法律选择“方法”有机结合，针对争点选择法律，规定例外条款，采用含选择性连结点或弹性连结点的冲突法规则等。对于法律确定性与灵活性难以协调的亘古难题，路州立法者表现得游刃有余。整体而言，路州立法比美国其他州的规定更加确定，比任何欧洲的立法更加灵活，走出了一条具有本地特色的平衡法律确定性和灵活性的第三种道路。①

鲜明的本地立法特色之形成是报告人进行比较法研究的结果。在起草该法的时候，报告人编写了一份长达 328 页的法律汇编，广泛收集了外国和美国其他法域的冲突法。② 因此，在这部立法中，人们既可以看到《重述二》、“纽美尔规则”、凯弗斯起草的“优先选择原则”等文本的影响，也可以看到与欧共体《罗马公约》和部分欧洲国家国内立法相类似的规则。它不仅借鉴了欧美优秀冲突法规则，而且吸收了众多理论研究成果，如巴克斯特的“比较损害分析说”、凯弗斯的“规则与结果选择说”和柯里的“法律适用意愿分析说”等。恰如珀杜（W. Purdue）教授所称，路州的冲突法立法是“将现代冲突法认知的精华汇编成文的一次重要尝试”。③

路州的司法实践证明了这部饱含欧美冲突法精华的立法的成功。为了查验这部立法是否真正提高了法律的确定性和可预见性，博彻斯（P. Borchers）教授以维持原判的比例为准对立法前的 34 个案件和立法后的 21 个案件作了分析。其研究表明，新法之前的 34 个案件中，18 个判决被维持原判，16 个被推翻，维持原判的比率为 52.9%；新法之后的

---

① See S. Symeonides, “The Conflicts Book of the Louisiana Civil Code: Civilian, American, or Original?”, *Tulane Law Review* 83, 2008-2009, p. 1058, 1060.

② Ibid., p. 1055.

③ W. Perdue, “A Reexamination of the Distinction between ‘Loss-Allocating’ and ‘Conduct-Regulating Rules’”, *Louisiana Law Review* 60, 1999-2000, p. 1251.

21 个案件中,16 个判决被维持原判,5 个被推翻,维持原判的比率为 76.2%,比之前有了大幅度提高。[①] 塞德拉(R. Sedler)教授对路州侵权冲突法具体规则作了专门分析,发现其与美国其他州的"法律选择通例"(rules of choice of law)并无本质区别。这部立法使路州侵权冲突法融入了美国法律发展的主流。[②]

对于路州冲突法立法的成功,报告人西蒙尼德斯教授也颇感志得意满。他认为这部立法是"原创性的",自成一体,可为欧美其他立法所借鉴;路州法律长期从大西洋两岸获得养分,如今它已足够成熟,到了反哺欧美冲突法的时候了。尽管大量取材于美国冲突法的实践,但它既不是冲突法革命的结果,也不是反对冲突法革命的产物,而是路州法学会和议会成员"集体智慧的结晶",同时也是该州"本土法律文化的产物"。[③] 他还特别指出,这部立法的比较损害分析方法是"原创的",不同于巴克斯特的"比较损害分析说",后者强调损害的数量比较,而且其具体适用结果与路州方法的适用结果也不相同。[④]

报告人对路州比较损害分析方法"原创性"的强调其实言过其实。有学者专门撰文比较该方法与巴克斯特方法的区别,发现二者"其实是同样的方法,只不过使用了不同的术语"。巴克斯特教授并不赞同损害的数量比较,采用该方法的加利福尼亚州法院也曾公开反对此种比较。[⑤] 威甘德(S. Wiegand)教授认为,尽管报告人刻意强调路州方法的特殊性,但该法还是让人"通常将其与巴克斯特教授和加利福尼亚州的'伯恩哈德案'相联系"。[⑥] 笔者认为,路州的方法是对"比较损害分析方法"的成功升华,可谓路州版的"比较损害分析方法"。首先,它将巴

---

① See P. Borchers, "Louisiana's Conflicts Codification: Some Empirical Observations Regarding Decisional Predictability", *Louisiana Law Review* 60, 1999-2000, p. 1067.

② See R. Sedler, "The Louisiana Codification and Tort Rules of Choice of Law", *Louisiana Law Review* 60, 1999-2000, p. 1343.

③ See S. Symeonides, "Louisiana's New Law of Choice of Law for Tort Conflicts: An Exegesis", *Tulane Law Review* 66, 1991-1992, p. 767.

④ See S. Symeonides, "The Conflicts Book of the Louisiana Civil Code: Civilian, American, or Original?", *Tulane Law Review* 83, 2008-2009, p. 1053.

⑤ See R. Passler, "Comparative Impairment: Louisiana's New Methodology for Resolving Conflicts of Law", *Louisiana Law Review* 52, 1991-1992, p. 432.

⑥ S. Wiegand, "Fifty Conflict of Laws 'Restatements': Merging Judicial Discretion and Legislative Endorsement", *Louisiana Law Review* 65, 2004-2005, p. 13.

克斯特理论和加利福尼亚州判例法予以条文化并与具体规则有机结合；其次，它明晰了该方法的操作步骤；再次，它更侧重对私人权益的保护；最后，它排除了“真实冲突”与“虚假冲突”的区分，用于解决所有的法律冲突。在比较损害分析方法之父——巴克斯特教授那里，该方法仅用于解决“真实冲突”；对于虚假冲突案件，巴克斯特教授赞同柯里的解决方案。① 在报告人参与撰写的《冲突法》一书中，路州的方法也是被作为“比较损害分析方法”的一种类型。②

对于该法在实践中的效果也不乏质疑之声。温特劳布教授研读了截至 1999 年 12 月 1 日适用《路州民法典》第 3537 条和第 3540 条有关“合同之债”法律选择的判决。在 32 个案件判决中，15 个判决适用条文时犯了最低级的错误——法院在这些案件中进行法律选择之前从未考虑判断路州的法律与另一个法域的法律之间是否存在差别。在另外的 3 个判决中，虽然路州的法律与另一个法域的法律之间存在差别，但得出的结果一致，即法院适用了《路州民法典》的规定。其他犯了低级错误的判决在于机械地适用了立法条文。只有 5 个，或许是 6 个，案件的判决按照立法者的意图适用了冲突法。③ 笔者认为，这种对立法效果的质疑并不代表立法本身存在问题。温特劳布教授也承认，法官之所以犯如此低级的错误，并非因为自身素质不足而是因为过于繁忙以及对法律选择问题的陌生。④

对于冲突法具体规则，争议之声更是不绝于耳。珀杜教授反对该法中对“行为和安全标准的争点”和“损失分配和经济赔偿的争点”的区分，认为“所有的侵权规则均为分配损失的规则”；大多数分配损失的规定同样会影响当事人的行为，原因是不同的分配损失规则会对当事人产生不同的激励作用。⑤ 对于《路州民法典》第 3543 条第 3 款

---

① See W. Baxter, “Choice of Law and the Federal System”, *Stanford Law Review* 16, 1963-1964, p. 8.

② See P. Hay, P. Borchers, S. Symeonides, C. Whytock, *Conflict of Laws*, St. Paul, West Academic Publishing, 6th ed., 2018, p. 748-749.

③ See R. Weintraub, “Courts Flailing in the Waters of the Louisiana Conflicts Code: Not Waving but Drowning”, *Louisiana Law Review* 60, 1999-2000, p. 1365-1366.

④ Ibid., p. 1366.

⑤ See W. Perdue, “A Reexamination of the Distinction between ‘Loss-Allocating’ and ‘Conduct-Regulating Rules’”, *Louisiana Law Review* 60, 1999-2000, p. 1252.

片面保护本地人的规定，温特劳布教授认为这是以邻为壑的不合理制度。凭借“不文明的”路州法律的保护，靠近边境的路州酒吧可以毫无顾忌地招揽邻州的顾客，然后这些顾客就像“失控的导弹”重回相邻的得克萨斯州或俄克拉何马州。[①] 长期研究产品责任冲突法的科奇里斯（P. Kozyris）教授指责路州此类规定的缺陷在于其“单边性和不完整性”（unilaterality and incompleteness）。它没有规定适用外国法的情形，将未规定事项留给了一般规则调整，而一般规则中的比较损害分析方法和对规制行为规则与损害赔偿规则的区分无不存在理论上的争议。[②]

笔者认为，这些批评之声虽不乏理论上的闪光点，但无法掩盖路州立法的成功光辉。“行为和安全标准的争点”和“损失分配和经济赔偿的争点”的区分固然存在难度，但在大多数情况下仍然存在必要性和可行性。至于偏向保护本地人的个别立法，在各国立法中更非罕见。产品责任冲突法基于路州此类案件罕见的现实和此类问题的复杂性所作的切合实际的规定，将其他理论和实践上并不成熟的问题交由灵活的一般规则调整是立法谦抑的体现，相对于仓促制定的不成熟规则更加合理可行。

在 20 世纪 80 年代，“冲突法革命”的喧嚣已渐行渐远，美国冲突法进入深刻反省和调轨转向的新阶段。既保留“冲突法革命”的成功果实，又承继传统冲突法的优秀成分，是众多冲突法理论和实践的基调。在此背景下，路州立足于本地冲突法实践的富矿，放眼欧美冲突法最新成果，将传统冲突法规则“方法化”和将现代冲突法方法“规则化”，“规则”与“方法”以及“传统”与“现代”实现了有机结合，将冲突法的发展推进到历史的新高度。单边方法与双边方法、法律的确定性与灵活性、冲突法正义与实体法正义、法域选择与法律内容和结果选择、域内一致性与域外一致性，在冲出这类冲突法困境时，路州冲突法均作了有益尝

---

① See R. Weintraub, “The Contributions of Symeonides and Kozyris to Making Choice of Law Predictable and Just: An Appreciation and Critique”, *American Journal of Comparative Law* 38, 1990, p. 515–516.

② See P. Kozyris, “Values and Methods in Choice of Law for Products Liability: A Comparative Comment on Statutory Solutions”, *American Journal of Comparative Law* 38, 1990, p. 508.

试。尽管这部立法还有诸如个别规则所存在的片面和狭隘之类的明显缺陷,但其耀眼的成功光辉使其成为世界冲突法天空的一个新星,在诸多方面树立了值得效仿的样板。

第二章　普通法制度的成文化

——俄勒冈州的冲突法立法

俄勒冈州虽地处美国西北一隅，但却频频领美国法律变革风气之先，[①]在棘手的冲突法领域更是久享创新与领先的美誉。[②] 在美国"冲突法革命"星火燎原之际，该州最高法院在合同冲突法领域率先摆脱传统冲突法的束缚，作出了第一个真正具有革命性的判例。[③] 在美国"冲突法革命"取得胜利之后，众多法院陷入规则迷

---

① 比如在侵权法和产品责任法方面，"俄勒冈州的法院在发展产品责任法上一直走在最前沿"。"……俄勒冈州的判决传统上不时出现在侵权法和产品责任法领域的一流教科书中，作为经典之作受到法学界学者和学生的关注。更为重要的是，全国各地的法院频繁引用该州的判决作为裁判依据。……[《侵权法重述（第三版）》的两位报告人]在起草'黑体字规则'和'正式评论'时，从一开始就从俄勒冈州的判决中获得指导。" J. Henderson, A. Twerski, "Product Design Liability in Oregon and the New Restatement", *Oregon Law Review* 78, 1999, p. 1-2.

② 例如思科尔（E. Scoles）教授曾在20世纪70年代初称赞道："俄勒冈州幸运地拥有工作出色的最高法院，一些最为人称道的法官身在其列。最近的冲突法案件中该院展示的富有创新精神的观点尤其广为人知和赞许。" E. Scoles, "Oregon Conflicts: Three Cases", *Oregon Law Review* 49, 1969-1970, p. 273.

③ 此前的"巴伯公司诉休斯案"（W. H. Barber Co. v. Hughes）和"奥汀诉奥汀案"（Auten v. Auten）两个判例率先抛弃了传统的合同冲突法规则，但其推理模糊不清和摇摆不定，其采用的"重力中心"方法被普遍认为是传统制度和现代制度之间的一种过渡方案。因此，俄勒冈州最高法院在1964年9月判决的"利连索尔诉考夫曼案"（Lilienthal v. Kaufman）是合同冲突法领域第一个真正革命性的判例。See S. Symeonides, "Oregon's Choice - of - Law Codification for Contract Conflicts: An Exegesis", *Willamette Law Review* 44, 2007-2008, p. 205-206.

失的沼泽中不可自拔,而俄勒冈州再行创新之举,在实行普通法制度的各州中率先制定了成文冲突法,[①]在冲突法正义和实体法正义的困境中寻求突破口,恢复法律灵活性和稳定性的适度平衡。

俄勒冈州分别于2001年和2009年通过了《涉外合同法律适用法》和《侵权和其他非合同赔偿性请求法律适用法》。这两部成文法汲取了美国众多先进的冲突法理论精华和丰富的涉外审判经验,紧随冲突法发展的潮流,彰显了冲突法立法的特色:明确限定适用法院地法的情形;将规则与方法巧妙结合;规则精细且宽严有别;法律选择方法灵活有度。在美国多元法律体制的巨大冲突法实验室里,这两部立法可谓根植于普通法涉外司法实践沃土上的奇葩。

下文将首先勾勒俄勒冈州这两部成文冲突法的立法背景,然后详尽剖析其内容,最后总结其立法特色和理论渊源。

一、从普通法到成文法

在20世纪中叶以前,俄勒冈州法院采用的是《重述一》中的传统冲突法规则。[②] 鉴于传统冲突法导致的种种不公平甚至荒唐的判决结果,1964年俄勒冈州最高法院毅然改弦易辙,紧随纽约州上诉法院投入冲突法革命的洪流,并在涉外合同领域作出了第一个真正具有革命性的判例。在"利连索尔诉考夫曼案"(Lilienthal v. Kaufman)中,[③]该院抛弃了传统的涉外合同适用合同缔结地法的冲突法规则,代之以"法律适用意愿分析方法"。[④] 3年后,在"凯茜诉曼森建筑工程公司案"(Casey v. Manson Constr. & Eng'g Co.)中,[⑤]该州抛弃了传统的涉外侵权适用侵权结果发生地法的冲突法规则,代之以采用《重述二》草案中的规则。[⑥] 法律选择新方法尽管使该州法院摆脱了僵硬冲突法规则的窠臼,

---

① 虽然路易斯安那州首先制定了冲突法成文法,但它整体上属于大陆法系或混合法系。

② J. Nafziger, "Oregon's Conflicts Law Applicable to Contracts", *Willamette Law Review* 38, 2002, p. 408, "Annex I: Report".

③ 239 *Or.* 1, 395 *P. 2d* 543(1964).

④ 对该方法的详细介绍,参见许庆坤:《美国冲突法理论嬗变的法理:从法律形式主义到法律现实主义》,商务印书馆2009年版,第126-156页。

⑤ 247 *Or.* 274, 428 *P. 2d* 898(1967).

⑥ See S. Symeonides, "Oregon's New Choice-of-Law Codification for Tort Conflicts: An Exegesis", *Oregon Law Review* 88, 2009, p. 966-967.

但并未帮助其踏上法律选择的坦途。恰恰相反,“冲突法革命”使路州的冲突法像脱缰的野马,导致判例前后不一,法律的指引功能几近丧失。对于新方法带来的法律不确定性,路州法官也不乏嘲弄和讽刺:依据《重述二》确定相关的政策和法律适用意愿就像用弓箭射飞靶,“击中若非纯靠运气,那也是罕有所获”。[①] 根据长期跟踪研究俄勒冈州冲突法的纳夫齐格(J. Nafziger)教授的观察,俄勒冈州的法律选择方法虽然名义上遵循了《重述二》的规定,但实质上采用了“法律适用意愿分析方法”和《重述二》中的方法的混合体,由此作出的判决前后不一。俄勒冈州在运用《重述二》的过程中,其实形成了三种不同的操作方案。第一种方案是权衡相关法域的“法律适用意愿”;第二种方案是计算连结点的多少,即采用“连结点重心方法”(gravity-of-contacts approach);第三种方案坚持属地主义,确定最重要的连结点,而不考虑法律适用的意愿、政策等。“总而言之,这三种不同形式的连结点分析方法呈现出的是一幅令人困惑的(bewildering)画面。”[②]走出偏执灵活性一端的歧路,找到适当平衡法律稳定性与灵活性的正途,迫切要求俄勒冈州另辟蹊径。

出路在于将杂乱的普通法规则去芜存菁,并结合冲突法理论成果系统编撰为成文的冲突法规则。这两部成文冲突法的起草工作由“俄勒冈州法律委员会”(Oregon Law Commission)(以下简称“法律委员会”)完成。成立于1997年的“法律委员会”是别具一格的州立机构,由来自立法机构、司法机构、行政机构以及律师界和学术界的委员组成,办公地点设在威拉米特(Willamette)大学法学院。其职能是提出立法建议,使法律制度与时俱进。该委员会意识到对商业领域的私法规则加以编撰,既可以在交易初期也可以在随后发生纠纷时降低交易成本,因而制定明确的规则以增强诉讼结果的可预见性便成为其立法目标之一。[③] 为了消除涉外判例中规则的模糊甚至相互抵牾,“法律委员会”从2000年开始起草涉外合同和涉外侵权领域的冲突法,并为此成立了专门的冲突法工作组(以下简称“工作组”)。在起草中,“工作组”比较

---

① Fisher v. Huck, 624 *P. 2d* 177, 178, 50 *Or. Ap.* 635, 639(1981).

② J. Nafziger, “Oregon's Project to Codify Conflicts Law Applicable to Torts”, *Willamette Journal of International Law and Dispute Resolution* 12, 2004, p. 288, 293-295.

③ See D. Kenagy, “The Oregon Law Commission at Ten: Finding Vision for the Future in the Functions of the Past”, *Willamette Law Review* 44, 2007-2008, p. 169, 171, 175, 193.

分析了欧美的最新冲突法立法,①数易其稿,②充分考虑到美国法院涉外司法实践的成败得失,最终出炉了独具特色的两部冲突法草案。由于前期的精心准备,俄勒冈州《涉外合同法律适用法》和《涉外侵权和其他非合同赔偿性请求法律适用法》分别于2001年和2009年顺利获得州议会两院的一致通过。③

在推动俄勒冈州冲突法成文化的过程中,这两部立法的报告人纳夫齐格教授和西蒙尼德斯教授积极倡导并具体负责起草工作,厥功甚伟。纳夫齐格教授长期关注俄勒冈州冲突法的发展,对冲突法革命后的该州冲突法的混乱深感忧虑。他清醒意识到:冲突法革命不应浅尝辄止于破除不合理的传统冲突法规则,法院应在各种法律选择新方法的实验中"引领人们基于司法判决新兴模式创制新型规则";④冲突法困境的最终解决之道是以"一套清晰、全面的冲突法规则取代过去俄勒冈州法院创制的一堆模糊而多变的判例法"。⑤ 在他的倡导下,成立不久的"法律委员会"便决定将制定冲突法作为第一个立法项目,并邀请西蒙尼德斯教授加入立法工作。⑥ 西蒙尼德斯教授长期倡导冲突法的

---

① 《涉外合同法律适用法》的起草借鉴了欧盟的《罗马公约》、德国冲突法立法、瑞士冲突法立法、波多黎各自由邦冲突法立法草案以及路易斯安那州冲突法立法,尤其是波多黎各自由邦的立法草案。西蒙尼德斯为《涉外侵权和其他非合同赔偿性请求法律适用法》的起草准备了一份立法资料汇编,该汇编涵盖了路易斯安那州、波多黎各自由邦和18个国家的立法、5份国际公约、《重述二》、美国法学会的《复杂诉讼方案》、"纽美尔规则"以及8位学者的建议条文。See J. Nafziger, "Oregon's Conflicts Law Applicable to Contracts", *Willamette Law Review* 38, 2002, p. 399; S. Symeonides, "Oregon's New Choice-of-Law Codification for Tort Conflicts: An Exegesis", *Oregon Law Review* 88, 2009, p. 973, Note 50.

② 《涉外合同法律适用法》的草案先后修改7次,《涉外侵权和其他非合同赔偿性请求法律适用法》的草案有12稿之多。See J. Nafziger, "Oregon's Conflicts Law Applicable to Contracts", *Willamette Law Review* 38, 2002, p. 407, "Report"; S. Symeonides, "Oregon's New Choice-of-Law Codification for Tort Conflicts: An Exegesis", *Oregon Law Review* 88, 2009, p. 972.

③ See S. Symeonides, "Oregon's New Choice-of-Law Codification for Tort Conflicts: An Exegesis", *Oregon Law Review* 88, 2009, p. 972-973.

④ J. Nafziger, "Oregon's Project to Codify Choice-of-Law Rules", *Louisiana Law Review* 60, 1999-2000, p. 1198.

⑤ J. Nafziger, "Oregon's Conflicts Law Applicable to Contracts", *Willamette Law Review* 38, 2002, p. 398.

⑥ J. Nafziger, "Oregon's Project to Codify Choice-of-Law Rules", *Louisiana Law Review* 60, 1999-2000, p. 1189-1190.

成文化,早期曾支持美国法学会编撰“复杂诉讼方案”,并负责起草了路易斯安那州和波多黎各自由邦的成文冲突法。他不无自豪地宣称:“若有人认为我偏爱规则,我不会感到惊讶。”①可以说,这两部立法是二人心血的结晶,并深深地打上了其冲突法思想的印迹。

两部立法的编撰思路经过了审慎选择。俄勒冈州法院的司法实践充分表明,柯里的“法律适用意愿分析方法”和《重述二》中结合政策分析和法律适用意愿分析确定最重要联系地的方法具有过度灵活的致命缺陷:决定法律适用的意愿和政策“简直毫无科学性可言”。② 因此,“工作组”没有追随“法律适用意愿分析方法”或寻找“最重要联系地”的方法,或者这两种方法的混合体。同时,俄勒冈州法院狭隘的法院地法倾向有违现代文明,不利于促进友好的州际交往和国际交往,应该得到适当限制。因此,最终的编撰思路是博采多种法律选择方法之长,制定一套针对特定问题的具体规则,并辅之以一种概括的法律选择方法。这样既不失冲突法正义,也兼顾实体法正义;既不牺牲法律选择的简明扼要、可预见性和当事人意思自治,也不失实体法上的公正和平等。③

二、合同冲突法立法的结构和内容

(一)立法结构

《涉外合同法律适用法》共12条,④其中前十条标题依次为“定义”“适用范围”“适用俄勒冈州法的特定类型的合同”“合同形式的有效

① S. Symeonides, “The Need for a Third Conflicts Restatement (and a Proposal for Tort Conflicts)”, *Indiana Law Journal* 75, 2000, p. 446-447.

② See J. Nafziger, S. Dixon, “Oregon's Choice-of-Law Process”, *Oregon Law Review* 60, 1981, p. 245.

③ See J. Nafziger, “Oregon's Conflicts Law Applicable to Contracts”, *Willamette Law Review* 38, 2002, p. 407-408, “Report”. 该文对编撰思路的归纳虽然针对的是《涉外合同法律适用法》,但同样贯彻到了《涉外侵权和其他非合同赔偿性请求法律适用法》的起草中。

④ 该法第1~10条被编入《俄勒冈州最新成文法》,序号被调整为第八十一章的第100~135条。第11~12条作为临时规定未被纳入。需要指出的是,第100~135条的序号不是连续编号,其实总条文还是10条,即第81.100条、第81.102条、第81.105条、第81.110条、第81.112条、第81.115条、第81.120条、第81.125条、第81.130条、第81.135条。2011年,该法从第八编“商事交易法”被移入第二编“民事诉讼法”第十五章“法律适用法”中,相应地,上述各条序号分别更改为15.300条、第15.305条、第15.320条、第15.325条、第15.330条、第15.335条、第15.350条、第15.355条、第15.360条、第15.380条。

性”“缔约能力”“同意缔约的意思表示”“当事人的法律选择”“对当事人选择法律的限制”“一般规则”“特定类型合同的推定规则”。该法共分为7部分,即“定义”(第1条至第2条)、“适用俄勒冈州法的合同”(第3条)、“调整合同形式、缔约能力和同意缔约的意思表示的规则”(第4条至第6条)、“当事人选择法律”(第7条至第8条)、“当事人没有作出有效的法律选择时适用的法律”(第9条)、“推定规则”(第10条)和“附则”(第11条至第12条)。其中,第2部分至第6部分是冲突法条文。由于本章探讨的是该法在法律选择方面的立法特色,因此下文主要分析其冲突法条文。

按照是否自动适用俄勒冈州法,该法的冲突法条文可分为两部分:一部分是第3条,规定了适用俄勒冈州法的四种情形;另一部分为第4条至第10条,规定了考虑适用其他法域的法律的情形。按照规则的灵活性,该法的冲突法条文可分为三类:第一类为僵硬的冲突法规则,即第3条;第二类为最为灵活的冲突法条文,即第9条,规定了适用“最适当的法律”的方法;其余的冲突法条文为第三类,即相对灵活的冲突法规则。冲突法条文的排列大致体现了法院审理涉外合同案件时遵循的“路线图”,即法院应首先考虑案件是否属于第3条规定的适用本州法律的情形;若答案是否定的,则法院应依据第4条至第6条考虑合同形式、缔约能力和同意缔约的意思表示的有效性,而对于合同的实质问题,则应依据第7条至第8条考虑当事人的法律选择;若当事人没有作出有效的法律选择,则法院应依据第9条决定适用“最适当的法律”,除非案件涉及第10条规定的特定类型的合同。

(二)主要内容

《涉外合同法律适用法》的冲突法条文共8条(第3条至第10条),其中第3条为单边冲突法规则,其余各条为双边冲突法规则。

第3条规定了强制适用俄勒冈州法的四类合同:政府采购合同、建筑工程合同、雇佣合同和消费者合同。这四类合同既不适用意思自治原则,也不受其他冲突法条文的限制。政府采购合同的当事人一方为俄勒冈州或其州立机构或其分支机构,并且服务提供地或货物交付地位于该州;但对于此类合同,州法可授权放弃适用俄勒冈州法。建筑工程合同为不动产合同,此处仅指主要履行地在俄勒冈州的合同。雇佣合同的当事人一方为俄勒冈州的居民,并且服务的主要提供地在俄勒冈州。消费者合同是指主要为个人或家庭之需提供货物或服务的合同,在合同缔结时消费者为俄勒冈州居民,并且消费者在该州同意缔约,或者经营者主要通过在该州的要约邀请或广告诱使消费者签订了合同。这其中三类合同的当事人为俄勒冈州人,并且合同的履行地或签订地在该州,可以说三类合同与俄勒冈州存在最密切联系。规定这三类合同适用俄勒冈州法的目的是保护本州人。主要履行地在俄勒冈州的建筑工程合同适用该州法,符合"不动产适用不动产所在地法"的冲突法一般原则。

第 3 条的规定既是对俄勒冈州法院在涉外司法中适用法院地法倾向的扬弃,也符合美国现代冲突法方法。在立法前的 30 多年中,该州法院在实践中并没有严格遵循任何一种冲突法方法,通常适用的是俄勒冈州的法律,体现出强烈的法院地法倾向。[①] "工作组"在错综复杂的判例中提炼出合理适用法院地法的四类合同,同时要求对其他合同应考虑适用其他法域的法律。此外,这一规定也符合美国现代冲突法方法,因为即便依照任何一种现代冲突法方法分析,对这四类合同均可能得出适用俄勒冈州法的结论。[②]

第 4 条至第 6 条分别规定了"合同形式""缔约能力"和"同意缔约的意思表示"的法律适用,体现了维护行为效力原则。"合同形式"只要符合合同准据法或一方当事人表示同意缔约所在地法之规定即为有效。但是,一方当事人在作出同意缔约的意思表示时可能偶然身处某地,或者一方当事人为获得特别的利益而有意选择在某地作出同意缔约的意思表示。为了防止此类情况带来的不合理结果,该法要求当事人表示同意缔约所在地与当事人或交易应存在其他联系。[③] "缔约能力"只要符合当事人居所地法或当事人所选法律以外的合同准据法之规定即为合法。但是,即便一方当事人的"缔约能力"符合合同准据法之规定,却违反其居所地法之规定,在另一方当事人明知的情况下,则一方当事人依然可以主张其无缔约能力。这一规定体现了对当事人居

① See J. Nafziger, "Oregon's Conflicts Law Applicable to Contracts", *Willamette Law Review* 38, 2002, p. 407, "Report".

② See S. Symeonides, "Oregon's Choice-of-Law Codification for Contract Conflicts: An Exegesis", *Willamette Law Review* 44, 2007-2008, p. 213.

③ Ibid., p. 217.

所地法的尊重和对心怀恶意的一方当事人的惩罚。“同意缔约的意思表示”只要符合当事人所选择法律以外的准据法之规定即为合法。但在消费者合同和雇佣合同中,消费者或雇员在其居所地同意缔约,或其导致缔约的行为主要发生在该地,则其可援引该地的法律主张其同意无效。这一规定体现了对消费者和雇员的保护。在这三条规定中,唯有“合同形式”可以适用当事人选择的法律,体现了立法者对合同形式更为宽松的要求,其中缘由在于各法域对合同形式的规定差别细微,立法者不想仅仅因为各地关于合同形式的技术性要求的细微差别,就挫败当事人对于合同成立的正当期望。①

第 7 条至第 8 条规定了当事人意思自治及其限度,体现了合同冲突法发展的新趋势。意思自治原则是合同冲突法的首要原则,对该原则的规定方式在一定程度上可体现一部法律的立法水准。这部法律较好地协调了当事人选择法律的自由及其限度。一方面,该法赋予当事人选择法律的充分自由,不再如《重述二》和《统一商法典》要求准据法所属法域与当事人或交易存在“实质性联系”或“合理联系”,②而是允许当事人自由选择“一个或多个法律”,包括国际商事惯例甚至《国际商事合同通则》之类的示范法,③并且当事人所选法律可适用于合同的全部或部分,即允许采用“分割方法”。另一方面,该法对当事人的法律选择施加了多重限制。首先,对于上述强制适用俄勒冈州法的四类合同,当事人无权选择法律。其次,当事人只能针对“合同权利和义务”选择法律,而不得针对“缔约能力”“同意缔约的意思表示”或非合同事项选择法律。再次,当事人选择法律的形式应该采用明示方式或选择法律的意思可从合同条款中明确推导出来;在格式合同中选择法律的意思表示应当“明确和显著”(express and conspicuous),以保护被动接受格式合同的弱者;合同订立后的法律选择必须采用明示方式。又次,当事

---

① See S. Symeonides, “Oregon's Choice-of-Law Codification for Contract Conflicts: An Exegesis”, *Willamette Law Review* 44, 2007-2008, p. 215.

② See Restatement, Second, Conflict of Laws, § 187 (1971); U. C. C. General Provisions § 1-301 (2009). 值得一提的是,《统一商法典》2001 年的修订本曾取消“合理联系”的要求,但因应者寥寥而重回老路。参见许庆坤:《论国际合同中当事人意思自治的限度》,载《清华法学》2008 年第 6 期,第 83 页,注释 19。

③ See J. Nafziger, “Oregon's Conflicts Law Applicable to Contracts”, *Willamette Law Review* 38, 2002, p. 421, “Comments”.

人缔约后的法律选择效力虽然溯及于合同成立时,但该溯及力不得损害第三人的权利。最后,当事人所选法律不得要求当事人违反合同履行地法的规定,或者违反未选择法律时本应适用法律中包含的“既定基本法律政策”(established fundamental policy)①。由此可见,该法对意思自治原则的规定既未受到传统规则的束缚,也体现了对弱者的保护和对相关法域基本法律政策的尊重,与现代冲突法的发展潮流一致。②

若当事人未作出有效的法律选择,则应考虑适用第 9 条规定的一般法律选择方法,确定“最适当的”(most appropriate)法律。“适当与否”应根据“合同的涉外因素”判断。具体而言,确定“最适当的”法律应经过三个步骤:(1)查明相关的法域,包括合同谈判地、签订地、履行地或标的物所在地,或者一方当事人的住所地、惯常居所地或相应的营业地等;(2)查明这些法域的相关法律背后的政策,即立法目的;(3)权衡这些政策的“相对强度和关联度”(relative strength and pertinence),这些政策包括维持州际秩序和国际秩序的需要、便利交易、保护弱者和保护当事人的正当期望以及对其他法域中重大法律政策的负面效果最小化。

虽然确定“最适当的”法律应首先考虑连结点,但其目的是找到相关法域及其法律背后的政策,并进而权衡这些政策的“相对强度和关联度”。换言之,该条要求根据政策分析的结果而非简单的连结点指引确定合同准据法,追求的是实体法正义而非冲突法正义。③

但是,合同若属于第 10 条规定的特殊类型合同,则不适用第 9 条,而适用第 10 条的“推定规则”。具体而言,不动产合同适用不动产所在地法;个人服务合同适用主要服务所在地法;特许经营合同(不包括其

---

① “既定的”一词表示基本政策是通过立法或司法判例明确阐述过的,而非法官在个案中临时认定的。这一款的规定为林德(H. Linde)法官起草。See S. Symeonides, “Oregon's Choice-of-Law Codification for Contract Conflicts: An Exegesis”, *Willamette Law Review* 44, 2007-2008, p. 234.

② 关于当事人意思自治限度发展趋势的论述,参见许庆坤:《论国际合同中当事人意思自治的限度》,载《清华法学》2008 年第 6 期,第 80-84 页。

③ See J. Nafziger, “Oregon's Conflicts Law Applicable to Contracts”, *Willamette Law Review* 38, 2002, p. 408, “Report”. 但西蒙尼德斯认为,由于要求“根据合同的涉外因素”选择最适当的法律,所以该条追求的是冲突法正义,而非实体法正义。See S. Symeonides, “Oregon's Choice-of-Law Codification for Contract Conflicts: An Exegesis”, *Willamette Law Review* 44, 2007-2008, p. 237.

中的许可条款)适用依合同进行特许经营所在地法;许可合同以及特许经营合同中的许可条款,适用与当事人之间的交易具有最密切联系的许可人营业地或其居所地的法律;代理合同适用代理人义务的主要履行地的法律。该条一方面假定了上述法域的法律为“最适当的”法律,另一方面允许当事人依第 9 条举出反证,证明另一法域的法律是“最适当的”;在后一种情况下,合同适用另一法域的法律。

三、侵权冲突法立法的结构和内容

(一)立法结构

《涉外侵权和其他非合同赔偿性请求法律适用法》共 14 条,①其标题依次为“定义”“适用范围”“识别”“地点和其他事实的确定”“住所的确定”“适用俄勒冈州法的请求”“产品责任民事诉讼”“一般规则”“一般方法和补充方法”“共同侵害人和第三方当事人”“适用外法域法律的协议”“评注”“过渡规定”“标题”。该法共分为六部分,即“定义”(第 1 条)、“适用范围”(第 2 条)、“先定问题”(第 3 条至第 5 条)、“适用俄勒冈州法的请求”(第 6 条至第 7 条)、“法律选择”(第 8 条至第 9 条)、“附则”(第 12 条至第 14 条)。其实,前三部分为“总则”,第四和第五两部分为“法律适用规则”,即核心部分,第六部分为“附则”。

按照是否自动适用俄勒冈州法,除了“附则”,该法可分为两部分,即自动适用俄勒冈州法的部分,包括第 1~7 条,以及非自动适用俄勒冈州法的部分,即规定如何选择法律的第 8~11 条。根据这一思路,适用该法的“路线图”一目了然。对于一个涉外案件,首先依据俄勒冈州法考虑有关概念的含义、争议问题是否属于该法的调整范围、冲突法问题的识别、对损害行为和结果发生地以及其他事实的确定、界定当事人的住所,然后考虑是否属于第 6 条规定的适用俄勒冈州法的问题或者是

① 该法第 1~12 条后被编入《俄勒冈州最新成文法》,序号初始为第三十一章的第 850~890 条。第 13~14 条作为临时规定未被纳入。值得注意的是,第 31.850 条~31.890 条的序号不是连续编号,其实条文总数还是 12 条,即第 31.850 条、第 31.855 条、第 31.860 条、第 31.862 条、第 31.865 条、第 31.870 条、第 31.872 条、第 31.875 条、第 31.878 条、第 31.880 条、第 31.885 条和第 31.890 条。2011 年,该法从第三编第三十一章“侵权之诉”被移入第二编“民事诉讼法”中,相应地,上述各序号分别更改为第 15.400 条、第 15.405 条、第 15.410 条、第 15.415 条、第 15.420 条、第 15.430 条、第 15.435 条、第 15.440 条、第 15.445 条、第 15.450 条、第 15.455 条、第 14.460 条。

否属于第 7 条调整的适用俄勒冈州法的产品责任民事诉讼。若不属于上述自动适用俄勒冈州法的问题，则进入考虑适用外法域法律的阶段。在这一阶段中，首先考察当事人是否达成了适用外法域法律的协议（第 11 条）；若答案是否定的，则对于受害人和侵害人之间的问题，适用第 8 条和第 9 条的规定，而涉及共同侵害人和第三人的问题，适用第 10 条和第 9 条的规定。①

由于本书探讨的是该法在法律选择方面的立法特色，因此下文主要分析其冲突法条文。

（二）主要内容

《涉外侵权和其他非合同赔偿性请求法律适用法》的冲突法条文共 6 条（第 6 条至第 11 条），其中第 6 条至第 7 条属于适用法院地法的单边冲突法规则，其余 4 条为双边冲突法规则。

第 6 条规定了 7 种直接适用俄勒冈州法的案件，其中前三种属于当事人明示或默示选择适用俄勒冈州法的情形，而后四种属于与俄勒冈州存在最密切联系的情况。具体而言，若当事人同意适用俄勒冈州法或当事人未提出适用外法域法律或当事人未能查明外法域的内容，则涉外案件将适用俄勒冈州法。后四种情况包括对俄勒冈州公共机构提起的诉讼，对位于俄勒冈州不动产的所有人、出租人或占有人提起的诉讼，雇员主要受雇工作地在俄勒冈州的雇主与雇员之间的诉讼，以及因在俄勒冈州获准执业的专业人士工作失职导致的诉讼。这类诉讼属于“不管采用何种现代的法律选择方法均很可能导致适用俄勒冈州法”的情况。② 需要指出的是，第 6 条只适用于受害人和侵害人之间的纠纷，而涉及共同侵害人或第三人的纠纷适用第 10 条的规定；由于使用了“诉讼”（action）而非其他条文反复提到的“争点”（issue）的措辞，因此第 6 条的规定适用于整个诉讼中的所有问题，即明确排除了“分割法”。③

第 7 条关于产品责任法律适用的规定适用范围非常有限。首先，

---

① See S. Symeonides, J. Nafziger, *Oregon Law Commission*, *Choice-of-Law for Torts and other Non-contractual Claims*: *Report and Comments*, 2009, p. 35.

② See S. Symeonides, "Oregon's New Choice-of-Law Codification for Tort Conflicts: An Exegesis", *Oregon Law Review* 88, 2009, p. 984-985.

③ See S. Symeonides, J. Nafziger, *Oregon Law Commission*, *Choice-of-Law for Torts and other Non-contractual Claims*: *Report and Comments*, 2009, p. 16.

它没有排除第 10 条和第 11 条的适用，意味着关于共同侵害人和第三人的问题不适用第 7 条，而且当事人可以选择产品责任适用的法律。其次，适用俄勒冈州法的产品责任限于受害人的住所和损害结果地在俄勒冈州，或者这两个连结点中的一个在该州并且产品的生产地或新产品的交付[1]地在该州。再次，若被告无法预见其产品在俄勒冈州使用，并且被告的同类产品无法在损害发生时“通过正常商业渠道获得”，则俄勒冈州的法律不适用。最后，若任一方当事人表明对于“一个争点”适用另一法域的法律“更加适当”，则该争点适用另一法域的法律而非俄勒冈州的法律。对于该条未规定或未解决的其他非合同赔偿性请求问题适用第 9 条的规定。

若案件不符合上述适用俄勒冈州法的情况，则法官应首先考虑当事人是否达成了适用外法域法律的协议。第 11 条规定当事人的法律选择应符合《俄勒冈州最新成文法》第八十一章第 100~135 条的规定。这要求当事人的法律选择协议应当采用明示方式并且不违反《俄勒冈州最新成文法》第 81 章第 125 条的限制性规定等。其次当事人只能在“获悉导致纠纷的事件发生之后”选择法律，即不允许在损害事件发生之前选择法律。这样规定的目的是保护弱方当事人。[2] 最后当事人既可以针对一个争点也可以针对多个争点选择法律。

若当事人没有达成适用外法域法律的有效协议，则法官应考虑适用第 8 条的一般法律选择规则。这是这部法律中内容最丰富的条文，但仅适用于受害人和侵害人之间的关系。首先，若受害人与侵害人在同一法域有住所，则适用其共同住所地法；即便双方的住所不在同一法域，但只要这些法域的法律适用于特定争点的结果相同，则视双方当事人在同一法域有共同住所。不过，适用“共同住所地法”有一种例外情形——行为的谨慎标准在行为地和结果地均处于同一法域时适用行为地法，在行为地和结果地不一致时适用行为人可以预见并且受害人请求适用的结果发生地法。此处区分了“规制行为的”（conduct-regulating）

---

① 此处原文为“delivered when new”，其用意在于排除二手产品进入俄勒冈州而造成损害的情况。See S. Symeonides, J. Nafziger, *Oregon Law Commission*, *Choice-of-Law for Torts and other Non-contractual Claims: Report and Comments*, 2009, p. 18.

② See S. Symeonides, J. Nafziger, *Oregon Law Commission*, *Choice-of-Law for Torts and other Non-contractual Claims: Report and Comments*, 2009, p. 32.

规则(如道路交通法)和“分配损失的”(loss-distributing)规则(如对最高赔偿额的规定);对于前者该法采用了“场所支配行为原则”,而对于后者该法采用了“共同属人法原则”。其次,若受害人和侵害人的住所不在同一法域,而且这些法域的法律适用结果不同,但行为实施地和结果发生地位于同一法域,则适用该同一法域的法律;在行为实施地和结果发生地所处的法域不同时,则适用行为实施地法,除非侵害人能预见到损害结果发生在另一法域,而且受害人通过诉状请求适用该法域的法律,则适用损害结果发生地法。上述规定有一种例外情形,即若任一方当事人能表明对于某一争点适用另一法域的法律“显然更加适当”,则适用另一法域的法律。

第9条是对法律选择方法的规定,该法中所有冲突法规则均被视为源于这种法律选择方法,同时该方法也是没有特别规定时的补充法律选择方法。这种方法要求对于某争点适用“最适当的”法域的法律,“适当与否”则根据某法域“与当事人和纠纷的联系以及其关于特定争点的政策”来判定。具体而言,确定“最适当的”法律应经过三个步骤:(1)查明相关的法域,纳入考虑范围的连结点有损害行为实施地、损害结果发生地、当事人的住所地(或惯常居所地或营业地)、当事人法律关系的重心地等。(2)查明这些法域的相关法律中包含的政策,即立法目的。(3)对比分析这些政策的“相对强度和关联度”。比如,鼓励合法行为的政策、打击或控制损害行为的政策或者对受害人提供充分救济的政策,相关法域要求实现这些政策的强烈程度如何;在权衡这些政策时尤其应考虑到维持州际秩序和国际秩序的需要,以及若忽视某法域的政策对该法域造成的负面后果如何(此处应坚持使法律选择造成的负面后果最小化的原则)。

第10条规定了共同侵害人和第三人的非合同赔偿性请求法律适用问题。该条适用于共同侵害人之间的权利义务关系以及第三人向责任人的追偿。鉴于这类情况过于复杂,现有审判经验和研究成果尚不允许采用明确的规则,因而该条规定适用依第9条的法律选择方法确定的法律。①

---

① See S. Symeonides, J. Nafziger, *Oregon Law Commission*, *Choice-of-Law for Torts and other Non-contractual Claims: Report and Comments*, 2009, p. 31.

四、小结

如何一方面保留冲突法“革命”的优秀成果,另一方面又不陷入其导致的过分灵活的泥潭?在探求冲突法稳定性与灵活性之间适当平衡的道路上,俄勒冈州率先垂范,在实行普通法制度的各州中首次系统编撰了涉外合同和非合同赔偿性请求的冲突法。这两部立法秉承了发达法治国家常见的立法技术,对主要概念加以严格定义,广泛采用互见条文,①使其逻辑严密、浑然一体。除此之外,相对于美国传统冲突法规则和其他国家的现代立法,该法同样特色鲜明,而铸就两部独特立法的理论根基是里斯、西蒙尼德斯和纳夫齐格等学者的研究成果。

(一)立法特色

1. 明确限定适用法院地法的情形

惯用法院地法是俄勒冈州法院涉外审判的长期实践。在数十年冲突法革命的实践中,无论打着何种法律选择方法的旗号,俄勒冈州法院通常最终适用法院地法。② 这其中既有本应适用法院地法的公正判例,也不乏本应适用外法域法律的荒谬判决。

因此,这两部立法并未对俄勒冈州法院强烈的法院地法倾向亦步亦趋,而是审慎地加以区分和改良。不可否认,偏爱本地法是各国涉外司法的普遍做法。荣格教授认为,在各国涉外司法实践中,对涉外案件推崇适用法院地法的“回家趋向”其实“具有普遍性”。③ 艾伦茨威格(A. Ehrenzweig)教授在比较分析了欧美冲突法之后同样发现:“明确承认法院适用自己较好的规则的权利和责任是一种古老的传统,这种传统只是明显屈从过19世纪的国际学派的概念主义。”④同时,适用法院

---

① 除“附则”中第12条外,《涉外合同法律适用法》的其余条文均为互见条文;《涉外侵权和其他非合同赔偿性请求法律适用法》第1条和第6~11条均为互见条文,占全部条文的近3/5。

② See J. Nafziger, “Oregon's Conflicts Law Applicable to Contracts”, *Willamette Law Review* 38,2002,p. 398.

③ See F. Juenger, *Choice of Law and Multistate Justice* (*Special Edition*), New York, Transnational Publishers,2005,p. 4.

④ A. Ehrenzweig, *Private International Law*: *A Comparative Treatise on American International Conflicts Law*, *Including the law of Admiralty*, General Part, Leyden, Sijthoff, 1967,p. 97.

地法在不少案件中是合理公平的做法,有利于提高司法效率,保障该州立法政策的实现,也符合当事人的正当期望。因此,俄勒冈州通过总结法院适用法院地法的实践,肯定了其中的合理成分,对涉外合同规定了四种适用法院地法的情形,对非合同赔偿性请求规定了八种适用法院地法的情形。但是,过度适用法院地法削减了冲突法存在的价值,而且容易激励当事人挑选法院,不利于州际或国际关系的协调。因此,这两部立法严格禁止法院随意适用法院地法的传统做法,将适用法院地法限定在上述情形,要求在其他案件中必须考虑域外法律的适用,而且即便在上述情形中,也必须满足相应的严格条件。

2. 将规则与方法巧妙结合

规则与方法的长期脱节与失衡成为美国冲突法的惨痛经历。美国法院过去普遍采用的《重述一》是体现比尔既得权思想的僵硬规则。这套规则严格排斥灵活的法律选择方法,导致法院作出了众多有失公正甚至荒唐可笑的判决,进而引起众多学者的普遍反感,以至柯里极端地认为"没有法律选择规则我们会更好些"①,并主张代之以"法律适用意愿分析方法"。在柯里以及其他学者的倡导下,各种法律选择方法纷纷登场,法院也大胆抛弃传统规则,转而尝试各种新型方法。但这些过分灵活的方法导致美国的判例法就像《一千零一夜》中的故事,个个精彩而各有不同。② 于是,里斯等睿智学者清醒地认识到,"发展规则同样应该是法律选择领域的一个目标"。③ 但规则与方法如何协调,学者和立法机关均长期苦无良策。

制定何种规则与方法巧妙结合的新型冲突法?俄勒冈州的两部立法提供了一个范例。涉外合同领域中适用俄勒冈州法的少数情形、维持合同行为的有效性以及意思自治原则,学界在这些方面已经基本达成了共识,法院也有了比较成熟的实践,因此出台宽严适度的相应规则就成为必然选择。对于在理论和实践上均不成熟的其他合同问题,则

---

① B. Currie, "Notes on Methods and Objectives in the Conflict of Laws", *Duke Law Journal* 8, 1959, p. 171; B. Currie, *Selected Essays on the Conflict of Laws*, Durham, Duke University Press, 1963, p. 183.

② See S. Symeonides, *Private International Law at the End of the* 20th *Century: Progress or Regress?*, The Hague, Kluwer Law International, 2000, p. 24.

③ W. Reese, "Choice of Law: Rules or Approach", *Cornell Law Review* 157, 1972, p. 319.

依据采用政策分析的灵活方法确定“最适当的”法律。但即便在此领域，也存在一些比较成熟的“通常做法”——对此俄勒冈州采用了带有例外条款的“推定规则”。在涉外侵权和非合同赔偿性请求领域，情况虽然比涉外合同领域更加错综复杂，但经过冲突法革命的洗礼，法院对部分问题已经有了比较肯定的答案，学界也已达成了共识。因此，对于部分适用俄勒冈州法的情形、产品责任以及“规制行为的”规则和“分配损失的”规则的区分等，俄勒冈州以宽严不等的规则加以调整。对于其他答案尚不明确的问题，只好依据灵活的法律选择方法确定“最适当的”法律，留待法院在今后的实践中继续探求最佳方案。这样，规则与方法相得益彰、浑然一体，法律的确定性与稳定性获得了适当平衡。

3. 规则精细且宽严有别

受美国法律现实主义的影响，俄勒冈州的两部立法采用了精细型的规则。尽管从形式看，俄勒冈州冲突法似乎回到了冲突法规则的老路，但其实已经实现了质的飞跃。它不再采用《重述一》中诸如“涉外合同适用合同缔结地法”之类的宽泛规则，而是采用针对特定问题的精细规则，因为唯有如此方能实现具体领域的政策目标并为法官提供明确的指引。[①]

例如，《涉外侵权和其他非合同赔偿性请求法律适用法》第 8 条的精密细微令人惊叹。它区分了不同情况依次恰如其分地加以规定。首先，它区分当事人有共同住所和无共同住所两种情况；其次，在当事人有共同住所的情况下区分损失分配问题和行为标准问题，前者适用共同住所地法，而后者适用行为地法；再次，在当事人无共同住所的情况下区分加害行为地和损害结果地同在一个法域和不在同一法域的两种情形，前者适用共同法域的法律，而后者原则上适用加害行为地法；最后，区分两种例外情形，一种是受害人有权提出适用另一法域法律的例外，另一种是双方当事人均有权提出适用另一法域法律的例外，并且对于前者排除“分割法”，而对于后者采用“分割法”。

但对于不同的问题和领域，理论研究和实践探索的成熟程度不同，规则的宽严程度亦有差别。对于适用俄勒冈州法的特定涉外合同和非合同赔偿性请求，法院的审判经验已足够丰富，相关的现代法律选择学

① 规则细化是美国法律现实主义的重要内容，也是美国“冲突法革命”代表人物的观点。参见许庆坤：《美国冲突法理论嬗变的法理：从法律形式主义到法律现实主义》，商务印书馆 2009 年版，第 38、96、105、108、119、166、261 页。

说也可以提供充分的理论支持。因此，两部立法对此种情况的规定严格明确，完全排除其他冲突法条文的适用，不允许法官和当事人涉足，立法者的自信和严厉显露无遗。而对于其他问题，立法者则显得信心不足，或者允许当事人选择法律，或者采用选择性冲突法规则，或者采用例外条款，将法律选择权交给当事人或法官。

即便是类似的条文，它们之间也有不少细微的差别，这体现了立法者思维的缜密。例如，对于合同形式、缔约能力和同意缔约的意思表示，立法者均采用了维护行为有效原则，但对于合同形式允许适用当事人选择的法律，而对于其他两个问题则不允许当事人决定法律的适用。再如，《涉外侵权和其他非合同赔偿性请求法律适用法》第 6 条和第 7 条同样规定了适用俄勒冈州法的非合同赔偿性请求，但它们的灵活程度差异明显。第 6 条则排除第 11 条的适用，而第 7 条并未排除第 11 条的适用；第 6 条排除“分割法”，而第 7 条部分采用“分割法”；第 6 条没有例外规定，而第 7 条规定了两种例外情形。

4. 法律选择方法灵活有度

两部立法采用的法律选择方法就是寻求确定适用结果最适当的法域的法律，或者说采用了“最适当原则”。这与常见的“最密切联系原则”或“最重要联系原则”等具有类似性。[①] 但相对于欧洲国家的简单规则，[②]俄勒冈州的规定步骤明确、特色鲜明。

首先，它针对特定的争点而非整个案件确定适用的法律，意味着它采用了“分割法”。其次，它罗列了众多应考虑的连结点，使法官在考虑与纠纷有联系的法域时有方向可循；当然，这些连结点既没有穷尽一切，也没有等级之分，也不表明采用了计算连结点的方法。[③] 再次，它采

① 该法的报告人西蒙尼德斯认为“最严重损害”“最重要联系”“更密切关系”“更密切联系”“最强联系”或者“最适当的法律”之类的流行语异曲同工。See S. Symeonides，“The Conflicts Book of the Louisiana Civil Code：Civilian，American，or Original?”，*Tulane Law Review* 83，2008-2009，p. 1051.

② 比较 1987 年《瑞士联邦国际私法》第 15 条第 1 款：“若依案件所有情况，案件显然与本法具体指引的法律仅存在相当有限的联系，而与另一法律存在更密切的联系，则本法具体指引的法律不适用于此种例外情形。”

③ See J. Nafziger，“Oregon's Conflicts Law Applicable to Contracts”，*Willamette Law Review* 38，2002，p. 423-424，“Annex Ⅲ：Comments”；S. Symeonides，J. Nafziger，*Oregon Law Commission*，*Choice-of-Law for Torts and other Non-contractual Claims：Report and Comments*，2009，p. 27.

用了政策分析方法,明确要求考虑相关法域的政策并权衡这些政策的"强度和关联度"。最后,它规定了权衡相关政策的"强度和关联度"时应考虑的具体因素,尤其强调了州际合作和国际合作的重要性,尽可能将"对其他法域强烈坚持的政策造成的负面效果最小化"。

因此,俄勒冈州采用的法律选择方法虽然灵活宽泛,但它汲取了冲突法革命中因方法过分灵活而使法律几乎丧失指引功能的教训,并据此对"最适当原则"加以限定,使法官在享有充分自由裁量权的同时不至于迷失在法律选择的"汪洋大海"中。同时,它虽然采用了政策分析方法,但鉴于柯里等人提出的政策分析过分强调适用法院地法带来的不合理结果和学界的强烈批评,该条的规定更加强调了州际秩序和国际秩序的维持,力求各法域相互尊重、和谐共处。

(二)理论渊源

"……冲突法不是由法律而是由学者支配的领域。"①俄勒冈州的这两部立法作为众多冲突法学者尤其是两位报告人研究成果的结晶,恰好验证了这一结论。因此,若不了解这两部立法的理论渊源,则无法深刻把握其来龙去脉和深层内涵。

这两部立法与里斯的冲突法立法思想一脉相承。里斯作为冲突法革命成果的集大成者和《重述二》的报告人,对美国冲突法认识深刻、预见准确。他一贯反对宽泛规则,主张规则细化,而对于尚未探索清楚的领域主张以法律选择原则或方法为过渡方案;②他在 20 世纪 70 年代末预测到,未来创立新规则应从"个别问题"开始,对审判经验尚不充足的问题应以"灵活的原则"予以调整。③ 俄勒冈州的立法充分体现了里斯的立法思想,对于适用法院地法的情形,它采用了僵硬的规则;对于审判经验和研究成果比较充分的意思自治原则、维持合同行为的有效性原则、产品责任等,它采用了具有一定灵活性的明确规则;而对于情况复杂、审判经验不成熟的其他问题,它规定适用一般法律选择方法。里

---

① See H. Kay, "Ehrenzweig's Proper Law and Proper Forum", *Oklahoma Law Review* 18, 1965, p. 233.

② 对里斯冲突法思想的归纳,参见许庆坤:《美国冲突法理论嬗变的法理:从法律形式主义到法律现实主义》,商务印书馆 2009 年版,第 251-269 页。

③ See W. Reese, "Choice of Law in Torts and Contracts and Directions for the Future", *Columbia Journal of Transnational Law* 16, 1977, p. 16.

斯的冲突法思想其实是经由这部法律的报告人西蒙尼德斯贯彻到立法中的。西蒙尼德斯对里斯景仰有加，主张冲突法革命后的新型规则应是“里斯曾追求的那种规则”。[①]

这两部立法直接体现了西蒙尼德斯和纳夫齐格两位报告人的冲突法思想，尤其是前者的研究成果。西蒙尼德斯教授曾对美国冲突法革命进行过系统深入的研究，[②]并长期追踪美国判例法和理论研究的最新发展；[③]他对美国现代冲突法的过分灵活深表忧虑，认为冲突法“过分灵活和完全没有灵活性一样糟糕”，并主张将冲突法革命成果及时提炼为规则，冲突法的“转轨和尝试不应无限期存续”；[④]他提倡新型规则应该“精细”（narrow）、针对争点和“内容导向”（content-oriented）、立足于经验而不是教条；应该包含例外条款，但不应该像《重述二》那样容易被替换。[⑤] 这些精辟见解在两部立法中都有所体现。他还长期重点关注涉外侵权领域冲突法的发展，对美国审判实践中区分规制行为的法律和分配损失的法律这种做法大加赞扬，认为这种区分可以在长期处于对抗状态中的属人原则和属地原则之间取得必要的平衡。[⑥] 为推动涉外侵权领域冲突法的成文化，他曾草拟了冲突法条文。这些条文除了第 4 条“惩罚性赔偿”部分未被纳入俄勒冈州的立法中，其余条文在稍加修改后大部分为这部法律所采用。[⑦] 他还作为报告人主持编撰了 1991 年

---

① See S. Symeonides, “The Judicial Acceptance of the Second Conflicts Restatement: A Mixed Blessing”, *Maryland Law Review* 56, 1997, p. 1280.

② 2002 年他在海牙国际法学院以美国冲突法革命为主题作了长篇演讲，后将其修订成书。See S. Symeonides, *The American Choice-of-law Revolution: Past, Present and Future*, Leiden, Koninklijke Brill NV, 2006.

③ 从 1988 年到 2020 年，他已发表了 29 篇美国法院涉外司法实践的年度报告。See S. Symeonides, “Choice of Law in the American Courts in 2019: Thirty-third Annual Survey”, *American Journal of Comparative Law* 68, 2020, p. 236-237, “Footnote 1”.

④ See S. Symeonides, “Oregon's Choice-of-Law Codification for Contract Conflicts: An Exegesis”, *Willamette Law Review* 44, 2007-2008, p. 207-208.

⑤ See S. Symeonides, “The Judicial Acceptance of the Second Conflicts Restatement: A Mixed Blessing”, *Maryland Law Review* 56, 1997, p. 1280-1281.

⑥ See S. Symeonides, “The Need for a Third Conflicts Restatement (and a Proposal for Tort Conflicts)”, *Indiana Law Review* 75, 2000, p. 452-453.

⑦ 西蒙尼德斯教授所拟条文的具体内容可参见下文第 129~131 页正文部分。

的路易斯安那州的冲突法,[①]并称该法中确定准据法的一般规则和补充规则既没有全盘采纳柯里的“法律适用意愿分析说”,也没有接受白克斯特(Baxter)的“比较损害分析说”,而是开创性地规定了一种“结果主义”(consequentialism)的政策分析方法。[②] 除了将“最严重的损害”更换为“最适当的”,该条的大部分内容经稍加修改后被置入俄勒冈州的非合同赔偿性请求的立法中。[③]

另一位报告人纳夫齐格教授对俄勒冈州这部冲突法立法的影响同样不可小觑。他接受里斯教授的建议,长期深入研究俄勒冈州的判例法,发现“俄勒冈州法院通常适用俄勒冈州法(法院地法)”。[④] 这一总结经过提炼最终演化为规定适用俄勒冈州法的单边冲突法规则。他积极推动俄勒冈州冲突法的成文化,认为从演变中的判例法中提炼出成文冲突法规则是避免冲突法争议的重要途径,[⑤]“精心起草的成文法律选择条文可以取代或部分取代普通法判例的变幻无常”。[⑥] 基于这一主张,他积极推动了两部特色鲜明的冲突法立法顺利出台。对于涉外侵权,他主张区分规制行为的规则和分配损失的规则,分别创制不同的法律选择规则,前者是属地性的,而后者应偏离属地性;而对于进入商业流通领域的产品的责任,他主张应考虑让受害人选择适用的法律。[⑦] 他

---

① 这部冲突法以 923 号法案于 1991 年获得该州议会通过,从次年 1 月 1 日起生效,后该法第 15~49 条被编入《路州民法典》第四编第 3515~3549 条。

② S. Symeonides, “The Conflicts Book of the Louisiana Civil Code: Civilian, American, or Original?”, *Tulane Law Review* 83, 2008-2009, p. 1052-1054.

③ 《路州民法典》第 3515 条:“除非本编另有规定,涉外案件的一个争点适用如下法域的法律:某法域的法律若不适用于该争点则其政策将受到最严重的损害。通过权衡所有有关法域的相关政策的强度和关联度以确定该法域时依据:(1)各州与当事人和纠纷的关系;以及(2)州际和国际秩序的政策和需要,包括维护当事人正当期望的政策以及最大限度地减少当事人适用数个法域的法律可能所致负面后果的政策。”

④ J. Nafziger, “Oregon's Project to Codify Conflicts Law Applicable to Torts”, *Willamette Journal of International Law and Dispute Resolution* 12, 2004, p. 305.

⑤ See J. Nafziger, “Avoidance of Choice-of-Law Conflicts: An Introduction”, *Willamette Journal of International Law and Dispute Resolution* 12, 2004, p. 179.

⑥ J. Nafziger, “Making Choices of Law Together”, *Willamette Law Review* 37, 2001, p. 217.

⑦ See J. Nafziger, “Oregon's Project to Codify Choice-of-Law Rules”, *Louisiana Law Review* 60, 1999-2000, p. 1201.

系统总结了普通法中的关于损失分配的冲突法规则和关于规制行为的冲突法规则。[①] 这些成果对《涉外侵权和其他非合同赔偿性请求法律适用法》第 8 条的影响显而易见。

---

① 他总结的这两类规则如下：关于损失分配的冲突规则（基于"纽美尔规则"）：(1)如果侵权案件的当事人在同一个法域有共同住所或惯常居所，则适用该法域的法律；(2)若当事人的住所地不在同一个法域，则适用一方当事人住所地的法律，条件是该住所地同时是侵权行为实施地和侵权结果发生地；(3)如果侵权行为实施地和侵权结果发生地不在同一个法域，则适用受害人住所地法，条件是可以预见侵权结果发生在该地。规制行为的冲突法规则：涉外侵权通常适用侵权结果发生地法。如果是房产状况不佳造成的侵权，则应适用房产所在地法。若结果发生地法对受害人不利，则应允许其选择适用行为发生地法或结果发生地法；若此种选择对被告不公平，则应要求原告的选择具有可预见性。See J. Nafziger, "Oregon's Project to Codify Conflicts Law Applicable to Torts", *Willamette Journal of International Law and Dispute Resolution* 12, 2004, p. 307-308.

第三章　融合法律界集体智慧的民间法

——美国“冲突法重述”

在普通法世界里，成文法与判例法犹如相克相生的金与木。判例法初始自行繁茂生长，恰似野草芜漫，待其与社会生活格格不入之际，成文法的“剪刀”则趁势修理；而成文法的规定导致个案不公时，法官则通过司法解释或明或暗修正成文法，推出新判例；待判例累积到繁乱地步时，成文法则再次介入，如此循环往复，周而复始。① 不过，在“或许是美国法中最令人困惑、最有争议和最不流行”的冲突法领域，②美国立法机关往往胸怀利器而不用，不仅联邦的国会利刃入库，而且各州的议会通常也听任大权旁落。法律人才群英荟萃的美国法学会（American Law Institute，ALI）乘隙而入，捡拾起“剪刀”对冲突法判例及时修整，担当起呵护冲突法判例健康成长的使命。

美国法学会至今已两次编撰“冲突法重述”，于2014年又启动了《重述三》的起草。《重述一》由哈佛法学院的比尔教授担任报告人，起草工作历时11年（自1923年至1934年）；③《重述二》由哥伦比亚大学法学

---

① 关于成文法和判例法的关系，参见［美］彼得·海：《美国法概论》（第四版），许庆坤译，北京大学出版社2020年版，第11－12页。

② See G. Shreve, “A New Restatement of Conflicts: Introduction”, *Indiana Law Journal* 75, 2000, p. 399.

③ See The American Law Institute, *Restatement of the Law of Conflict of Laws*, St. Paul, American Law Institute Publishers, 1934, p. x, xiii.

院的里斯担任报告人，起草工作历时 17 年（自 1952 年至 1969 年）。[①] 比尔恪守法律形式主义，立足于既得权说和法律属地性开创性地编撰了美国冲突法判例，作为当时世界上条文最多的冲突法文本，《重述一》以其规则的简明性和确定性征服了美国司法界。[②] 但其理论瑕疵和脱节于涉外司法实践的弊端使其饱受学者批判，迫使美国法学会在二战后启动《重述二》的起草工作。里斯坚守法律现实主义，在"冲突法革命"的风口浪尖折中调和各派理论与法院判例。《重述二》以其规则的灵活性和包容性成为当今美国司法界最流行的一套冲突法规则。[③] 冲突法实践日新月异，新问题层出不穷，《重述二》的过分灵活与折中导致法院判决不一，日益引发学界不满，以西蒙尼德斯教授为代表的一批学者力陈《重述二》"过渡性"的历史使命已告终结，《重述三》的起草工作如箭在弦，应早日启动。荣格和温特劳布等另一批教授则针锋相对，谆谆告诫：兹事弊多利少、时机未到等。两派观点尖锐对立，一时难分伯仲。[④]

编撰"法律重述"是深具美国特色的民间立法，是发挥法律界集体智慧完善法律的重要形式。美国法学会为何在 1923 年启动这一宏大工程，其运作方式和实际功效如何？《重述一》和《重述二》的出台为何旷日持久，其内容是否如批评者所言的那样简陋不堪，司法界和理论界的反响为何冰火两重天？美国学界对起草《重述三》存在何种争议？在前两次"法律重述"中，冲突法领域均首当其冲，而在个别领域已启动第四次"重述"时，为何美国法学会直到 2014 年才启动《重述三》的起草工作？《重述三》草案的理论基础和主要内容是什么？下文将对此类问题逐一解析。鉴于笔者此前已阐明了《重述一》和《重述二》的法理根基，本书对此将一笔带过。由于美国冲突法的变革主要发生于合同冲突法

---

① See The American Law Institute, *Restatement of the Law*, *Second*, *Conflict of Laws 2d*, St. Paul, American Law Institute Publishers, 1971, p. xii, ix.

② 关于《重述一》的法理根基，参见许庆坤：《美国冲突法理论嬗变的法理——从法律形式主义到法律现实主义》，商务印书馆 2009 年版，第 51-78 页。

③ 关于《重述二》的法理根基，参见许庆坤：《美国冲突法理论嬗变的法理——从法律形式主义到法律现实主义》，商务印书馆 2009 年版，第 242-298 页。

④ 在美国法学院协会冲突法分会 1999 年的年会上，众多美国学者济济一堂，研讨了《重述三》的起草问题。此次研讨会的论文发表在《印第安纳州法律期刊》2000 年总第 75 卷，第 399-686 页。

和侵权冲突法领域,因而下文主要以该两大领域为例阐明三版“冲突法重述”的相关内容。

一、美国法学会与“法律重述”

20世纪初美国判例法的严重复杂性和不确定性激励了一批富有先见之明的法律人士创建美国法学会。判例法的痼疾是日积月累而卷帙浩繁的。判例法查阅和运用不便。英国的应对之策是于1866年任命了一个“法律编撰委员会”(Digest of Law Commission),专司判例法的整编。美国国土广袤,判例法的数量更加惊人。斯托雷(J. Story)在1821年对律师界的一次演讲中提到,众多领域的判例法正以“惊人的速度”剧增。卡多佐法官曾惊呼:“我们判例法的繁殖速度将令马尔萨斯目瞪口呆!”[①]19世纪末和20世纪初,美国快速的城市化和工业化导致法律纠纷增多。现代印刷技术和判例公布方式的改变,新司法辖区的不断增加,旧司法辖区的法院新设,这一切使判例猛增。1917年,美国判例集是1.7万卷,而且每年判例的数量在迅速上升。例如,在1914年至1915年,美国判例集大约增加了17.5万页。一位澳大利亚律师在纽约州律师协会的一次演讲中曾形象地比喻到:古时英国的判例集好比是“涓涓细流”,近代英国及其殖民地的判例集已发展成一条“壮阔的河流”,但在美国,判例集已成为“由数百条支流汇聚成的澎湃激流”。[②]“澎湃激流”中鱼龙混杂、泥沙俱下,判例法杂乱无章和前后矛盾的问题日渐严重。法律的不确定和复杂导致的最严重后果是人们丧失对法律的尊重;当人们对法律的最后一线希望破灭时,社会的道德之网也可能被冲破,各种仇视社会的行为甚至革命爆发的危险将不期而至。判例法是法律人士的产物,其弊端亦应由法律界自行解决。不过,已有的“法律百科全书”和学者著述均非应对良策:“法律百科全书”的不同部分由不同人士完成,其水平参差不齐;全面总结判例法需要耗费大量的人力和财力,单个学者难以承受,况且富有批判性和建设性的学

---

① G. Wichershanm, “The American Law Institute and the Projected Restatement of the Common Law in America”, *Law Quarterly Review* 43, 1927, p. 450-451.

② “Report of the Committee on the Establishment of a Permanent Organization for the Improvement of the Law Proposing the Establishment of an American Law Institute”, in ALI, *The American Law Institute* 50th *Anniversary*, Philadelphia, 1973, p. 66.

术著作凤毛麟角。欧洲的法典式立法也不适合判例的编撰,其僵硬和粗略与普通法的灵活与精细难以协调。因此,唯一的出路就是成立法律学术团体,利用集体智慧和力量完成对美国判例法的系统"重述"。①

虽历经一波三折,但一批法律贤达的群策群力促成了美国法学会的诞生。美国法学会的真正起源或许是美国法学院协会(Association of American Law Schools,AALS)1914年的会议,当时耶鲁法学院的霍菲尔德(W. Hohfeld)教授谈及系统研究判例法的重要性,而哈佛法学院的比尔教授在会上作了"对法律体系的研究迫在眉睫"的演讲。时任协会会长的理查德(H. Richards)教授由此建议:两位教授的见解可以进一步发展为成立一个学会。由此当年成立了美国法学会的第一个筹备委员会,但第一次世界大战打断了美国法学院协会的正常会议日程,筹备工作中断。在该协会1920年的年会上,时任会长吉尔摩(E. Gilmore)教授旧话重提,倡议成立一个五人筹备委员会。比尔教授支持这一倡议,并被任命为该委员会的主席。该委员会在次年的年会上建议成立一个新委员会为成立一个永久性组织做准备。此时,五人委员会中的一员刘易斯(W. Lewis)教授显露出其纵横捭阖的组织才华,及时争取到了律师界领袖鲁特(E. Root)的支持。鲁特曾任美国国务卿和参议员,当时作为卡内基公司的一位受托人帮助创设了卡内基慈善基金会。鲁特于1922年召集了纽约市律师协会的会议,并趁机组建了由20人组成的"为改进法律而成立一个常设组织之委员会",为美国法学会的正式成立作最后的准备。经过前期精心准备,美国法学会于1923年正式成立,在其"注册证书"上签字的是塔夫脱(W. Taft,美国前总统,时任美国最高法院的首席大法官)、休斯(C. Hughes,美国最高法院的法官,后成为首席法官)和鲁特。联邦最高法院的塔夫脱首席大法官、霍姆斯(Holmes)和桑福德(Sanford)大法官,联邦巡回上诉法院的5位法官,州最高法院的28名法官,以及美国律师协会和统一州法全国委员会的特别代表出席了成立大会。"为改进法律而成立一个常设组织之委员会"向成立大会提交了一份报告,直陈美国判例法的弊

---

① See "Report of the Committee on the Establishment of a Permanent Organization for the Improvement of the Law Proposing the Establishment of an American Law Institute", in ALI, *The American Law Institute 50th Anniversary*, Philadelphia, 1973, p. 16, 19, 20-21, 27, 29-30.

病在于严重的不确定性和复杂性，解决之道是编撰"法律重述"。①

美国法学会的章程将其宗旨确立为："促进法律的明晰和简化，以便更好地适应社会之需和实现社会正义，并支持和从事学术性和科学性的法律工作。"为实现其宗旨，美国法学会广纳法律英才。其会员分为选举会员和官方会员，选举会员身份持续 25 年后可转化为终身会员，官方会员包括联邦最高法院首席大法官和大法官，联邦上诉法院的首席法官，联邦检察总长和副检察总长，各州最高法院的首席法官，法学院的院长，联邦和各州律师协会以及其他著名法律团体的会长。② 美国法学会的会员人数逐渐增多，成立之初会员为 308 名，当时设定的会员名额上限为 500 人，但 1982 年该上限就达到了 2000 人，1987 年增加到 2500 人，1994 年增加到 3000 人，③并一直保持至今。会员的广泛性保证了其法律文件的权威性和影响力。

编撰"法律重述"是一个集思广益而又漫长反复的民主决策过程。首先，美国法学会的会长（Director）和理事会（Council）审时度势，斟酌选题，并指定该领域的顶尖专家作为报告人；报告人在助理的帮助下从事研究并提出草案初稿。其次，组建报告人的顾问小组，顾问通常为在该领域有专长的法官、律师或学者，是报告人的合作者；报告人将草案初稿提交顾问小组，征求修改意见。④ 再次，草案初稿经顾问们定期开会讨论修改后，将被提交给理事会审议。理事会是一个由大约 60 位知名法官、律师和学者组成的常设机构。理事会审议后，可以将修改稿退回报告人和顾问小组进一步修改，也可以将其提交给会员大会供研讨。又次，理事们审查通过后的修改稿将作为"初步草案"（Tentative Draft）

---

① See J. Frank, "The American Law Institute: 1923-1998", *Hofstra Law Review* 26, 1997-1998, p. 615-617; N. Hull, "Restatement and Reform: A New Perspective on the Origins of the American Law Institute", *Law and History Review* 8, 1990, p. 69, 75.

② 参见美国法学会的官方网，www. ali. org，2021 年 10 月 21 日访问。后面关于该学会的信息凡未注明的均来自该网站。

③ See J. Frank, "The American Law Institute: 1923-1998", *Hofstra Law Review* 26, 1997-1998, p. 625.

④ 报告人和顾问之间的沟通方式有所变化。在美国法学会成立之初，报告人直接将其初步草案提交顾问个人。后来，这一做法改为召开会议讨论，报告人和顾问直接面对面交流，逐字逐句商讨，甚至在会议上直接重写。报告人可以获得适当的酬金，而顾问们只获得小额报酬。See G. Wichershanm, "The American Law Institute and the Projected Restatement of the Common Law in America", *Law Quarterly Review* 43, 1927, p. 466.

提交给每年5月召开的会员大会讨论修改并向社会公布，其目的是使“法律重述”不仅代表报告人和顾问小组的意见，而且反映全国法学界的共同理念；会员大会可以在讨论修改后批准该草案，也可以将其退回报告人和顾问小组进一步修改。最后，通常经过多次提交“初步草案”并充分吸纳各方意见后，报告人提交“最终建议草案”(Proposed Final Draft)供理事会和会员大会讨论通过，通过后的草案将作为正式文本付梓发行。在整个过程中，报告人是“重述法律”的主导者、裁判者和执行者，他可以自由决定是否接受他人的建议，包括顾问或会员的意见。①

“为改进法律而成立一个常设组织之委员会”在向美国法学会成立大会提交的报告中，建议所有“法律重述”均统一采用成文法的形式，“法律规则”与“评论”两部分应通过字体不同予以区分(后来“法律规则”部分通用黑体字表述)，“评论”应阐明法律规则的来龙去脉，对现有法律资料“彻底考察和审慎斟酌”，全面援引权威观点、判决、法学专著和论文；否则，“重述”中的规则将难以取信于法律界。“法律重述”应采用简明措辞，尽可能避免使用专业而怪癖的术语，使普通受教育者能够理解。该委员会希冀“法律重述”取得类似成文法的地位，对法院起到“引导和帮助”的作用。② 第一版“法律重述”遵照该建议区分“黑体字规则”和“评论”(Comment)，部分“法律重述”中还有“示例”(Illustration)，举例阐明“黑体字规则”的含义；第二版及之后的“法律重述”又增加了“报告人的注解”(Reporter’s Note)，列举了有关“黑体字规则”的判例和权威著述。

事实证明了美国法学会奠基者们的远见卓识。“法律重述”的宏大工程成绩斐然，功效卓著。第一版“法律重述”的起草从1923年持续到1944年，涵盖了“合同法”“侵权法”“财产法”“冲突法”“信托法”等11个法律领域，出版了24卷达1.7万多页的成果。③ 第二版“法律重述”的起草从1952年持续到1992年，增加了《美国对外关系法重述》。第

① See J. Frank, “The American Law Institute: 1923–1998”, *Hofstra Law Review* 26, 1997–1998, p. 619–620, 631.

② See “Report of the Committee on the Establishment of a Permanent Organization for the Improvement of the Law Proposing the Establishment of an American Law Institute”, in ALI, *The American Law Institute 50th Anniversary*, Philadelphia, 1973, p. 26–31.

③ See N. Darrell, P. Wolkin, “American Law Institute”, *New York State Bar Journal* 52, 1980, p. 139.

三版“法律重述”的起草从1986年持续至今，进一步扩展到“雇佣法”“不正当竞争法”“美国国际商事仲裁法”“连带保证和一般保证法”等领域。① “法律重述”在司法实践中影响广泛。古德里奇（H. Goodrich）教授在20世纪50年代做过不完全统计，从1932年至1950年不到20年的时间里，上诉法院引用“法律重述”达17,951次。联邦法院引用3673次，宾夕法尼亚州法院引用大约2000次，纽约州和加利福尼亚州法院各引用1500次。② 20世纪末弗兰克（J. Frank）律师的统计显示，截至1994年3月，已有12.5万份公开的法院判决引用了“法律重述”，美国最高法院在1993~1994年曾在至少9个案件中引用了“法律重述”。截至1998年，引用“法律重述”的案件达到了141,087件。在有些州，如果没有不一致的成文法和先例，则“法律重述”就作为法律发挥作用。③ 通过美国法学会联合律师界、司法界和法学院的力量，借助“法律重述”实现普通法的统一，美国法学会奠基人当年的这一宏大目标如今在很大程度上已经成为现实。

社会的慷慨捐助是“法律重述”项目的强大资金后盾。在美国法学会成立时，通过鲁特的游说，卡内基基金会赠与了107.5万美元，后来又陆续收到这笔数额2倍的其他捐款。1951年，“梅隆教育和慈善基金会”赠款6万美元支持美国法学会审查第一版“法律重述”是否应该修订；审查结论使该基金会和美国法学会相信，必须对第一次的“法律重述”作彻底的修订。1953年，该基金会再次赠款50万美元用于“法律重述”的修订工作。④

---

① 美国法学会不仅编撰“法律重述”，而且积极起草“示范法”，如《证据示范法》和《模范刑法典》以及与统一州法全国委员会（National Conference of Commissioners on Uniform State Law，NCCUSL）合作完成的《统一商法典》等。对于判例法不成熟的领域，美国法学会从1993年起开始大规模地起草《法律原则》，以引导该领域的法律发展，如《软件合同法律原则》《跨国破产法律原则》《公司治理法律原则：分析与建议》和《知识产权：解决跨国纠纷之管辖权、法律适用和判决的法律原则》等。为提高律师执业水平，美国法学会还与美国律师协会从事律师继续教育，并为此成立了“美国法学会和美国律师协会职业继续教育委员会”，社会成效显著。

② See H. Goodrich, “The Story of the American Law Institute”, *Washington University Law Quarterly* 1951, 1951, p. 292.

③ See J. Frank, “The American Law Institute: 1923-1998”, *Hofstra Law Review* 26, 1997-1998, p. 638-639.

④ Ibid., p. 616, 623.

学界对美国法学会“法律重述”项目的理论依据颇有争议。居于主流的批评意见是,美国法学会启动“法律重述”项目的理论依据是兰德尔(C. Langdell)的法律形式主义,①即以一种清晰简约的方式阐明科学的法律原则。“法律重述”是法律形式主义借尸还魂,是法律形式主义者在法律现实主义者猛力抨击下的一根救命稻草,美国法学会则是“正宗法律形式主义思想”的祭司团。此种批评意见恰好与下列事实相印证:法律形式主义的大本营——哈佛法学院的众多教授们从一开始就参与了“法律重述”的活动,而且在第一版“法律重述”中占据支配地位,比尔教授、威利斯顿(S. Williston)教授、波伦(F. Bohlen)教授、西维(W. Seavey)教授、斯科特(A. Scott)教授分别作为负责《冲突法重述》《合同法重述》《侵权法重述》《代理法重述》和《信托法重述》的报告人;在第二版“法律重述”中情况依然大致如此。从1923年至1937年担任美国法学会荣誉主席的鲁特被认为是一位法律形式主义者。② 晚近的一些研究成果认为此种观点有失偏颇。亚当斯(K. Adams)教授认为,进步主义是“法律重述”的理论底色;法律界为保持自身的职业特色和地位,将“法律重述”作为一种的“安全而保守的改革”。③ 赫尔(N. Hull)教授持有类似观点。他通过深入研究档案资料发现,进步的实用主义是美国法学会的哲学根基,是法律形式主义鼎盛期和法律现实主义高潮期之间的一种思潮;作为美国法学会的思想奠基人,刘易斯教授及其同行是改革家和进步的实用主义者,将法律视作实现社会目标的工具,坚信法律界有能力推动社会的积极变化。④ 其实,两种观点都有些绝对化,不同阶段的“法律重述”指导思想有所变化。虽然依据美国法学会的章程,“法律重述”不仅应整理编纂现行法,而且应明晰“应然法”以推动法律变革和满足社会需要,但是第一版“法律重述”弃法律改

---

① 关于美国法律形式主义的起源和内容,参见许庆坤:《美国冲突法理论嬗变的法理——从法律形式主义到法律现实主义》,商务印书馆2009年版,第10-11、64-65页。

② See L. Kalman, *Legal Realism at Yale*: 1927-1960, Chapel Hill, The University of North Carolina Press, 1986, p. 14; K. Adams, “Blaming the Mirror: The Restatements and the Common Law”, *Indiana Law Review* 40, 2007, p. 242-244.

③ See K. Adams, “Blaming the Mirror: The Restatements and the Common Law”, *Indiana Law Review* 40, 2007, p. 263-264.

④ See N. Hull, “Restatement and Reform: A New Perspective on the Origins of the American Law Institute”, *Law and History Review* 8, 1990, p. 55.

革目标于不顾,一直故步自封地"重述"大多数法院接受的规则。[①] 可以说,第一版"法律重述"的理论底色为法律形式主义。美国法学会的保守受到了学界批评,法律现实主义者安特马称其将法律当作只会后飞的"神鸟",呼吁美国法学会应通过"法律重述"让"正义之鸟"尽量向前飞。[②] 在第二版以及第三版"法律重述"中,美国法学会改变了态度,有些报告人开始突破"重述"现行法的限制,敏锐地捕捉法律改革的气息,将非主流但代表社会进步方向的规则纳入"法律重述"中。[③] 在这一时期,进步主义或改革思想可谓居于上风。

其实,评价一部"法律重述"进步与否的最佳方法是考察其报告人的法理思想。报告人在"法律重述"中居于主导地位,虽然顾问小组、理事会和会员大会可以对"法律重述"的草案提出批评和建议,但报告人享有最终的自由裁量权。恰如《重述二》的报告人里斯教授所言:一部"法律重述"的"核心框架或基本原理(underlying philosophy)其实属于报告人"。[④] 因此,"法律重述"往往带有报告人法理思想的深刻烙印。这一点尤其突出体现在《重述一》与比尔教授的关系上。下文将侧重从这一视角剖析冲突法领域两部"法律重述"的成败得失。

二、《冲突法重述(第一版)》

在 1923 年 6 月,美国法学会率先在三大法律领域启动"法律重述"工作,冲突法便赫然位列其中。这同比尔教授的影响力密不可分,甚至可以说,"没有比尔在 20 世纪 20 年代的地位,冲突法就不会被纳入第

---

① See J. Frank, "The American Law Institute: 1923-1998", *Hofstra Law Review* 26, 1997-1998, p. 624.; H. Yntema, "What should the American Law Institute Do?", *Michigan Law Review* 34, 1935-1936, p. 468.

② 安特马的比喻风趣幽默:有一种神奇的大鸟,由于它惧怕朝前看,因此总是向后飞。更令人称奇的是,尽管飞行习惯独特,这种鸟居然存活了下来。寓言中的这种鸟就是法律。美国法学会应该设法通过"法律重述"让"正义之鸟"尽量不时向前飞;换言之,"法律重述"不应限于"重述"现有法律。See H. Yntema, "What Should the American Law Institute Do?", *Michigan Law Review* 34, 1935-1936, p. 469-470.

③ See J. Frank, "The American Law Institute: 1923-1998", *Hofstra Law Review* 26, 1997-1998, p. 625.

④ W. Reese, "Discussion of Major Areas of Choice of Law", *Recueil des Cours* 111, 1964, p. 320.

一版‘法律重述’之列”。[①] 比尔教授是个百科全书式的法学家，尤其在冲突法领域声名远播。他不仅利用自己的影响力启动了“冲突法重述”项目，而且还顽强地支配了起草过程，将自己的法理思想和冲突法研究成果渗透到《重述一》中，使其深深打上具有自己性格特征的烙印。因此，《重述一》中的规则可谓“比尔规则”。

下文将首先分析《重述一》的起草过程，侧重展示其不同于其他“法律重述”起草的特殊性，正是这种特殊性使比尔无法充分利用法律界的集体智慧；其次总结《重述一》的主要内容，侧重剖析合同冲突法和侵权冲突法两个领域，正是比尔在这两个领域的失误导致了美国“冲突法革命”；最后归纳《重述一》的成败得失，侧重解析其失败的两大根源——脱节于实践和理论错误。

（一）起草过程

比尔当时的巨大学术声誉促成了冲突法被列入最早一批“法律重述”的领域。比尔学术兴趣广泛，研究领域涉及法理学、刑法学、刑事诉讼法学、法制史、税法等众多领域。从 1894 年至 1929 年，比尔出版了 10 部教科书，其中《刑法判例精选》是刑法领域的奠基之作。他于 1900 年代表哈佛法学院参加了美国法学院协会的第一次会议，后曾任该组织的主席。在 1904 年，他作为美国代表出席了世界律师和法学家大会。[②] 比尔最杰出的成就体现在冲突法领域。在比尔的努力下，冲突法在斯托雷后重新回到哈佛法学院的课堂，并进而成为众多美国法学院的课程。他在成为《重述一》的报告人之前已在哈佛法学院讲授该课程 30 年，可谓桃李满天下。从 1900 年至 1902 年，比尔出版了三卷本的《冲突法判例精选》，汇聚了美国和英国的 400 个判例和其他国家的 70 个案例。该著作出版后受到高度赞誉，被称为“法学教育史上的巅峰之作”，广为采用。[③] 比尔在美国法学会的成立中立下了汗马功劳——在 1921 年美国法学院协会的年会上，正是由于他的出色演讲和说服能力，

① S. Symeonides, “The Judicial Acceptance of the Second Conflicts Restatement: A Mixed Blessing”, *Maryland Law Review* 56, 1997, p. 77.

② See R. Pound, “Joseph Henry Beale”, *Harvard Law Review* 56, 1942-1943, p. 696.

③ See S. Symeonides, “The Judicial Acceptance of the Second Conflicts Restatement: A Mixed Blessing”, *Maryland Law Review* 56, 1997, p. 44-45.

才使该协会支持美国法学会的筹备工作。① 可以说,没有比尔教授的推动和影响力,《重述一》至少不会如此早地面世。但美国法学会迫于比尔的声望如此早地推出《重述一》,客观上时机是否成熟是另一回事。冲突法是一个包罗万象的领域,在 20 世纪 30 年代的美国,理论发育尚未臻成熟。在比尔"重述"冲突法的过程中,学者们对该领域"重述"的理论基础和采取的调查方法争得面红耳赤,联邦最高法院对从宪法角度解决司法管辖权和法律选择问题的兴趣亦日渐高涨。因此,安特马教授认为这一切意味着"重述"冲突法的理论与实践根基都处于飘忽不定的流变中,"重述"的时机尚不成熟。②

比尔担任《重述一》的报告人,负责起草的整体工作。古德里奇教授作为"遗产管理"部分的报告人负责该部分的起草工作,同时作为比尔的顾问。美国法学会对顾问的指定体现了比尔的意愿。顾问小组最初由 7 人组成,后来增加到 10 人,其中 7 人为学者,2 人为律师,1 位为州法院的法官。10 人中的 6 人为比尔以前的学生,学者中只有古德里奇和宾厄姆(Bingham)讲授冲突法课程,其他学者为冲突法领域之外的专家。这 10 人中没有一位顾问是比尔冲突法理论的批评者。宾厄姆虽然是一位法律现实主义者,但碍于与比尔的师生关系,不仅提出的批评意见无关痛痒,而且还帮助比尔反击其他法律现实主义者。③ 美国法学会对顾问小组的此种安排有其合理之处,反对者的缺席可使前期起草工作顺利开展;比尔桃李满天下也使得很多学者难以摆脱与比尔的师生关系的影响。但在草案初稿出台后,美国法学会依然将异议者排除在顾问小组之外显然是战略失误。当时美国冲突法学界已掀起一股法律现实主义的激流,库克、安特马和劳伦森等一批法律现实主义者的远见卓识预示了冲突法的未来正确走向。库克在 1924 年发表的《冲突法的逻辑与法律基础》一文明确指出了比尔理论的逻辑与法律错误,提出了与"既得权说"针锋相对的"本地法说"。安特马在 20 世纪 20 年

① See N. Hull, "Restatement and Reform: A New Perspective on the Origins of the American Law Institute", *Law and History Review* 8, 1990, p. 69-71.

② See H. Yntema, "The Restatement of the Law of Conflict of Laws", *Columbia Law Review* 36, 1936, p. 185.

③ See S. Symeonides, "The Judicial Acceptance of the Second Conflicts Restatement: A Mixed Blessing", *Maryland Law Review* 56, 1997, p. 66.

代已明确指出了“既得权说”存在循环论证的致命缺陷，并提醒学界注意分析法律背后的社会政策。劳伦森在同一时期猛烈抨击了《重述一》的理论根基之一——法律属地主义，反对从先验的原理推导出冲突法规则。① 若比尔能充分汲取这些反对者的合理意见，则《重述一》有可能避免重大失误，“冲突法革命”的烈火或许就无从燃起。但三位中除了劳伦森担任了一年顾问就退出，其他两位都未被要求参加顾问小组。美国法学会闭塞言路，未设置适当的异议程序，确实显得匪夷所思。②

比尔与顾问之间的讨论会每次会期两天。顾问们首先研讨比尔的《冲突法专论》，然后再讨论《重述一》的相应内容，如此循环往复。无论亲历者或旁观者的历史记录显示当时顾问会议的研讨“乏味”或“热烈”，但可以确定的是，顾问们的批评意见并未触及《重述一》的基本理论问题。③

《重述一》分别在 1925 年、1927～1932 年和 1934 年的八届美国法学会年会上的两小时会期中被讨论。年会安排讨论《重述一》的时间有限，大致可以推算出花在每条讨论的时间平均下来少于两分钟。年会的会议记录显示，年会居然没有给至关重要的侵权冲突法留出讨论的时间，而正是这一领域的冲突法规则引发了美国“冲突法革命”。对“非法行为”一章的讨论没有超过两小时，而且其中半数时间被用于讨论船舶碰撞的法律适用问题。20 世纪 20 年代参加美国法学会的学者占会议全体代表的比例与当今并无实质差别，但是其中冲突法学者甚少。参加冲突法讨论的法官和律师提出了一些很好的问题，但是大多数问题是“实践中的”(practical)、“技术性的”(technical)或“文本上的”(stylistic)，通常只与提问者对某个案件的经历有关。此类问题尽管合理和有用，但它们对《重述一》的理论基础和整体方向无法产生巨大改进作用。当时冲突法学科尚年轻，甚至今天这门学科依然被视为“深奥难懂”。作为比尔的批评者，库克仅参加过一次美国法学会年会，劳伦

---

① 关于三位美国“冲突法革命”先行者冲突法理论的具体内容，参见许庆坤：《美国冲突法理论嬗变的法理——从法律形式主义到法律现实主义》，商务印书馆 2009 年版，第 81－111 页。

② See H. Yntema, “The Restatement of the Law of Conflict of Laws”, *Columbia Law Review* 36, 1936, p. 195.

③ See S. Symeonides, “The Judicial Acceptance of the Second Conflicts Restatement: A Mixed Blessing”, *Maryland Law Review* 56, 1997, p. 67.

森、安特马或凯弗斯没有参加年会中冲突法会议讨论的记录。①

比尔与他人的学识实力悬殊和比尔的固执性格也妨碍了其吸取他人的良善建议。在成为报告人之前,比尔就已经成为美国冲突法学界地位最为显赫和受人尊崇的学者;他精通美国冲突法判例,在这方面无人可比,因此他可以在年会上轻松回答其他会员提出的诘难,而其他会员通常没有时间和动力提出深刻的批评意见。同时,比尔性格执拗,即便其诘问者明显处于有理的一边,他通常也不做丝毫的让步。②

当然,起草工作并非完全一帆风顺。有一次,比尔教授和美国法学会副会长伯恩(Byrne)之间产生了严重分歧,导致起草工作延长了两年,全部草案经美国法学会重新进行了审议。③ 虽偶有挫折,但《重述一》的起草工作整体进展顺利。除了古德里奇教授负责的"遗产管理"部分,初步草案完成于1929年上半年。经1930年和1931年两次年会讨论后,比尔提交了初步草案修改稿。该修改稿和后来完成的"遗产管理"部分经理事会1933年12月和1934年2月两次会议讨论,两部分再次修改后由理事会作为最终建议草案提交1934年5月的会员大会审议,并顺利获得通过。④

(二)主要内容

前后耗时11年,主要由比尔完成的《重述一》是一部内容丰富、形式规整的鸿篇巨制。全书分为十二章(Chapter),章下分"节"(Topic),内容复杂的"节"下再分"小节"(Title),"节"或"小节"下为条文;每条

① See S. Symeonides, "The Judicial Acceptance of the Second Conflicts Restatement: A Mixed Blessing", *Maryland Law Review* 56, 1997, p. 68-71.

② 据格里斯沃尔德(Griswold)回忆,比尔"不会在其立场上作丝毫的妥协,即便其对手迫使其得出极端的结论"。有次上课时比尔与一位学生发生了激烈争议,比尔告诉他,美国没有一个州与其观点相符。没想到这位学生当场举出支持其观点的马萨诸塞州的一个判例。对此,比尔回答道:"这不是一个州(state),而是一个自治区(commonwealth)。" See S. Symeonides, "The Judicial Acceptance of the Second Conflicts Restatement: A Mixed Blessing", *Maryland Law Review* 56, 1997, p. 53.

③ See H. Goodrich, "The Story of the American Law Institute", *Washington University Law Quarterly* 1951, 1951, p. 288.

④ See The American Law Institute, *Restatement of the Law of Conflict of Laws*, St. Paul, American Law Institute Publishers, 1934, p. xii-xiii.

中通常含“黑体字规则”和“评论”两部分,[①]部分条文下有“示例”,“评论”部分的内容简明扼要。全书共 625 条,是当时世界上条文最多、内容最详尽的冲突法汇编。[②] 各章的标题依次为“一般规定”(Introduction)、“住所”(Domicil)、“管辖权一般规则”(Jurisdiction in General)、“法院的管辖权”(Jurisdiction of Courts)、“身份”(Status)、“公司”(Corporations)、“财产”(Property)、“合同”(Contracts)、“非法行为”(Wrongs)、“司法判决设定的义务和其他强制性责任”(Obligation of Judgments and Other Imposed Duties)、“遗产管理”(Administration of Estates)和“程序”(Procedure)。英美冲突法学界通常依涉外审判的流程将冲突法分为“管辖权”“法律适用”和“判决的承认与执行”三部分,《重述一》的章节编排基本反映了此种认识。法律适用问题主要由第一章、第五章至第九章以及第十二章予以规定,其中第五章至第七章以及第十二章的内容反映了普遍的司法实践,理论合理,基本上为随后的《重述二》所保留。[③] 饱受学者诟病并引发“冲突法革命”的是第八章合同冲突法和第九章侵权冲突法。

第八章“合同”从第 311 条起至第 376 条止,共 66 条;分为五节,各节的标题依次为“合同缔结地”“合同的成立”“合同权利的转让”“合同的履行”“合同履行义务的免除”。由于“合同适用合同缔结地法”是这一章内容的灵魂,因此第一节用了 21 条(第 311 条至第 331 条)不厌其烦地规定了各种情况下如何确定合同缔结地。尽管具体情况复杂多样,但该部分整体上确认了普通法上独特的“投邮规则”。[④] 若以邮件作出承诺,则投邮地为合同成立地;若以其他方式承诺,则承诺行为作出地为合同成立地。第二节共 16 条(第 332 条至第 347 条),是这一章

---

① 一些条文只有“黑体字规则”(如第 314 条),还有些条文只有“黑体字规则”和“示例”(如第 323 条)。

② 涉及国际刑法和国际民事诉讼法等众多领域的《布斯塔曼特法典》也仅 437 条。See E. Lorenzen, “Developments in the Conflict of Laws, 1902－1942”, *Michigan Law Review* 40, 1941－1942, p. 781.

③ 关于第五章至第七章的主要内容,参见许庆坤:《美国冲突法理论嬗变的法理——从法律形式主义到法律现实主义》,商务印书馆 2009 年版,第 53－54 页。

④ 与大陆法制度相反,英美法规定承诺自投邮时生效,而不管要约人收到承诺与否。该规则源自英国 1818 年“亚当斯诉林赛尔案”(Adams v. Lindsell),是有关承诺生效的默认规则。参见[美]彼得·海:《美国法概论》(第四版),许庆坤译,北京大学出版社 2020 年版,第 136 页。

的核心部分。其中第 332 条是统帅性规定,其余条文基本上可谓该条内容的具体化。该条规定除了部分履行细节问题适用第 358 条确定准据法,合同形式、当事人缔约能力、合同有效性和效力等其余问题适用合同缔结地法。① 第四节共 18 条(第 355 条至第 372 条),条文数量仅次于第一节。前三条规定了不同情况下合同履行地的确定,其余条文规定了履行时间和地点、付款、赔偿等具体问题的法律适用。其中第 358 条是核心,其余条文可谓该条内容的细化。第 358 条全面规定了履行方式、履行时间和地点、履行义务人或接受人、履行的充分性以及免予履行的事由适用合同履行地法。② 第三节条文较少(第 348 条至第 354 条,共 7 条),内容简单。除了合同权利能否转让适用合同缔结地法,以及票据转让的有效性和效力适用票据所在地法,其余问题适用合同履行地法。第五节条文最少(第 373 条至第 376 条,共 4 条)。"合同履行义务的免除"其实是合同履行问题的一个方面,因此一方当事人能否免除履行义务以及履行延期等问题适用合同履行地法。总之,尽管第八章看似条文众多,规定复杂,其实核心条文共两条(第 352 条和第 358 条);简言之,除了第 358 条规定的合同履行细节问题适用合同履行地法,其余合同问题均适用合同缔结地法。

比尔的合同冲突法规则的最大特点是排除了意思自治原则。这不仅异于同期欧洲大陆的立法和司法实践,也与同属普通法系制度的英国合同冲突法截然相反。③ 此种规定也非对美国冲突法判例的科学总结,意思自治原则从 1825 年起就被美国司法界和实务界广泛应用,比尔起草《重述一》时大部分判例采用意思自治原则。这一点比尔自己也心知肚明。在 1928 年的法学会年会上,比尔坦陈其起草的规则"与大

---

① 《重述一》第 332 条:"在下列问题上,一项允诺的有效性和效力适用合同缔结地法:(1)缔约能力;(2)任何可能要求的允诺应采用的必要形式;(3)任何可能要求的允诺生效所必需的一致同意或对价;(4)一项允诺生效所必需的其他要求;(5)欺诈、非法、使允诺无效或可撤销的其他情况;(6)除非第 358 条另有规定,当事人应承担的履行义务的性质和范围;(7)依照约定实现允诺的时间和地点;(8)允诺的绝对性或相对性。"

② 《重述一》第 358 条:"在下列问题上,合同当事人一方承担的履行义务应合乎允诺之履行所在地法:(1)履行方式;(2)履行的时间和地点;(3)履行义务人或接受人;(4)履行的充分性;(5)免于履行的事由。"

③ 关于同期欧洲的合同冲突法,参见许庆坤:《论传统国际私法——兼与徐崇利教授商榷》,载《中国国际私法与比较法年刊》(第九卷),北京大学出版社 2007 年版,第 8~11、18 页。

多数判例相反”。[①] 比尔全面研究过美国当时 47 个州和哥伦比亚特区以及联邦法院的合同冲突法判例，也详尽分析过各种合同冲突法规则。[②] 他认为，采用意思自治原则好比是“成立了一个由任何决定达成协议并签约的两人组成的立法机构”，该原则不仅“理论上站不住脚”，而且在实践中也“绝对行不通”；采用合同履行地法同样弊端重重，不具有可行性；唯有合同缔结地法符合既得权理论，科学合理。换言之，比尔的合同冲突法规则并非“重述”判例法，而是其既得权说演绎推理的结论。[③]

第九章“非法行为”从第 377 条起至第 428 条止，共 52 条；分为六节，各节的标题依次为“侵权”“非法致死之诉”“工人赔偿”“海事侵权”“损害赔偿”“犯罪”。将“犯罪”归入“非法行为”并规定其法律适用，表明比尔仍未彻底摆脱早期将“侵权”和“犯罪”的法律适用密切联系的思想痕迹；[④]不过，比尔对二者采用了不同的法律适用规则。“非法致死之诉”和“工人赔偿”源于成文法的规定，因此比尔将其单独处理；海事侵权被作为特殊侵权行为，适用特别规则；“损害赔偿”被作为一种特殊争点个别对待。此种结构安排表明比尔已经初步采用了后来广为流行的分割法和分类法。第一节是整章内容的基础和重点，条文最多，从第 377 条起至第 390 条止，共 14 条。“非法行为适用非法行为地法”是全部规定的红线，因此界定“非法行为地”至为重要。这一章第 377 条首先规定了“非法行为地”就是最终事实的发生地。[⑤] 第 380 条规定对行为人谨慎标准的事实认定作为程序问题适用法院地法。第 382 条规定行为方式和行为人享有的特权适用行为实施地法；损害结果的认定、承

---

① See S. Symeonides, “The Judicial Acceptance of the Second Conflicts Restatement: A Mixed Blessing”, *Maryland Law Review* 56, 1997, p. 72-73.

② See J. Beale, *A Treatise on the Conflict of Laws*, Vol. 2, New York, Baker, Voorhis & Co., p. 1079-1173.

③ 关于比尔合同冲突法规则的详细论证，参见许庆坤：《美国冲突法理论嬗变的法理——从法律形式主义到法律现实主义》，商务印书馆 2009 年版，第 56-59 页。

④ 如萨维尼在其 1849 年《法律冲突与法律规则的地域和时间范围》一书中主张二者均适用法院地法。See F. Savigny, *A Treatise on the Conflict of Laws, and the Limits of Their Operation in Respect of Place and Time*, trans. by W. Guthrie, London, Stevens & Sons, 2nd ed., 1880, p. 253.

⑤ 《重述一》第 377 条：“非法行为地即如下法域，使行为人应对被指控的侵权承担责任之最后事实的发生地。”

担责任的条件、损害行为和结果的因果关系、原告促成过失、雇员对同事的侵权责任、替代责任、抗辩事由等其余问题一概适用最终事实发生地法。第二节共7条(第391条至第397条),规定了“非法致死之诉”的法律适用问题。普通法上并无此种诉讼,英国1846年《坎贝尔勋爵法》创设了此种诉讼后,美国各州均制定了类似法律。[①] 比尔虽然将此类问题单独规定,但其内容未摆脱“非法行为适用非法行为地法”的窠臼。但比尔特别指出,该节中的非法行为地是针对死者的非法行为发生地,而非受益人所受损失的发生地。[②] 第三节共6条(第398条至第403条),同样涉及成文法规定的一种特殊侵权——工人在工作中遭受的侵权。[③] 此类侵权纠纷通常由雇佣合同成立地或损害结果地的行政裁判所适用的当地《工人赔偿法》作出裁决,当事人不得就该纠纷再次到法院提起诉讼。法院审理与此类侵权相关的纠纷(如向第三人追偿),也是以行政裁决为基础。这一章的规定确认了上述普遍实践。第四节共8条(第404条至第411条),规定了不同海上侵权行为的法律适用。在一国领海内发生的只影响船内秩序的船上侵权行为、在公海上发生的船上或船外侵权行为、在公海上具有同一国籍的船舶之间的碰撞适用船旗国法;在一国领海内发生的其他船上侵权行为以及船舶航行中的侵权行为适用侵权行为地法;在公海上不同国籍的船舶之间的碰撞以及海事赔偿责任限制适用法院地法。这些规定反映了海事侵权法律适用的一般实践,具有合理性,至今为许多国家所遵循。[④] 第五节共13条(第413条至第424条),涵盖了侵权赔偿、违约赔偿、迟延执行外地判决的利息等多种问题。该部分对侵权赔偿范围的规定突破了英国法上将其作为程序问题片面适用法院地法的狭隘做法,[⑤]侵权赔偿

---

① See The American Law Institute, *Restatement of the Law of Conflict of Laws*, St. Paul, American Law Institute Publishers, 1934, p. 478-479, “Scope Note”.

② Ibid., p. 479, “Scope Note”.

③ 此类法律通常称为《工人赔偿法》,关于此类法律的内容,参见[美]彼得·海:《美国法概论》(第四版),许庆坤译,北京大学出版社2020年版,第187页。

④ 参见贾占山:《海事侵权法律适用问题研究》,中国政法大学2006年硕士学位论文,第3-9页。

⑤ 英国原来的“双重可诉原则”只适用于侵权行为性质的认定,侵权赔偿问题长期被视为程序问题适用法院地法。参见马丁·沃尔夫:《国际私法》,李浩培、汤宗舜译,法律出版社1988年版,第696-698页。

与其他侵权问题一道适用侵权最终事实发生地法。① 违约赔偿被视作合同履行细节问题,原则上适用合同履行地法,②但违约金的有效性适用合同缔结地法。③ 第六节仅4条(第425条至第428条),条文最少,却规定了司法管辖权和法律适用两方面的问题。该部分不仅规定了属地的司法管辖权,也规定了属人的司法管辖权;法院审理犯罪案件适用法院地法。此种规定也基本符合延续至今的普遍实践。

比尔的非法行为冲突法规则总体上具有一定合理性。有关"工人赔偿""海事侵权"和"犯罪"的规定反映了普遍的立法和司法实践,其中"工人赔偿"的法律适用原理基本上为《重述二》所继受。④ 侵权行为适用侵权行为地法也合乎当时欧洲的普遍实践,但比尔将侵权行为地限定在最终事实发生地,既不同于英国的"双重可诉原则",也不同于欧洲大陆国家灵活对待侵权行为地的一般做法。⑤ 这一方面源于比尔对"斯莱特案"等美国判例的不当总结,另一更重要的方面是比尔僵硬的演绎推理,他将"既得权说"中包含的法律属地性和法律形式主义推到了极端⑥。

(三)经验教训

《重述一》是美国冲突法发展史上的一座里程碑。美国"国际私法之父"斯托雷在其1834年《冲突法评论》一书中第一次系统总结了美国冲突法,但其"半法律、半外交、半政策导向的礼让观"使美国冲突法长期处于规则模糊、矛盾丛生的状态。美国法学会第一次利用民主程序和集体智慧全面总结美国冲突法判例,《重述一》以"既得权说"和法律属地性为理论基础,以规则的明确性和稳定性为导向,为法官和律师提供了一套"双边、固定、中立和详尽的法律选择规则",从此人们可以谈及所谓的"美国冲突法";它侧重维护州际秩序和国际秩序,没有地域狭

---

① See Restatement, First, Conflict of Laws, § §412,414,415,417,419,421(1935).

② See Restatement, First, Conflict of Laws, § §413,416,418,424(1935).

③ See Restatement, First, Conflict of Laws, §422(1935).

④ See Restatement, Second, Conflict of Laws, §184(1971).

⑤ 关于欧洲传统侵权冲突法,参见许庆坤:《论传统国际私法——兼与徐崇利教授商榷》,载《中国国际私法与比较法年刊》(第九卷),北京大学出版社2007年版,第13-16、19-20页。

⑥ 关于比尔的侵权冲突法思想和"既得权说",参见许庆坤:《美国冲突法理论嬗变的法理——从法律形式主义到法律现实主义》,商务印书馆2009年版,第54-56、59-62页。

隘性，平等对待法院地法和域外法律，对消除挑选法院现象和促进州际和国际判决一致性具有积极作用。因此，《重述一》尽管存在诸多缺陷，但曾为美国各州程度不一地采用。这在冲突法领域是罕见的现象。在三十多年的时间里，它支配了美国冲突法。[①] 即便到了 2019 年，仍有 9 个州在涉外侵权领域，11 个州在涉外合同领域采用《重述一》中的法律适用规则。[②]

由于美国法学会仅凭学术声望而非研究成果的科学性选择了比尔作为报告人，并且在起草过程中没有充分发扬民主和吸纳比尔的批评者参与研讨，《重述一》不仅立足的理论错误，而且脱节于涉外司法实践。

20 世纪二三十年代正处于美国法律现实主义运动风起云涌之际，法律现实主义者在各领域正清除法律形式主义的陈迹，但比尔以法律形式主义为指导起草了《重述一》。《重述一》立足的法律属地性可追溯到法国学者达让特莱（D'Argentré），荷兰学者对这一理论发扬光大，斯托雷从中提炼出了一套完整的冲突法制度，但这一理论并未在欧洲大陆获得广泛接受，当时正遭到包括其起源地在内的所有欧洲大陆国家的抛弃。[③]《重述一》的另一根基——既得权理论存在循环论证的错误，这一错误早在 19 世纪 40 年代就已被德国的维希特（Wächter）和萨维尼教授明确指出。[④] 正确的理论不一定带来实际可行的规则，但错误的理论往往带来错误的规则。

号称"重述冲突法"的《重述一》错误归纳了诸多判例。努斯鲍姆（A. Nussbaum）教授在《重述一》出版后重读了比尔归纳合同冲突法所依据的所有判例，发现比尔在归纳中犯了严重错误：对于美国法院在实践中广泛采用的意思自治原则，比尔视而不见；合同冲突法领域的判例并非如比尔描述的那样混乱，许多法院同时援引意思自治原则和合同

---

① See S. Symeonides, "The Judicial Acceptance of the Second Conflicts Restatement: A Mixed Blessing", *Maryland Law Review* 56, 1997, p. 77-78.

② See S. Symeonides, "Choice of Law in the American Courts in 2019: Thirty-Third Annual Survey", *American Journal of Comparative Law* 58, 2020, p. 259.

③ See E. Lorenzen, R. Heilman, "The Restatement of the Conflict of Laws", *University of Pennsylvania Law Review* 83, 1934-1935, p. 557.

④ See F. Savigny, *A Treatise on the Conflict of Laws, and the Limits of Their Operation in Respect of Place and Time*, trans by W. Guthrie, London, Stevens & Sons, 2nd ed., 1880, p. 147.

缔结地法原则，二者并行不悖；比尔用来证明采用合同缔结地法的判例并不完全支持其结论，因为大量的此类判例同时支持得出适用合同履行地法或其他法律的结论；比尔引证支持其合同缔结地法的许多判例其实并不涉及冲突法问题；比尔援引的适用合同履行地法的判例其实适用的是合同"重心地"法；比尔并未将票据冲突法与其他合同冲突法问题区分开，导致比尔用票据冲突法判例支持自己的一般冲突法的结论；美国联邦上诉法院的判例并不存在比尔所称的前后矛盾或荒谬悖理等。[①] 库克认为，比尔对侵权冲突法判例的归纳也存在错误。比尔推崇霍姆斯法官在侵权冲突法案件中的判决，但霍姆斯认为侵权适用行为实施地法，而比尔总结出的是侵权适用侵权结果发生地法。[②] 这表明，比尔总结判例时受到了理论的过分干扰。归纳本身潜伏着挂一漏万的危险，归纳者理应尽可能摆脱前见与偏见的不当干扰！

当时，美国冲突法尚处于需要进一步拓荒的关键时期。冲突法在法学教育中未被充分重视，法官和律师由于知识的匮乏，往往无法对冲突法案件作出令人信服的深刻分析。[③] 在此历史关头，如果比尔能够充分吸收国内外优秀学术成果，及时正确总结判例法的合理成分，应该能将《重述一》编撰成美国冲突法上的一部伟大作品。但遗憾的是，由于美国法学会起步阶段运作程序上的瑕疵和比尔性格的固执，比尔未能充分吸纳法律界的集体智慧，尤其是批评者的远见卓识和国外优秀的学术成果；在理论的纯粹性和规则的自洽性的诱惑下，比尔在总结冲突法判例法上出现了重大失误；受法律形式主义的束缚，比尔基于既得权理论和法律的属地性刻意将法律的确定性推到极端。虽然借助美国法学会的权威和自身的学术盛名，《重述一》在司法界产生了重大影响，但整体而言，《重述一》是美国法学会一部失败的集体作品。

三、《冲突法重述（第二版）》

鉴于《重述一》的理论错误和脱节于实践，《重述二》在思路和内容

---

① See A. Nussbaum, "Conflict Theories of Contracts: Cases versus Restatement", *The Yale Law Journal* 51, 1941-1942, p. 897, 901-904, 919, 922.

② See W. Cook, *The Logical and Legal Bases of the Conflict of Laws*, Cambridge, Harvard University Press, 1942, p. 319.

③ See The American Law Institute, *Restatement of the Law of Conflict of Laws*, St. Paul, American Law Institute Publishers, 1934, p. xiii-xiv.

上绝非前者的简单修补，而是对其作了全新修订。① 如果说《重述一》以追求理论的纯粹性为特色，则《重述二》则将折中主义发挥到了极致。下文将从起草过程和主要内容分析《重述二》采用折中主义的缘由和具体体现，并最后分析这一立场带来的经验和教训。

（一）起草过程

《重述一》理论和实践上的失败催生了《重述二》。在比尔起草《重述一》期间，库克、劳伦森和安特马等一批法律现实主义者就纷纷发表论文，批判比尔的理论和规则的荒谬；此等早期批判虽当时影响有限，但其合理性和说服力随时光流转逐渐深入人心。在《重述一》的草案获得美国法学会通过的前一年，凯弗斯在《哈佛法律评论》发表了振聋发聩的《法律选择问题批判》一文，将比尔的规则称为“法域选择规则”，指责其企图让法院犹如自动售货机般机械地给出结果，违反了“法律选择”的本质。② 凯弗斯的“规则和结果选择说”揭开了美国“冲突法革命”的序幕，宣告了比尔理论的破产。另一方面，《重述一》在司法实践中的表面风光其实另有隐情，诸多法院并非在忠实地采用其中的规则。《重述一》出版后不久，法院由于“一般规则”的不合理便开始频繁运用各种“例外制度”，识别、反致和公共秩序等制度的反常适用使得“一般规则”反而成为“例外规则”。③ 这不仅造成了“书本上的规则”与“行动中的规则”的偏离，使判例法无法发挥正常的指引功能，而且使比尔希冀“一般规则”带来的判决一致性理想遥不可及，甚至沦为笑柄。在《重述二》的报告人里斯教授看来，在所有第一批“法律重述”中，“《冲突法重述（第一版）》最不成功和最有争议”。④ 因此，在 20 世纪 50 年代，当美国法学会决定修订第一批“法律重述”时，冲突法领域再次首当

---

① See American Law Institute, *Restatement, Second, Conflict of Laws*, St. Paul, American Law Institute Publishers, 1971, p. ⅶ, “Introduction”.

② See D. Cavers, “A Critique of the Choice-of-law Problem”, *Harvard Law Review* 47, 1933-1934, p. 173. 关于该文的主要内容和思路，参见许庆坤：《美国冲突法理论嬗变的法理——从法律形式主义到法律现实主义》，商务印书馆 2009 年版，第 111-121 页。凯弗斯是比尔心爱的学生。据哈佛法学院的格里斯沃尔德教授回忆，比尔因为该文非常痛苦。See E. Griswold, “David F. Cavers”, *Law and Contemporary Problems* 51, 1988, p. ⅱ.

③ See S. Symeonides, “The Judicial Acceptance of the Second Conflicts Restatement: A Mixed Blessing”, *Maryland Law Review* 56, 1997, p. 79.

④ W. Reese, “Contracts and the Restatement of Conflict of Laws, Second”, *The International and Comparative Law Quarterly* 9, 1960, p. 541.

其冲。①

美国法学会选择里斯作为《重述二》的主报告人可谓知人善任。②与比尔是一位法律形式主义者不同，里斯是一位擅长调和折中的法律现实主义者。③ 他立足美国司法实践，审时度势，采撷了当时主流冲突法理论的精华并汇编成文，犹如一位技艺高超的调酒师，将不同情调的美酒调和成色彩斑斓的鸡尾酒；他以政策分析为基础，以规则细化为目标，将判例法的新发展提炼成过渡性的“最重要联系原则”，把法律现实主义的建构思路提升到历史新高度。④

美国法学会顺应潮流，鼓励里斯不仅可以“重述”已有判例，而且可以“预述”新型规则。比尔在理论的温室里培育出的冲突法之花与司法实践相距甚远，⑤即便借助美国法学会的权威，《重述一》也未能真正充分发挥统领美国涉外司法中法律适用的历史使命。二战后的美国冲突法依然矛盾丛生，法院对于许多问题分歧巨大。此时要求里斯如实“重述”冲突法，无疑是一个难以企及的目标。美国法学会并未胶柱鼓瑟，而是鼓励里斯对尚未形成权威意见的重大问题，可以自行斟酌提出合理的解决方案；即便此类符合发展趋势的新规则不会很快为众多法院所遵循，《重述二》也可先着一鞭，领风气之先。⑥ 正是美国法学会的明确授权，才使里斯可以敏锐捕捉冲突法的新发展，创造性地“预述”了众多新型规则。

---

① 率先于 1952 年启动修订工作的还有《代理法重述》和《信托法重述》。

② 副报告人为哈佛法学院的斯科特教授，负责第十章“信托”的起草工作。

③ 恰如梅尔(Maier)所称：“尽管奇塔姆(Cheatham)和里斯都不会自称为法律现实主义者，但他们的分析风格与法律现实主义的分析模式完全吻合。”H. Maier，“The Utilitarian Role of a Restatement of Conflicts in a Common Law System：How Much Judicial Deference Is Due to the Restaters or ‘Who Are These Guys，Anyway？’”，*Indiana Law Journal* 75，2000，p. 546.

④ 关于里斯冲突法思想的主要内容及其法律现实主义根基，参见许庆坤：《美国冲突法理论嬗变的法理——从法律形式主义到法律现实主义》，商务印书馆 2009 年版，第 245-269 页。

⑤ 比如阿肯色州的冲突法。在《重述一》面世后，莱弗拉尔奉美国法学会之命开始准备阿肯色州的注解版。但他查阅了大量的冲突法判例后，发现阿肯色州的判决规则几乎在所有方面均与比尔的规则不同，无法对《重述一》加以注解。最后他将自己的研究成果总结为一本针对阿肯色州的冲突法专论。See R. Leflar，“Conflict of Laws，Contracts，and the New Restatement”，*Arkansas Law Review* 15，1960-1961，p. 164.

⑥ See W. Reese，“Contracts and the Restatement of Conflict of Laws，Second”，*The International and Comparative Law Quarterly* 9，1960，p. 532.

《重述二》的起草工作与“冲突法革命”的风浪一路同行，充满曲折艰辛。1954年，纽约州上诉法院在“奥滕诉奥滕案”（Auten v. Auten）中主要运用“重心说”（Center of Gravity）分析合同法律选择问题，①标志着合同“冲突法革命”的开始。1963年，纽约州上诉法院在“巴布科克案”中明确宣告抛弃传统侵权冲突法，②标志着侵权“冲突法革命”的开始。从此，司法领域的“冲突法革命”如火如荼，新型冲突法判例争奇斗艳，恰如《一千零一夜》中的故事新奇多彩。③ 在学术界，柯里在1958年至1963年发表了系列论文，论证了令人耳目一新的“法律适用意愿分析说”，打出了“没有法律选择规则我们会更好些”的革命旗号；艾伦茨威格几乎在同一时期提出了“法院地法说”，刻意寻找所谓冲突法的“真实规则”；凯弗斯在1965年出版了《法律选择过程》一书，明确反对当时流行的个案分析方法和“较好法说”，将早年提出的“规则和结果选择说”例示为“法律选择原则”；莱弗拉尔在1966年两论“影响法律选择的考虑因素”，主张暂时以政策分析取代法律选择规则。④ 各种学说百家争鸣，莫衷一是。⑤ “冲突法革命”如雷霆万钧横扫了传统冲突法理论和规则，但众口称誉的新规则并未脱颖而出，诸多判例和理论各执一词，彼此相非。如果说在1952年，冲突法“重述”希望尚存；到冲突法判例和理论分歧巨大的60年代末，“重述”冲突法似乎已希望渺茫；即便“重述”单个州的冲突法，也困难重重，显得遥不可及。⑥ 艾伦茨威格在《重述二》起草过程中，发表了系列论文，一再呼吁美国法学会放弃“重

---

① Auten v. Auten, 308 *N. Y.* 155(1954).

② Babcock v. Jackson, 12 *N. Y. 2d* 473(1963).

③ 关于司法领域的“冲突法革命”，参见 P. Hay, P. Borchers, S. Symeonides, C. Whytock, *Conflict of Laws*, St. Paul, West Academic Publishing, 6th ed., 2018, p. 65-104。

④ 关于这些学说的具体内容和评析，参见许庆坤：《美国冲突法理论嬗变的法理——从法律形式主义到法律现实主义》，商务印书馆2009年版，第126页以下。

⑤ 关于学术界的“冲突法革命”，参见 P. Hay, P. Borchers, S. Symeonides, C. Whytock, *Conflict of Laws*, St. Paul, West Academic Publishing, 6th ed., 2018, p. 27-58。

⑥ See P. Borchers, “Courts and the Second Conflicts Restatement: Some Observations and an Empirical Note”, *Maryland Law Review* 56, 1997, p. 1236.

述”的工作。[①] 但里斯并未气馁,也未偏执一端,而是审慎汲取新判例和新理论中的合理成分,折中调和,不断修正原有草案。自 1953 年提出《重述二》的“初步草案”第一稿,截至 1965 年里斯先后 12 次对其加以修改,其中在 1964 年修改了两次,在 1965 年修改了三次。在 1967 年至 1969 年的 3 年间,“正式文本建议稿”也先后提交三次,最终获得通过。[②]

合同和侵权领域冲突法部分的起草工作体现了里斯的统合能力和灵活态度。里斯认为,“合同或许是冲突法中最难以解决的领域”,因此投入了近四年的时间修订这一部分。他综合已有研究成果后判定,当事人意思自治“被认为是被大多数法律体系牢固确立的一条规则”,而且“也是美国法的组成部分”。由此他决定彻底抛弃比尔的合同缔结地法规则,对《重述一》中几乎所有的“黑体字规则”和“评论”进行重大改写。学者和判例对于意思自治的限度问题看法不一,里斯为此区分当事人有权约定的事项和无权约定的事项;对于第一类事项,充分尊重当事人的意愿,而对于第二类事项,采取四种限制措施。在当事人没有选择法律时,里斯综合当时的研究成果和判例的新发展,决定采用包容性最强的“最重要联系原则”。[③] 在开始修订“侵权篇”时,里斯注意到一些判例开始摆脱比尔的规则。这些判例一方面表明,住所地法逐渐被

---

① See A. Ehrenzweig, “American Conflicts Law in its Historical Perspective: Should the Restatement Be ‘Continued’?”, *University of Pennsylvania Law Review* 103, 1954–1955, p. 133; “Parental Immunity in the Conflict of Laws: Law and Reason versus the Restatement”, *The University of Chicago Law Review* 23, 1955–1956, p. 474; “American Private International Law and the ‘Restatement’”, *Nordisk Tidsskrift for International Ret* 28, 1958, p. 229; “Miscegenation in the Conflict of Laws”, *Cornell Law Quarterly* 45, 1960, p. 659; A. Ehrenzweig, “Restitution in the Conflict of Laws”, *New York University Law Review* 36, 1961, p. 1298; “The ‘Most Significant Relationship’ in the Conflicts Law of Torts–Law and Reason versus the Restatement Second”, *Law and Contemporary Problems* 28, 1963, p. 700; “The Second Conflicts Restatement: A Last Appeal for its Withdrawal”, *University of Pennsylvania Law Review* 113, 1964–1965, p. 1230.(本注释中的页码均为起始页码。)

② 13 次“初步草案”的提出时间分别是:第一稿,1953 年;第二稿,1954 年;第三稿,1956 年;第四稿,1957 年;第五稿,1959 年;第六稿,1960 年;第七稿,1962 年;第八稿,1963 年;第九稿和第十稿,1964 年;第十一稿至第十三稿,1965 年。See American Law Institute, *Restatement, Second, Conflict of Laws*, St. Paul, American Law Institute Publishers, 1971, p. vii, “Introduction” & Vol. 3, “Parallel Tables”.

③ See W. Reese, “Contracts and the Restatement of Conflict of Laws, Second”, *The International and Comparative Law Quarterly* 9, 1960, p. 533–537.

用以决定家庭成员之间免责的问题;另一方面,“施密特案”(Schmidt)表明,当侵权行为地和结果发生地位于不同法域时,有时法院适用行为发生地法。综合当时判例的新发展,里斯在草案中最初规定:当侵权行为地和结果发生地在同一法域,该地的法律调整当事人之间的权利和责任,但家庭成员之间的免责除外;当侵权行为地和结果发生地位于不同法域时,侵权适用侵权结果发生地法,除非侵权行为地与事件和当事人存在更加重要的联系。继而,这一归纳受到了新判例的挑战。受“基尔伯格案”(Kilberg)的启发,里斯决定将侵权冲突法从僵硬的冲突规则中解放出来,规定了侵权适用与侵权存在“最重要联系”的法域的法律。这一规定可以更好地反映侵权冲突法处于变动不居状态的真相。①

但具有高度包容性的“最重要联系原则”在起草过程中就遭遇激烈的反对意见。艾伦茨威格认为,该原则其实就是纽约州上诉法院采用的“重心说”,该州采用该原则导致判例前后不一的失败实践本身就说明其不可行,因为它其实支持法院作出任何想要的判决,而无须说明真实的判决依据,这“必然阻碍普通法的合理发展”。美国法学会理事会内部同样对该原则存在严重分歧。在批准合同冲突法中采用该原则时,理事会仅以13票对12票的微弱多数通过了此类规定。②

在承受偏爱法律确定性人士的反对意见的同时,里斯同时还要调和偏爱法律灵活性人士的见解。对后来引发巨大争议的第6条的修改显示了里斯非同寻常的统合能力。里斯虽然早在1952年就与奇塔姆合写了《准据法的选择》一文,详细探讨了十项法律选择政策,但他只是将政策分析作为规则形成的基础。③ 他起初并不主张直接将法律选择政策本身作为“黑体字规则”的内容,在1967年之前的所有“初步草案”中第6条只是简单要求各法域在发展冲突法规则时,不仅应考虑本地的利益,而且应尊重其他法域的利益。但在1966年的顾问小组讨论会上,刚成为顾问的加利福尼亚州最高法院首席法官特雷纳(R. Traynor)

---

① See W. Reese, “Discussion of Major Areas of Choice of Law”, *Recueil des Cours* 111, 1964, p. 390-393.

② See A, Ehrenzweig, “The Second Conflicts Restatement: A Last Appeal for Its Withdrawal”, *University of Pennsylvania Law Review* 113, 1964-1965, p. 1237, 1241.

③ See E. Cheatham and W. Reese, “Choice of the Applicable Law”, *Columbia Law Review* 52, 1952, p. 962-981.

坚持将法律选择政策编撰成“黑体字规则”。尽管后来对此颇有微词，但里斯还是听从了特雷纳的建议，除了“适用法院地的实体法”和“个案公平”两项政策，其余八项政策被编入第6条的“黑体字规则”，为后来法官灵活采用各种现代法律选择方法埋下了伏笔。①

与起草《重述一》期间所犯错误类似，美国法学会在任命《重述二》起草工作的顾问小组时同样未将异议者成功纳入。当时一流的冲突法学者如凯弗斯、柯里、汉考克（Hancock）、莱弗拉尔、莱因斯坦（Rheinstein）、斯顿伯格（Stumberg）、冯迈伦（Von Mehren）和安特马教授均未出现在顾问小组的名单中。② 凯弗斯自己不愿承担顾问的工作，但参加了三次顾问会议，提出了一些颇有见地的建议。③

（二）主要内容

《重述二》虽然仅423条，在条文数量上比《重述一》减少了202条，但内容更加丰富；主要是大量增加了“评论”的内容，使“黑体字规则”的含义更加明确，同时增加了“报告人注解”，列明了相关权威判例和著述。因此，《重述二》的正文部分就分成了两卷，达1236页，比《重述一》增加了近500页。

《重述二》的主要内容依然涵盖了涉外管辖、法律选择和涉外判决的承认与执行等，但在章节排列上，在《重述一》中被置于后面的“判决”和“程序”被调整到了《重述二》的前面，在管辖问题后加以规定。法律适用部分增加了“信托”和“代理与合伙”两章。《重述一》第六章“公司”被调整为《重述二》的第十三章“商业公司”，条文减少了一半。全书共十四章，各章标题依次为“一般规定”“住所”“司法管辖”“对司法管辖权行使的限制”“判决”“程序”“非法行为”“合同”“财产”“信托”“身份”“代理与合伙”“商业公司”“遗产管理”。

法律选择问题主要由第一章和第六章至第十三章予以规定，其余章节个别条文涉及法律选择规则。这一部分既有对《重述一》基本原则

---

① See L. Weinberg, “A Structural Revision of the Conflicts Restatement”, *Indiana Law Journal* 75, 2000, p. 486-487; H. Kay, “A Defense of Currie's Governmental Interest Analysis”, *Recueil des Cours* 215, 1990, p. 36-37.

② See A, Ehrenzweig, “The Second Conflicts Restatement: A Last Appeal for its Withdrawal”, *University of Pennsylvania Law Review* 113, 1964-1965, p. 1237.

③ See American Law Institute, *Restatement, Second, Conflict of Laws*, St. Paul, American Law Institute Publishers, 1971, p. Ⅹ, “Introduction”.

的承继，也对原有规定的重大改写。

《重述二》的第六章“程序”、第九章“财产”、第十一章“身份”和第十三章“商业公司”均继承了《重述一》原有规定的基本原则，同时适当增加了规则的灵活性。程序问题适用法院地法是《重述一》第十二章之规定的基本原则。[①]《重述二》第六章依然确认该原则，只是在表述上不似原来那样绝对。[②]《重述一》第七章“财产”在范围上包括了婚姻中的财产和遗产；它规定，财产问题原则上适用物之所在地法，但婚前夫妻各自的动产在婚后的归属问题适用丈夫住所地法，[③]婚后一方取得的动产权益是否属于另一方适用取得动产一方住所地法，[④]动产的继承适用死者死亡时住所地法。[⑤]《重述二》第九章在适用范围上沿袭了原有规定；土地问题适用土地所在地法，[⑥]部分动产问题适用动产所在地法，[⑦]动产的继承适用死者死亡时的住所地法。[⑧] 这些规定与《重述一》中的相关规定大致相同；不同的是，该章第 222 条将适用与财产和当事人具有最重要联系之法域的法律或实体法作为财产问题法律适用的“一般原则”，[⑨]并将该原则用于部分动产权益的法律适用问题。[⑩]《重

① 这一原则主要体现在《重述一》第 585 条，其余条文是该条规定的细化和例外。该条规定：“所有程序问题适用法院地法。”

② 该章第一节的“基本原则”仅有第 122 条，其余各节为该原则的细化规定和例外。《重述二》第 122 条规定：“法院通常适用规定诉讼如何进行的本地法；即使对于案件中的其他争点适用另一法域的实体法，法院亦应如此。”

③ See Restatement, First, Conflict of Laws, § 289(1935).

④ See Restatement, First, Conflict of Laws, § 290(1935).

⑤ See e. g. Restatement, First, Conflict of Laws, § § 303, 306(1935).

⑥ See Restatement, Second, Conflict of Laws, § § 223-243(1971). 除第 227 条（“因时效占有或时效取得土地权益”）和第 243 条（“无人继承的土地收归国有”）外，其他各条中的“土地所在地法”均包括该地冲突法；第 224 条（“让与文书的解释”）和第 240 条（“遗赠土地之遗嘱的解释”）规定只有在当事人未指定法律时才适用土地所在地法。

⑦ See Restatement, Second, Conflict of Laws, § § 245-246, 255(1971). 第 246 条（“因时效占有或时效取得动产权益”）中的“动产所在地法”仅指该地的实体法，其他两条中的“动产所在地法”包括该地的冲突法。

⑧ See Restatement, Second, Conflict of Laws, § § 260-265(1971). 这些条文中的“住所地法”均包括该地的冲突法，第 264 条（“动产遗嘱的解释”）规定只有在死者生前未指定准据法时才适用死者死亡时的住所地法。

⑨ 《重述二》第 222 条：“当事人的财产权益，就特定争点依案件具体情况并根据第 6 条所述之原则适用与财产和当事人有最重要联系之法域的‘法律’或‘实体法’。”

⑩ See Restatement, Second, Conflict of Laws, § § 250-251, 254, 256-258(1971). 这些条文通常规定“最重要联系地”为动产所在地，并在第 256 条和第 258 条允许当事人选择法律。

述一》第五章“身份”内容丰富，达 33 条；规定了结婚原则上适用婚姻缔结地法，[①]离婚适用法院地法，[②]婚生问题适用父母住所地法，[③]收养适用收养人或被收养人住所地法，[④]父母的监护权适用父亲的住所地法或子女的住所地法，[⑤]其他人的监护权适用被监护人的住所地法。[⑥]《重述二》第十一章“身份”大幅度减少了条文数量，仅有 8 条；取消了对监护的规定，其他方面基本上继承了原有规定中的原则，第 283 条规定结婚只要符合婚姻缔结地法就应有效，[⑦]第 285 条规定离婚适用法院地法，第 287 条规定子女婚生问题“通常”适用父母或子女住所地法，[⑧]第 289 条对收养的规定也与原有规定具有实质相同之点。[⑨]《重述一》第六章“公司”部分虽然条文多达 56 条，但其基本原则非常简单，即公司成立和内部事务问题适用公司成立地法，[⑩]公司行为能力适用成立地和营业地法。[⑪]《重述二》第十三章“商业公司”部分虽只有 18 条，但保留了原有规定的基本原则。具体而言，公司的成立、终止和中止适用公司成立地法；[⑫]公司的行为能力原则上适用公司成立地法和营业地法；[⑬]

---

① See Restatement, First, Conflict of Laws, § § 121-126, 128, 130-131(1935). 但第 127 条规定公海婚姻适用船旗国法；第 132 条规定，结婚虽合乎婚姻缔结地法，但若违反了当事人住所地禁止多配偶制、乱伦、种族间通婚的规定，则在各地均为无效。

② See Restatement, First, Conflict of Laws, § 135(1935).

③ See Restatement, First, Conflict of Laws, § § 137-140(1935).

④ See Restatement, First, Conflict of Laws, § 142(1935).

⑤ See Restatement, First, Conflict of Laws, § § 144-146(1935).

⑥ See Restatement, First, Conflict of Laws, § 149(1935).

⑦ 但该条规定结婚不得违反最重要联系地的重大公共政策，同时规定结婚问题可适用最重要联系地法。See Restatement, Second, Conflict of Laws, § 283(1971).

⑧ 但该条规定子女婚生问题原则上适用最重要联系地法。See Restatement, Second, Conflict of Laws, § 287(1971).

⑨ 该条规定收养适用法院地的实体法，但《重述二》第 78 条规定收养人或被收养人住所地的法院享有收养案件的管辖权，由此可推导出这两类地域的法院其实适用的是收养人或被收养人的住所地法。See Restatement, Second, Conflict of Laws, § § 78, 289(1971).

⑩ See e. g. Restatement, First, Conflict of Laws, § § 155-157, 182-185(1935).《重述一》第 163 条甚至规定，除非成立地法另有规定，商业组织成员的决策会议也应在成立地召开。

⑪ See e. g. Restatement, First, Conflict of Laws, § § 165, 188, 197(1935).

⑫ See Restatement, Second, Conflict of Laws, § § 296, 299(1971).

⑬ 《重述二》第 302 条第 2 款规定关于公司权能和义务问题适用公司成立地法，除非对于特定争点，在其他法域与事件和当事人具有更重要联系时适用其他法域的法律。第 311 条规定公司营业资格须符合营业地法。See Restatement, Second, Conflict of Laws, § § 302, 311(1971).

公司的内部事务问题适用公司成立地法，除非对于特定争点，在其他法域具有更重要联系时适用其他法域的法律，但股东的责任适用公司成立地法。[①]

《重述二》第十章"信托"和第十二章"代理与合伙"是新设的两章，将《重述一》中的分散规定集中单独规定。《重述一》第七章"财产"下"不动产"和"动产"两节中均有"衡平权益"部分，主要是有关信托法律适用的规定；简而言之，不动产信托问题适用不动产所在地法，[②]动产信托区分不同问题分别适用住所地法或管理地法。[③]《重述二》第十章不动产信托部分基本继承了原有规定，而动产信托部分则做了重大改变。简言之，不动产信托，除了信托文书的解释首先适用委托人指定的法律外，其余问题均适用土地所在地法；[④]动产信托法律适用的灵活性大幅度增强，意思自治原则和最重要联系原则得到广泛应用。[⑤]《重述一》对代理与合伙法律适用的规定分散在"合同""侵权"和"公司"等章节中并采用相应领域的僵硬规定，如代理或合伙的成立适用成立地法，代理人的责任适用非法行为地法，等等。[⑥]《重述二》第十二章"代理与合伙"彻底改变了原来的僵硬规定，采用了意思自治原则和最重要联系原则等具有灵活性的法律适用原则。"代理"部分区分内部关系和外部关系，内部关系适用合同法律适用的一般规则，而外部关系采用了最重要联系原则，而代理行为地通常为最重要的连结点。[⑦]"合伙"部分亦区分内部关系和外部关系，合伙成员之间的内部关系适用合同法律适用的一般规则，而外部关系区分代理问题和合伙内部问题分别适用代理或合伙内部关系的法律适用规则。[⑧]

《重述二》第七章"非法行为"和第八章"合同"保留了原有标题但内容作了重大改变。第七章"非法行为"除"工人赔偿"一节继受了以

---

① See Restatement, Second, Conflict of Laws, § § 303-307, 309(1971).

② See Restatement, First, Conflict of Laws, § § 241-244(1935).

③ See Restatement, First, Conflict of Laws, § § 294-298(1935).

④ 信托文书的解释，在委托人未指定法律时，也适用土地所在地法。See Restatement, Second, Conflict of Laws, § § 277-280(1971).

⑤ See Restatement, Second, Conflict of Laws, § § 268-275(1971).

⑥ See e. g. Restatement, First, Conflict of Laws, § § 342-345, 387(1935).

⑦ See Restatement, Second, Conflict of Laws, § § 291-293(1971).

⑧ See Restatement, Second, Conflict of Laws, § § 294-295(1971).

前规定的精神,其余两节整体上以最重要联系原则取代了以前的侵权行为地法原则。第八章“合同”新增了“商事仲裁”和“恢复原状”两节,“票据”一节是对以前规定的汇总和扬弃,其余三节整体上以意思自治原则和最重要联系原则取代了以前的合同缔结地法原则。

《重述二》第七章“非法行为”从第145条起至第185条止,共41条;分为三节,各节的标题依次为“侵权行为”“非法致死之诉”和“工人赔偿”。第三节“工人赔偿”一如以往规定各州行政裁判所依其本州法作出工人赔偿裁决;对于已获得或可获得赔偿裁决的工人之侵权或非法致死诉权,各州法院均不得准许;赔偿人对第三人的追偿权同样适用作出行政裁决州的法律。① 第二节“非法致死之诉”的法律适用规则同于第146条对人身伤害的规定,虽未完全摆脱行为地法的窠臼,但适当增加了其灵活性;在非法致死之诉中,当事人权利和义务适用损害发生地法,但若另一法域与事件和当事人具有更重要的联系,则适用另一法域的法律。② 第一节“侵权行为”部分几乎重写了以前的条文,细分为“一般原则”“具体侵权行为”和“重要争点”三小节,整体上将侵权行为放飞在“最重要联系原则”的广阔天空中。“一般原则”为依据第6条的原则,斟酌四类连结点,适用与事件和当事人具有最重要联系的法域的法律。③ “具体侵权行为”分为十类,具体法律适用方法有两种:一种为适用侵权行为地法,“除非”(unless)对于特定争点,在另一地与事件和当事人具有更重要的联系时,适用另一地的法律;④另一种为适用对于特定争点与事件和当事人具有最重要联系的法域的法律,但最重要联系地“通常”(usually)为住所地或侵权行为地。⑤ “重要争点”分为十九类,具体法律适用方法有两种:一种是直接适用第145条规定的最重要联系地法;另一种是先规定适用第145条的最重要联系地法,然后

① See Restatement, Second, Conflict of Laws, § §184-185(1971).

② See Restatement, Second, Conflict of Laws, § §175-180(1971).

③ See Restatement, Second, Conflict of Laws, §145(1971).

④ See Restatement, Second, Conflict of Laws, § §146-149, 152, 154-155(1971).

⑤ See Restatement, Second, Conflict of Laws, § §150, 153(1971).《重述二》第151条“导致损失的虚假陈述”区分不同情况分别适用第149条和第150条的规定,因此该条既含有“除非”类型的规定,也含有“通常”类型的规定。

指明最重要联系地“通常”为“损害发生地”或“住所地”。[①]

第八章“合同”从第186条起至第221条止，共35条；分为六节，各节的标题依次为“合同的有效性及其创设的权利”“合同权利的转让”“合同因一方或双方的行为而终止”“票据”“商事仲裁”“恢复原状的一般原则”。最后两节为新增内容。第五节“商事仲裁”共3条，规定仲裁协议的有效性和效力适用合同法律适用的一般原则，执行仲裁协议的方法适用法院地法，而外地仲裁裁决的执行遵循一般实践。[②] 第六节“恢复原状的一般原则”仅1条，采用了最重要联系原则。[③] 第四节“票据”共4条，将票据问题视为合同与动产问题的混合体。票据权利的转让适用转让时票据所在地法，提示、付款、作出拒绝证书和拒付通知的细节适用行为地法。这些规定与《重述一》中相应条文的内容基本一致。[④] 票据的主债务适用付款地法，若未指定付款地则适用票据交付地法；从债务适用票据交付地法，承兑提示适用指定的付款地法。[⑤] 第二节至第三节的内容以最重要联系原则为统帅，唯当事人双方协议终止合同时采用意思自治原则。[⑥] 第一节“合同的有效性及其创设的权利”从第186条起至第207条止，达22条之多，内容最为丰富；该节共分为三小节，各小节的标题依次为“一般原则”“特殊合同”“特殊争点”。“一般原则”中首先采用意思自治原则，并区分当事人自主约定的事项和当事人不可自主约定的事项作了宽严不同的规定；在当事人未作出有效的法律选择时适用与合同和当事人具有最重要联系的法域的法律。[⑦] “特殊合同”部分区分了九种合同。第193条“火灾、保证或意外事故保险合同”规定适用风险主要所在地法，“除非”另一地与交易和当事人具有更重要联系，则适用另一地的法律；第192条“人寿保险合同”

---

① 关于“侵权行为”部分的详细介绍，参见许庆坤：《美国冲突法理论嬗变的法理——从法律形式主义到法律现实主义》，商务印书馆2009年版，第277-281页。

② See Restatement, Second, Conflict of Laws, § §218-220(1971).

③ See Restatement, Second, Conflict of Laws, §221(1971).

④ See Restatement, Second, Conflict of Laws, § §216-217(1971). 比较《重述一》第349条和第369条。第349条：“票据转让的有效性和效力，适用转让时票据所在地法。”第369条：“付款提示、要求付款、作出拒绝证书和拒付通知，适用汇票或本票的付款地法。”

⑤ See Restatement, Second, Conflict of Laws, § §214-215(1971).

⑥ See Restatement, Second, Conflict of Laws, § §208-213(1971).

⑦ See Restatement, Second, Conflict of Laws, § §186-188(1971).

规定适用被保险人选择的法律，若当事人未作出有效选择则适用被保险人住所地法，“除非”另一地与交易和当事人具有更重要联系，则适用另一地的法律；其余各类合同均首先适用双方当事人选择的法律，若未有效选择则适用某一地的法律，“除非”另一地与交易和当事人具有更重要联系，则适用另一地的法律。① “特殊争点”区分了十种争点，采用了四类规定方法。第206条“履行的细节”为僵硬的规则，是《重述一》第358条的简化版，规定适用履行地法；第203条“高利贷”为选择性冲突法规则，采用了维持合同效力原则，规定在不严重违反与合同有最重要联系地的利率上限规定的条件下，只要符合与合同有实质联系的任一法域的法律之规定则合同有效；第198条“缔约能力”、第199条“书面形式要求”和第202条“违法”为“通常”类型的规则，此类条文规定适用合同法律适用的一般原则，但“通常”符合某一地的法律即可；其余各条规定相应的争点适用合同法律适用的一般原则。② 与《重述一》中的相应规定对比，《重述二》中的合同冲突法发生了四方面的重大变化：允许当事人选择法律、采用最重要联系原则、不再区分合同有效性和履行事项、针对不同合同分别规定。③

综上所述，《重述二》中的法律适用规则可大致分为四种。第一种为完全确定的规则，此类规则采用单一的连结点，④大多来自《重述一》，主要分布在“程序”“财产”“身份”和“商业公司”这四章中。第二种为相对确定的规则，此类规则要求适用当事人选择的法律或某一法域的法律，同时规定“除非”另一法域与案件和当事人具有更重要的联系，则适用另一法域的法律，⑤即带有例外规定的规则，或简称为“除非”类型的规则。第三种为相对灵活的规则，此类规则规定适用最重要

---

① See Restatement, Second, Conflict of Laws, § § 189-197(1971).

② See Restatement, Second, Conflict of Laws, § § 198-207(1971).

③ 关于这些重大变化的具体内容，参见许庆坤：《美国冲突法理论嬗变的法理——从法律形式主义到法律现实主义》，商务印书馆2009年版，第273-277页。

④ 比如《重述二》第227条：“是否因时效占有或时效而转让土地权益以及所转让权益的性质适用土地所在地的实体法。”

⑤ 比如《重述二》第146条：“在侵害人身权益之诉中，当事人的权利和责任适用损害结果发生地的实体法，除非对于特定争点，若另一法域依第6条所述原则与事件和当事人具有更重要的联系，则另一法域的实体法适用。”

联系地的法律,同时指明最重要联系地通常为某特定地点。① 第四种为完全灵活的规则,此类规则径直规定适用最重要联系地法。② 后三种规则构成了《重述二》中法律适用规则的主体,均采用了最重要联系原则,而且在确定最重要联系地时,通常规定"依第 6 条所述原则"。第 6 条规定了《重述二》的法律适用总原则,既含有《重述一》所追求的传统价值目标,也包含了"冲突法革命"中各种新理论所追求的现代价值目标。③

因此,《重述二》尽管以现代法律选择方法为指导创立了具有鲜明特色的现代规则,但它不仅整体上沿袭了《重述一》的框架和部分规则,而且在法律选择原则方面也保留了传统的法律选择价值目标,是传统与现代的混合体。在吸纳现代法律选择理论成分上,里斯并未偏执一端,而是在看似虚空的"最重要联系原则"下结合第 6 条的规定包容了多种现代冲突法理论。折中主义成为《重述二》的最大特点。④

(三)经验教训

遵循折中主义是里斯在美国"冲突法革命"时期起草《重述二》所采取的明智之举。在起草初期,"革命"的号角刚刚吹响;在起草结束

---

① 比如《重述二》第 156 条:"(1)行为人的行为是否为侵权适用依第 145 条所选择的法律。(2)准据法通常为损害结果地的实体法。"

② 比如《重述二》第 145 条对侵权法律适用一般原则的规定:"(1)关于某一侵权争点的当事人权利和责任,依第 6 条所述原则,适用针对该争点与事件和当事人具有最重要联系的法域的实体法。(2)在依第 6 条的原则决定一个争点的准据法时,应当考虑的连结点包括:1 损害结果发生地;2 加害地;3 当事人的住所、居所、国籍、公司成立地和当事人营业地;以及 4 假如存在的当事人之间关系的重心地。这些连结点要根据它们对于特定争点的相对重要性来衡量。"

③ 《重述二》第 6 条:"(1)在接受宪法约束的前提下,法院应遵循其所在法域有关法律选择的成文法规定。(2)在不存在上述规定时,影响准据法选择的因素包括:①州际秩序和国际秩序的需要;②法院地的相关政策;③其他有意愿的法域的相关政策,以及在裁决特定争点上这些法域的相对意愿;④对正当期望的保护;⑤特定法律领域的基本政策;⑥结果的确定性、可预见性和一致性;以及⑦确定和适用准据法的容易程度。"在第 2 款 7 种法律选择原则中,第 1 项、第 4 项、第 6 项和第 7 项为传统价值目标,其余的为现代价值目标。

④ 里斯曾言:"可以将《重述二》中的法律选择条文描述为本质上为折中,因为它们依据了种种不同的理论和价值。" W. Reese, "The Second Restatement of Conflict of Laws Revisited", *Mercer Law Review* 34, 1982-1983, p. 501.《重述二》的具体特点有三个:以第 6 条所列原则为指导,采用分类法和分割法,采用不同的开放性规定。具体内容参见许庆坤:《美国冲突法理论嬗变的法理——从法律形式主义到法律现实主义》,商务印书馆 2009 年版,第 281-286 页。

时,“革命”的战事正酣。企图在1971年“冲突法革命”的高潮期“重述”冲突法好比“在斯大林格勒战役之时撰写二战的历史”。[①] 在此特殊时期,里斯若倒向传统冲突法阵营,必然饱受革命者的猛烈抨击;若仅站在某一个新理论一边,则可能遭受传统学者和其他革命者的一致讨伐,而且新理论的正确性尚未经受实践的检验。因此,里斯采取了折中调和的策略,将传统与现代制度和理论的合理成分一并纳入,使灵活程度不一的规则尽入囊中,为传统学者和各派现代学者打造了一个暂时共同栖居的“理想之家”。

采取折中主义的《重述二》在司法实践中大获成功,逐渐成为美国最流行的一套法律选择规则。在“冲突法革命”初期,《重述二》中的灵活规则就成了革命的助推剂,标志性的1963年“巴布科克案”援引了其“初步草案”;在美国法学会公布其“正式文本建议稿”的1967年至1969年,就有8个州采用了草案文本。[②] 到1983年,美国已有13个州明确地采用《重述二》,还有一个州含蓄地引用了《重述二》的一个条款解决法律冲突案件。[③] 如今,在侵权领域,25个州明确采用了《重述二》,3个州采用了与《重述二》中最重要联系原则类似的“最重要连结点方法”,6个州采用了包括《重述二》在内的综合现代方法;在合同领域,24个州明确采用了《重述二》,5个州采用了与《重述二》中最重要联系原则类似的“最重要连结点方法”,10个州采用了包括《重述二》在内的综合现代方法。[④] 即便在固守《重述一》的法院阵营中,所有法院在合同案件中亦采用《重述二》中的意思自治原则;在高利贷合同案件中,部分法院偏离了比尔的合同缔结地法规则,而采用《重述二》中的维护合同效力原则;在涉及《统一商法典》的案件中,法院通常对该法典中

① W. Richman, W. Reynolds, "Prologomenon to an Empirical Restatement of Conflicts", *Indiana Law Journal* 75, 2000, p. 417.

② See S. Symeonides, "A New Conflicts Restatement: Why Not?", *Journal of Private International Law* 5, 2009, p. 393.

③ See H. Kay, "Theory into Practice: Choice of Law in the Courts", *Mercer Law Review* 34, 1982-1983, p. 556.

④ See S. Symeonides, "Choice of Law in the American Courts in 2020: Thirty-Fourth Annual Survey", *American Journal of Comparative Law* 69, 2021, p. 195.

“适当联系”的含义采用《重述二》中最重要联系原则的内涵。[①] 如今，《重述二》虽然未做到独步于美国的司法实践舞台，但至少可谓其流行程度无与伦比。

折中主义既是《重述二》的成功之本和力量之源，也是其致命缺陷所在。亚当斯教授曾言，试图融合不同理论的做法隐含着一种危险，即最终的成果由于过分四平八稳和无可置疑，以至于几无所获。[②] 虽然《重述二》获得过英国莫里斯(J. Morris)教授的至高评价，称其为“最令人印象深刻、最为全面和最有价值的”的“冲突法作品”，[③]但是莫里斯的此类评价实属凤毛麟角，美国冲突法学界对《重述二》的态度由不冷不热到强烈反对，看法不一，整体上反对意见居上。在各种批评意见中，下述观点可谓典型：过于妥协折中、模糊不清、弹性过大、缺乏可预见性、定位不准和漫无目标。最严厉的一位批评者指出，美国法学会徘徊于法律形式主义和法律现实主义的阵营，在“冲突法革命”与“反冲突法革命”之间找到的是一条折中路线。[④]

由于《重述二》容纳了灵活程度不一的各类规则和琳琅满目的现代法律选择方法的不同成分，加之其为“民间法”，本身不具有强制性约束力，法院可以任意选择和自行其是。这是美国冲突法整体上处于无政府状态的根源之一。博彻斯教授研究发现，《重述二》广受美国法院欢迎的原因是其开放性的一般规定。此类一般规定被频繁引用，而其数量更多的具体规则即便为法院面临的问题提供了明确的答案，也经常被冷落一旁。例如，在引用《重述二》侵权冲突法部分的判决中，引用有关具体侵权行为条文的判决仅占引用第 145 条一般规定的 71.3%，若

---

① 该法典中的法律选择规则首先允许当事人选择法律，然后在当事人没有作出有效选择时要求适用法院地法，条件是合同与法院地有“适当的联系”。See W. Richman, D. Riley, “The First Restatement of Conflict of Laws on the Twenty－fifth Anniversary of Its Successor: Contemporary Practice in Traditional Courts”, *Maryland Law Review* 56, 1997, p. 1213－1218.

② See K. Adams, “Blaming the Mirror: The Restatements and the Common Law”, *Indiana Law Review* 40, 2007, p. 206.

③ See J. Morris, “Law and Reason Triumphant or How not Review a Restatement”, *American Journal of Comparative Law* 21, 1973, p. 330.

④ See S. Symeonides, “The Judicial Acceptance of the Second Conflicts Restatement: A Mixed Blessing”, *Maryland Law Review* 56, 1997, p. 1249－1250. 关于学者对《重述二》的各种批评意见，参见许庆坤：《美国冲突法理论嬗变的法理——从法律形式主义到法律现实主义》，商务印书馆 2009 年版，第 287－292 页。

再去掉引用第 146 条的判决，则仅占 51.6%。[①] 温特劳布教授发现，许多法院在适用第 145 条和第 146 条时"只顾计算连结点，而不去分析《重述二》所罗列的法律适用政策和意愿"。[②] 沙曼（J. Shaman）的研究成果支持类似的结论。他发现，有些法院真正适用《重述二》的规则、原则，确定与争议有最重要联系的法域；有些法院只是利用其规则或假定规则，很少甚至毫不考虑第 6 条的原则；而有些法院主要适用第 6 条的原则，而很少或甚至不考虑具体的法律选择规则；在适用第 6 条的原则时，法院通常援引第 2 条和第 3 条原则（有关法律适用意愿分析的两条原则），而将其他原则排除在考虑因素之外；有些法院只是三心二意地表面上援引《重述二》，其实另有法律选择准则，《重述二》仅作为修饰的门面，如怀俄明州。因此他认为，《重述二》对法律选择过程徒增几分迷惑与混乱，由此造成的严重危害不容低估。[③]

《重述二》无论面临何种冷嘲热讽，其取得的成就有目共睹，至少它将众多的美国法院聚合在自己的旗号下，并有效清除了比尔不合理的理论和规则，避免了美国法院在法律选择方法上的过度分裂。[④] 这种结论也符合里斯对《重述二》的定性和期待。他认为《重述二》"是一部过渡性的作品，它立足于过去并努力为不确定的未来扫清道路。"[⑤]他希望随着实践经验的积累，概括性的规则或原则逐步为"大量的精确规则"所取代，"每个规则将仅针对一个特定的问题或一组密切联系的问题"。这样就能更有效地实现相关的涉外政策和实体法政策。[⑥] 那么，在《重述二》出版四十余年之后，美国的学术成果和司法经验已经足以支持起草一部新的"冲突法重述"了吗？对此，美国法学会在 2014 年终于给出

① See P. Borchers, "Courts and the Second Conflicts Restatement: Some Observations and an Empirical Note", *Maryland Law Review* 56, 1997, p. 1233, 1244.

② R. Weintraub, "At Least, To Do No Harm": Does the Second Restatement of Conflicts Meet the Hippocratic Standard?", *Maryland Law Review* 56, 1997, p. 1289.

③ See Jeffrey M. Shaman, "The Vicissitudes of Choice of Law: The Restatement (First, Second) and Interest Analysis", *Buffalo Law Review* 45, 1997, p. 361-363.

④ See S. Symeonides, "A New Conflicts Restatement: Why Not?", *Journal of Private International Law* 5, 2009, p. 392-394.

⑤ W. Reese, "The Second Restatement of Conflict of Laws Revisited", *Mercer Law Review* 34, 1982-1983, p. 519.

⑥ See W. Reese, "Choice of Law: Rules or Approach", *Cornell Law Review* 57, 1971-1972, p. 315.

了明确的答案,《重述三》的编撰工作于当年启动。

四、《冲突法重述(第三版)》的起草

相对于1952年同时列入“法律重述”新版修订项目的其他两个领域,《重述三》编撰工作的启动一再稽延。在其他两个领域,《代理法重述(第三版)》和《信托法重述(第三版)》分别于2006年和2012年正式出版。① 比较而言,编撰《重述三》的工作在2014年才开始启动,何日完成还难有定数。仅就启动时间而言,冲突法被特殊对待显而易见。在其他法律重述第三版修订之时,冲突法领域的学者为何不能齐心协力也着手新版工作呢?个中缘由值得深究,否则不仅难以理解新版编撰启动之难,也难以理解当前草案的内容。

在考虑是否启动一个起草项目时,美国法学会通常考虑:该项目是否为特定的法律领域带来“理性和秩序”?该项目是否有益于法官、律师和教授?能否找到一位能干的报告人?直至21世纪的前十年,尚无一种冲突法方案获得广泛接受并有助于消除学术分歧和判例法的混乱,恢复冲突法领域的“理性和秩序”也就无从谈起。当时仓促出台《重述三》只会加深法官、律师和教授之间的裂痕并引发新的争议。积极推动《重述三》的西蒙尼德斯教授称不上一位合格的报告人。除了他自称的年事已高之外,他的大陆法系思维方式和折中主义的立场为诸多美国学者所反对。折中主义立场意味着他还没有找到诊治美国冲突法病症的灵药妙方。因此,美国法学会前任会长特雷纳当时明确将冲突法列入不宜启动“重述”项目的领域,他认为冲突法领域依然争议不断,一些关键问题还未得到澄清,开始《重述三》的理由尚不充分。②

在冲突法领域,美国长期存在各种不同学说,其实不足为奇。在比尔的时代,以库克、凯弗斯等为代表的法律现实主义者就与以比尔为代表的法律形式主义者激烈交锋。在《重述二》编撰期间,柯里的“法律适用意愿分析说”也与莱弗拉尔的“五点考虑因素说”等大异其趣。但是,在《重述三》编撰之前,各种主张不仅势若水火,而且尚无一种主张形成

---

① 《信托法重述(第三版)》共四卷本,前两卷出版于2003年,后两卷分别于2007年、2012年出版。See https://www.ali.org/publications/show/trusts/,2021年8月28日访问。

② See M. Traynor, “The First Restatement and the Vision of the American Law Institute, Then and Now”, *Illinois Law Journal* 32, 2007-2008, p. 150, 163.

系统的理论。此种碎片化的观点分歧，倒是前所未有。因此，下文将首先详述关于起草《重述三》的激烈争论，然后解析《重述三》的理论基础与编撰思路，最后讨论其初稿中的合同冲突法和侵权冲突法的内容。

（一）关于起草《冲突法重述（第三版）》的争论

是否启动《重述三》的起草，曾长期作为小范围讨论的话题，西蒙尼德斯教授是此类讨论的主要推动者。在1997年美国法学院协会冲突法分会的年会上，首次出现关于起草《重述三》的争论。当时，西蒙尼德斯教授提出应该"开始准备"《重述三》的起草工作。此后，该问题即被置之不理。直至两年后，1999年美国法学院协会冲突法分会年会将该问题作为中心议题。西蒙尼德斯教授在该年会上再次呼吁开始起草《重述三》，并提供了一些示范规则。会议记录和会后提交的同论题论文被发表在2000年的《印第安纳州法律期刊》上。在会议参加者中，4人明确反对起草《重述三》，其余10多人支持起草《重述三》，但具体观点和方法存在严重分歧。此后该问题再次陷入沉寂。直至10年后，纽约大学法学院召开的《国际私法期刊》2009年会议将其列入会议的日程。在此次会议上，西蒙尼德斯教授作了关于启动《重述三》的专题发言，对以前的观点作了系统梳理，其发言内容会后发表在《国际私法期刊》2009年第3期。①

由于关于起草《重述三》的唯一一次正面交锋发生在1997年美国法学院协会冲突法分会的专题讨论论文中，下文将结合这些专题论文分析正反两方的观点和理由。由于西蒙尼德斯教授是此类讨论的主要积极推动者，下文将结合其论文单独分析其观点和理由。

1. 反对者的观点和理由

四位教授明确反对起草《重述三》，分别是塞德拉、荣格、西姆森（G. Simson）和温特劳布。他们中有人认为只需总结"法律选择通例"即可，没有必要采用"法律重述"这种方式；有人认为冲突法的现有司法实践和理论研究不足以支撑《重述三》的起草；有人认为《重述二》不佳，而《重述三》有可能更糟；有人则认为目前冲突法混乱不堪，《重述三》起草的时机未到。简言之，他们认为起草《重述三》"无必要""无条

① See S. Symeonides, "A New Conflicts Restatement: Why Not?", *Journal of Private International Law* 5, 2009, p. 384-386.

件”“无前途”或“无时机”。下文详述其各自观点和理由。

(1)只需总结“法律选择通例”,无须“重述”冲突法

西蒙尼德斯认为美国当前的冲突法混乱不堪,缺乏确定性和可预见性,因而有必要通过起草《重述三》这个平台拟定可增强法律适用可预见性的新规则。对此,塞德拉教授明确表态:“我彻底反对。”他认为法院判决的实际结果——“法律选择通例”——具有相当高的确定性和可预见性,在侵权冲突法领域尤其如此。[①]

塞德拉教授通过研读美国冲突法判例法发现,对于同样的“事实—法律”案件,尽管声称采用的法律选择方法存在差异,但法院通常得出同样的结论。法院的判决结果通常与适用柯里的“法律适用意愿分析方法”而得出的结论相互一致,这是因为法院发现柯里的方法能够带来对当事人公平合理的结果。为此,他在1977年就提出了9条侵权冲突法领域的法律选择通例。“法律选择通例”只考虑法院的判决结果,而不管法院的表面说辞或声称采用了何种具体的法律选择方法。[②] 经过多年的研究验证,他对自己总结的“法律选择通例”更加坚信不疑。在1999年的研讨会上,他将以往的成果略做修正,进一步发展为10条“法律选择通例”。[③]

之所以学者得出冲突法混乱不堪的结论,是因为法官和律师的关注点和大多数学者的关注点存在巨大差异。法官和律师在实践中主要关注在本州有效的冲突法先例和判例法,因而他们眼中的冲突法“相当连贯一致”;而大多数学者关注各州不同法院的冲突法案件,因而容易得出冲突法“前后不一和缺乏可预见性”的结论。[④] 如果深入到冲突法的“真实世界”中,学者们的结论可能会与实务界的看法一致。

因此,塞德拉教授认为,没有必要为取得法律适用的确定性和可预见性而寻求制定“法律选择规则”(choice-of-law rules),起草《重述三》或类似的努力纯属多此一举,法律选择通例可以确保法院判决的一

---

① See R. Sedler, “Choice of Law in Conflicts Torts Cases: A Third Restatement or Rules of Choice of Law?”, *Indiana Law Journal* 75, 2000, p. 615.

② Ibid., p. 616-617.

③ Ibid., p. 619-632.

④ Ibid., p. 618.

致性。[①]

塞德拉教授总结的“法律选择通例”其实就是法律现实主义者主张发现的“行动中的法”(law in action),艾伦茨威格教授就曾极力主张总结冲突法“真实规则”。[②] 如果司法实践中的“法律选择通例”相当一致,那么美国法学会就可以将其总结为《重述三》中的条文以引导法院的判决;即便一些新型的“法律选择通例”尚未为大多数法院所采用,鉴于其具有良好发展前景,美国法学会也可以将其纳入《重述三》以引导此类规则的发展。因此,塞德拉教授“彻底反对”起草《重述三》的观点未免极端。

(2)冲突法实践和理论混乱不堪,无法“重述”冲突法

荣格教授文笔犀利,措辞辛辣讽刺,他从理论和实践的不足全面揭示了起草《重述三》所面临的尴尬处境,以及现有各种解决之道不具有可行性的情况。

在司法实践中,美国冲突法判例混乱不堪。浏览美国判例法的感受就像阅读《爱丽丝梦游仙境》:有的判决将“连结点”与“法律适用意愿”混为一谈;有的判决将不同的理论在同一个注释中相提并论;有的判决用词生硬空洞,让人怀疑法官是否真正掌握了其用作判决依据的法律适用方法。对此,荣格质问道:“如何重述梦中呓语?”[③]

学术界缺乏新思想。自从《重述二》出台后,美国冲突法鲜有改进,学者们仍旧翻炒旧理论。“法律适用意愿分析说”一如既往地笼罩在学术天空,众多柯里学说的信徒围绕“真实冲突”“虚假冲突”和“无冲突”之类纯属捏造的概念争得不亦乐乎。这种无聊的争议无助于增强人们对冲突法的信心。“连贯一致和清晰透彻从来不是学术作品的特点”,学者们对于哪种连结点更加重要和“法律适用意愿”是否真正存在分歧巨大。[④]

已有的试图冲破冲突法困境的方案无一可行。首先,《重述二》的

---

① See R. Sedler,“Choice of Law in Conflicts Torts Cases:A Third Restatement or Rules of Choice of Law?”,*Indiana Law Journal* 75,2000,p. 617.

② 关于“行为中的法”和“真实规则”的具体内容,参见许庆坤:《美国冲突法理论嬗变的法理——从法律形式主义到法律现实主义》,商务印书馆 2009 年版,第 14、23－25、161－167 页。

③ See F. Juenger,“A Third Conflicts Restatement?”,*Indiana Law Journal* 75,2000,p. 403.

④ Ibid. ,p. 403,406.

折中主义方案已经惨遭失败。在《重述二》中,由弹性的“最重要联系”连结点以及法域的“法律适用意愿”和政策组成的“准规则”(near rules)和“虚无规则”(nonrules),其实是将“全异的因素”杂糅在一起。在一定程度上,《重述二》其实是一种“虚无陈述”(non-*Restatement*),它将各式各样的理论流派相互混杂,法院据此可得出任何其所希望的结果。“毫无疑问,这就是它招致法官喜爱而学者憎恶的主要原因。”将本质不同和模糊不清的冲突法准则神圣化为黑体字规则,《重述二》就是此种尝试的反面教材。① 其次,纽约州的“纽美尔规则”、《路州民法典》中的“冲突法篇”和美国法学会的“复杂诉讼项目”都不值得效仿。正如“舒尔茨案”的判决所示,“纽美尔规则”在司法实践中带来的恶果甚至比《重述一》中僵硬的“侵权行为地法”还要严重。美国法学会的规则和《路州民法典》中的法律选择规则同样不会促进涉外正义。他质问:既然《路州民法典》中“冲突法篇”的“总则”如此灵活,为何路易斯安那州还另起炉灶?该州法官直接运用《重述二》中的“虚无规则”可以取得同样的判决结果。② 最后,西蒙尼德斯教授在本次研讨会上建议的“侵权冲突法”条文同样让人疑窦丛生。虽然他也承认区分“规制行为的规则”和“分配损失的规则”并非易事,但他仍然认为此种二分法必不可少,有利于在法律的属地性和属人性之间取得平衡。但该观点在理论上和实践中均立足不稳。比尔教授很早就指出:任何一种法律都同时具有属人性和属地性。法则区别说这一数百年对“人法”和“物法”区分的失败历史充分表明:此种二分法注定失败。西蒙尼德斯的建议条文还将“法律适用意愿分析方法”与冲突法规则融合在一起,但单边主义与多边主义势不两立,无法调和。③

荣格教授是“实体法方法”或“目的论”的坚定支持者,④本来对冲突法规则就持偏狭之见。其实,美国冲突法并未像他描述得如此混乱,“冲突法革命”后的美国冲突法学术发展也有目共睹,各种成文化规

---

① See F. Juenger, “A Third Conflicts Restatement?”, *Indiana Law Journal* 75, 2000, p. 405-406.

② Ibid., p. 408-409.

③ Ibid., p. 409-410.

④ See F. Juenger, *Choice of Law and Multistate Justice* (*Special Edition*), New York, Transnational Publishers, 2005, p. 191-194.

则——无论法官总结的还是学者起草的——均有可取之处。因此,荣格教授的观点批判性有余,但建构成分不足。

(3)《重述二》不佳,而《重述三》有可能更糟

西姆森教授毫不掩饰其对起草《重述三》的冷淡态度。他虽然丝毫不是《重述二》的追捧者,但对《重述三》的前景更不看好。①

他主要担心《重述三》中的规则会数量更多并且更加僵硬。《重述二》起草期间,美国冲突法尚处于"革命"时期,因此里斯起草了相对灵活的规则,但他希望未来的《重述三》能包含"更加明确和精细的规则"。里斯的这一主张得到了西蒙尼德斯教授和其他同行的赞同。此种对明确规则的渴望有望对起草《重述三》发挥支配的作用。但是,《重述二》已经过分"规则导向",《重述三》不应再以此为起点。②

之所以不看好"精细规则导向"的《重述三》,是因为西姆森教授偏爱"方法"胜过"规则"。对于法院频繁适用《重述二》中的"最重要联系原则"而非具体法律选择规则,他认为这是一种值得肯定的做法。法院若在适用"最重要联系原则"时结合西姆森教授主张的法律选择方法,则判决的质量会更高。③

西姆森教授的法律选择方法分三步:

> ①在判定在审案件的结果时,应查明其他法域是否比法院地具有更强烈的法律适用意愿。
>
> ②若答案是肯定的,则应如该地的法院运用当地冲突法作出法律选择。
>
> ③若答案是否定的,则针对案件中的具体争点适用法院地法,除非:
>
> A. 案件的涉外因素要求考虑一项政策,而该政策与纯域内案件无实质联系;
>
> B. 该政策强烈要求适用外地的法律;
>
> C. 法院地实体法中的政策倾向并未强烈要求:法院地的

---

① See G. Simson,"Leave Bad Enough Alone",*Indiana Law Journal* 75,2000,p. 649.

② Ibid.,p. 652-654.

③ Ibid.,p. 656-657.

立法者不得将其屈从于涉外案件中另一政策。①

可见,西姆森教授的方法其实就是柯里的"法律适用意愿分析方法"的一类变种。不过,他特别指出,他的步骤一要求根据案件结果决定法律适用意愿,而非依据柯里主张的相关法域保护本地居民的愿望。在步骤三中,法院应重点考虑保护当事人正当期望和维护州际秩序与国际秩序这两项涉外政策。这与柯里的理论也显著不同。②

因此,西姆森教授并非真正反对《重述三》的起草,他反对的是采用"精细规则"的《重述三》。他本人也提出了《重述二》中广泛运用的"最重要联系原则"的完善方法。如果将来《重述三》采用灵活的规则或方法,他有可能站在同意者一边。

(4)判例前后不一,起草的时机未到

温特劳布教授认为"起草《重述三》的时机未到",原因是目前在冲突法领域不存在前后一致的判例法。③

他认为有三种原因导致法官无法作出令人满意的冲突法判决。(1)指引法院和律师选择法律的《重述二》前后不一,是法域选择规则和内容选择规则的混合体。(2)论证法律选择问题的律师,其冲突法素养堪忧。法官可能也难以从律师的代理意见中获得有益启发。现在不少州已在律师资格考试中取消了冲突法,法学院研修该门课程的学生也随之剧降。不曾学习冲突法的律师将难以理解和运用《重述二》。(3)州法院很少遇到冲突法问题。"所有法院,但尤其是州法院"遇到法律选择问题的几率相当低。法官的变动导致新法官"重新发明车轮",但其实该车轮十多年前可能就已面世,而且所谓的新车轮还错误迭出。④

因此,温特劳布教授并非反对起草《重述三》本身,而是认为"时机未到"。"当存在连贯一致的法律选择方面的大量判决时,才是启动《重

① See G. Simson, "Leave Bad Enough Alone", *Indiana Law Journal* 75, 2000, p. 654–655.

② Ibid., p. 655–656.

③ See R. Weintraub, "The Restatement Third of Conflict of Laws: An Idea Whose Time Has Not Come", *Indiana Law Journal* 75, 2000, p. 679.

④ Ibid., p. 679–680.

述三》的契机。"那时,美国法学会可用规则对这些判决结果进行总结。在判决不一致时,学者们应帮助法官得出合理的结果;用成本效益分析帮助法官在法域选择规则和结果选择规则之间作出正确选择。①

2. 赞成者的观点和理由

反对者的理由不一,不同赞成者眼中《重述三》的内容和起草思路同样各异其趣,甚至针锋相对。有些学者主张将灵活的法律选择方法编撰成"黑体字规则";有些学者则排斥规则的过分灵活,主张以《重述二》为基础,编撰明确的法律选择规则。有的学者强调国际视野,主张未来的《重述三》应当能够应对日益增多的国际法律冲突问题。有些学者则认为开始起草工作尚早,但应启动前期调研工作。此外还有些学者对由谁主导起草工作存在分歧。

(1)抛弃冲突法规则,编撰法律选择方法

温伯格(L. Weinberg)教授主张对《重述二》进行"结构性修改",不再根据连结点选择法律,而是直接根据法律的内容及其背后的政策选择法律;适用法院地法为原则,适用外地法为例外。因此,她的《重述三》建议稿高度精简,是一种只需三步的法律选择方法:

> ①若经过适当解释,争点在本地法律和政策调整范围之内,则法院通常适用本地的法律和政策;
>
> ②经比较法院地和其他相关法域的法律适用意愿,若显然只有一个具有法律适用意愿的法域,则法院将推定适用该法域的法律;并
>
> ③根据(改进版的)第 6 条罗列的法律选择政策,法院将判定是否推翻上述推定。②

所谓"(改进版的)第 6 条"是指将《重述二》第 6 条的内容进行增删并调整顺序,具体内容是:

> ①法院地的法律适用意愿;

① See R. Weintraub, "The Restatement Third of Conflict of Laws: An Idea Whose Time Has Not Come", *Indiana Law Journal* 75, 2000, p. 686.

② L. Weinberg, "A Structural Revision of the Conflicts Restatement", *Indiana Law Journal* 75, 2000, p. 507-508.

> ②相关法域的法律适用意愿；
> ③个案公平；
> ④适用较好的法律；
> ⑤禁止歧视的原则；
> ⑥若认定非法院地法为“较好法”，则支持采用非法院地法。[①]

笔者认为，如此“精简版”的《重述三》不仅与美国法学会历来的“法律重述”大相径庭，而且其采用的是遭到众多学者批判的“法律适用意愿分析方法”，断不可行。如此的“重述”建议，简直是调侃！可令人遗憾的是，提出类似建议的还不止她一人。

波斯纳克（B. Posnak）教授同样基于“法律适用意愿分析方法”将《重述二》中的数百条规则缩减为如下两条：

> ①若双方当事人来自同一法域，则推定该法域的法律适用于案件中的所有争点。
> ②若当事人来自不同的法域，但查明的重大案件事实仅发生在一方当事人的住所地，则推定该地的法律适用于所有争点。

他主张法院地法为默认的准据法，即若希望不适用法院地法的当事人无法说服法官适用上述任一规则，则争议适用法院地法。[②]

莱比（W. Reppy）教授持有类似观点，他也不主张根据具体情况制定详尽的规则。他认为应将运用“法律适用意愿分析方法”的步骤通过“黑体字规则”加以明确，以指导法官和律师的行为。在运用法律适用意愿分析方法之前，应解决三个前提问题：法院地的成文法是否对争议问题作出了规定？争议问题是实质问题还是程序问题？诉由是侵权问

---

① L. Weinberg, “A Structural Revision of the Conflicts Restatement”, *Indiana Law Journal* 75, 2000, p. 508.

② See B. Posnak, “The Restatement (Second): Some Not So Fine Tuning for a Restatement (Third): A Very Well-Curried Leflar over Reese with Korn on the Side (Or Is It Cob?)”, *Indiana Law Journal* 75, 2000, p. 565.

题还是其他问题?①

辛格(J. Singer)教授虽然也主张将法律选择方法制定为“黑体字规则”,但他主张采用的不是“法律适用意愿分析方法”,而是“较好法方法”。他充满诗意地描述该方法的威力:“较好法方法是冲突法中的无形天使;它是困在瓶中的精灵,虽无力逃出但却可悄无声息地制造种种奇迹。”具体而言,采用该方法应体现在:侵权冲突法支持受害人获得赔偿;合同冲突法支持合同有效性和保护当事人正当期望;有关消费者合同、保险合同、雇佣合同和特许经营合同的冲突法保护弱方当事人。②

为调和主张不同法律选择方法的学者之间的分歧,有些学者提出可采用多种方案并举的起草方式。特韦尔斯基(A. Twerski)教授从起草《侵权法重述(第三版):责任分配》的经验出发,认为既然众口难调,那么可以抛弃《重述一》和《重述二》的传统思路,而改用并列多种方案的新方法。他认为值得肯定的主流法律选择方法是:经典的“法律适用意愿分析方法”、凯弗斯的新属地主义以及“较好法方法”。③ 西尔贝曼(L. Silberman)和洛温费尔德(A. Lowenfeld)教授结合自己起草《外国判决承认与执行的联邦成文法建议稿》的经验和对海牙有关《外国判决承认与执行公约》草案的研究,同样建议可以列举和阐释数种法律选择方法,并说明每种方法如何使用,由法院自主选择适用。④

(2)以《重述二》为基础,编撰法律选择规则

希尔(A. Hill)教授与上述学者的观点恰好相反,他主张《重述三》不应包含过分灵活的法律选择方法,尤其是柯里的“法律适用意愿分析方法”,而应采用明确的法律选择规则,甚至《重述二》中的灵活法律选择方法也应被废除。柯里的方法不可取是因为它忽视了“专门关于法律选择方面的法律适用意愿”。他认为,《重述三》应“立足于《重述

---

① See W. Reppy, “Codifying Interest Analysis in the Torts Chapter of a New Conflicts Restatement”, *Indiana Law Journal* 75, 2000, p. 594–595.

② See J. Singer, “Pay No Attention to That Man Behind the Curtain: The Place of Better Law in a Third Restatement of Conflicts”, *Indiana Law Journal* 75, 2000, p. 659, 661.

③ See A. Twerski, “One Size Does Not Fit All: The Third Multi–Track Restatement of Conflict of Laws”, *Indiana Law Journal* 75, 2000, p. 673, 675–676.

④ See L. Silberman, A. Lowenfeld, “A Different Challenge for the ALI: Herein of Foreign Country Judgments, and International Treaty, and an American Statute”, *Indiana Law Journal* 75, 2000, p. 647.

二》”。《重述二》由法律选择的方法和具体规则构成,而后者是主体。这些规则与柯里学说出现之前的规则非常类似,通常由众多判例支持其合理性。此类具体规则在很大程度上符合逐个争点分析的方法,经过合理修改可作为《重述三》的基石。《重述二》中的方法是依照第6条罗列的法律选择原则寻找与特定争点具有最重要联系的法域。里斯原本设想通过融入法律适用意愿分析逐步提炼所需要的规则。但里斯的愿望并未变为现实。学者们对其理解不一,法院的实践混乱不堪。因此,他认为此种清单式的法律选择方法(包括第6条)毫无价值,应被抛弃。基于法律确定性的考虑,他认为法律选择规则原则上不应带有例外规定。①

戈特斯曼(M. Gottesman)教授基于其长期从事律师业务的经验,从律师和法官的需要出发,主张制定行之有效而且具有确定性的法律选择规则。他认为此类规则有四大好处:可预见性、争议解决的高效性、法律适用的一致性和提供一个公平解决争议的平台。②

(3)以国际视野编撰《重述三》

赖曼(M. Reimann)教授从国际视野论证了《重述二》的缺陷以及《重述三》起草的必要性和具体建议。

他认为,自从《重述二》面世以来,涉外法律实践发生了三方面的重要变化:(1)在1960年代,国际法律纠纷相当罕见,但到20世纪末,国际法律纠纷已司空见惯。(2)法院对国际法律纠纷的态度发生了重大转变。联邦最高法院在1972年“布雷门案”(The Bremen v. Zapata Offshore Co.)中抛弃了狭隘的地方视野,而从国际视野解决纠纷,其他法院也紧随其后。(3)出现了30年前不为人所知或非居于主流的新型国际法律纠纷,如国际公约的适用、人权纠纷、对《外国主权豁免法》的解释、美国成文法的域外适用、针对国外的平行诉讼考虑是否签发禁诉令、每年在数百件涉及外国人的案件中考虑是否适用不方便法院原

---

① See A. Hill, “For a Third Conflicts Restatement - But Stop Trying to Reinvent the Wheel”, *Indiana Law Journal* 75, 2000, p. 536, 538.

② See M. Gottesman, “Adrift on the Sea of Indeterminacy”, *Indiana Law Journal* 75, 2000, p. 527-529.

则等。①

面对法律冲突国际化的浪潮,《重述二》显然应对乏力。《重述二》的"正文"和"评论"中不到20%(在其1200多页中仅有大约20页)的篇幅涉及外国。尤其是法律选择部分,几乎完全不涉及国际法律冲突问题。《重述二》未涉及如下问题:对外国被告给予正当程序保护的程度、向国外送达、跨国纠纷的仲裁、对外国主权者的诉讼、人权诉讼请求、国际公约、反托拉斯法的国外适用、针对外国诉讼当事人在其本国法院诉讼的禁诉令、国外证据开示。对于处理国际诉讼案件的法官和律师而言,《重述二》"几无用处",不过是"旧时代的陈迹"。②

因此,时代发展要求启动《重述三》的起草。这将是一个良好机遇,让冲突法理论与实践紧随法律国际化的步伐,可使美国学者反思冲突法已有成果及其缺失,并决定需要何种法律重述。若能成功起草一部解决国际法律纠纷所需的规则和原则,则对法律实践功莫大焉。国际纠纷的日益增长使得起草此类规则的紧迫性日增。③

对于起草《重述三》,他提出三点具体建议。首先,每一条规则和原则不仅可用于解决州际法律冲突,而且可用于解决国际法律冲突。其次,起草人应复活斯托雷和比尔的传统,充分借鉴国外冲突法的立法成果。最后,《重述三》的起草小组中应有外国顾问。④

(4)启动起草《重述三》的前期工作

里奇曼(W. Richman)和雷诺兹(W. Reynolds)教授虽然赞同起草《重述三》,但认为现在开始具体的起草工作为时尚早,现在急需着手的是前期调查研究工作。

一些学者已经作了初步的司法实践分析工作,但这些分析尚不充分支持《重述三》的起草工作。比如柯兹里斯(P. Kozyris)和西蒙尼德斯教授对大量的判例法进行写实性的研究,博彻斯和索利门(M. Solimine)教授对冲突法判决进行了数据分析。博彻斯和索利门的各自研究表明,无论法官声称采用了何种现代法律选择方法,他们的判决都

---

① See M. Reimann, "A New Restatement— For the International Age", *Indiana Law Journal* 75, 2000, p. 579-580.

② Ibid., p. 577, 582.

③ Ibid., p. 582-583.

④ Ibid., p. 584, 585, 587.

表现出如下共同特点：偏爱法院地法、偏向给予受害人赔偿和偏向法院地的居民。博彻斯的比较分析和西蒙尼德斯的观察结论表明：在合同和侵权冲突法领域采用《重述二》的法院更倾向于适用其一般性规定（第6条、第145条和第188条），而忽视大部分的具体规定，包括恰如其分的具体规定。这表明《重述二》成为最广为接受的一套规则并不意味着“规则”更受法院偏爱。但这些研究成果还是初步的和片面的，美国法学会或美国法学院协会的冲突法委员会应组成从事司法实践分析的研究小组，用四至五年的实践对美国冲突法实践进行系统总结。①

他们建议注重调研如下问题：意思自治原则；实体法主义，法院是否以法律选择方法为借口追求特定的结果；“规则”与“方法”的二分法，具体审视西蒙尼德斯教授建议的侵权冲突法规则和克雷默（L. Kramer）教授建议的解决真实冲突的方案，并反思三个成文法文本——路易斯安那州的冲突法、美国法学会的“复杂诉讼项目”和“纽美尔规则”。②

他们的建议获得了彼得森（C. Peterson）教授的赞同。彼得森教授认为在对起草内容存在巨大分歧的情况下，美国法学会应任命一个研究小组，在今后几年中研究是否存在开始起草《重述三》的基础，可由西蒙尼德斯和博彻斯教授统领该研究小组的工作。③

3. 西蒙尼德斯教授的观点和理由

西蒙尼德斯教授是起草《重述三》的倡议者和讨论的主导者。在1997年“纪念《重述二》出版25周年研讨会”上，他率先提出应开始准备起草工作，并对未来新型规则的特点做了描述。④ 在1999年的关于《重述三》的研讨会上，他详细论证了起草《重述三》的必要性和具体建议，并示范性地起草了侵权法律选择规则。⑤ 在2009年《国际私法期

① See W. Richman, W. Reynolds, “Prologomenon to an Empirical Restatement of Conflicts”, *Indiana Law Journal* 75, 2000, p. 427-430, 434.

② Ibid., p. 434-435.

③ See C. Peterson, “Restating Conflicts Again: A Cure for Schizophrenia?”, *Indiana Law Journal* 75, 2000, p. 555.

④ See S. Symeonides, “The Judicial Acceptance of the Second Conflicts Restatement: A Mixed Blessing”, *Maryland Law Review* 56, 1997, p. 1280-1281.

⑤ See S. Symeonides, “The Need for a Third Conflicts Restatement (and a Proposal for Tort Conflicts)”, *Indiana Law Review* 75, 2000, p. 437-474.

刊》两年一次的研讨会上,他以 1999 年的论文为基础作了大会发言,并批驳了反对起草者的观点。[①] 下文将详细分析其观点和理由。

西蒙尼德斯教授的观点非常明确:“现在到了开始起草新冲突法重述的时候了。”[②]理由在于,《重述二》虽然广泛流行,但并未成功建立一种新制度,至少在两方面已经陈旧落伍,无力应对现实中的冲突法难题。

一方面,《重述二》对美国法院过去日益增多的新型冲突法案件没有规定或规定不足。晚近出现的诸如网络空间的冲突法问题、产生于同性关系或契约婚姻的冲突法问题,《重述二》由于时代限制不可能对此作出规定。更令人遗憾的是,《重述二》甚至对于起草时已经存在的冲突法问题也未作规定,如海事冲突法问题、涉及被盗艺术品或文化财产的冲突法问题、产生于州际仲裁的冲突法问题。《重述二》虽然对有些问题作了规定,但已有规定不足以应对新出现的复杂问题。例如,第 193 条规定了针对单一风险的保险合同,但美国近 20 年呈爆炸式增长态势的是包含多种风险的环境污染诉讼,而此类案件中多种风险位于多个法域,当事人不仅限于被保险人。《重述二》同样不足以应对许多“群体性侵权案件”中的复杂法律选择问题,典型的此类案件有乳房手术案件、空难案件、石棉污染案件和落叶剂案件等。《重述二》甚至也不足以应对有关产品责任或惩罚性赔偿的法律冲突案件。同时,尽管国际法律冲突问题在现实生活中日渐重要,但《重述二》的法律选择规则几乎未涉及国际法律冲突问题。[③]

另一方面,《重述二》中的一些“黑体字规则”已经过时。比如,即便在最成功的合同冲突法领域,《重述二》也存在明显的瑕疵。它没有区分消费者合同、雇佣合同与商事合同而分别作出宽严不同的规定,与欧洲的《罗马公约》和《关于合同之债法律适用的第 593/2008 号条例》(以下简称《罗马条例Ⅰ》)形成鲜明对比。第 187 条规定适用“当事人选择的特定法域的法律”,与近年来日益流行的当事人选择“软法”(并

---

① See S. Symeonides, “A New Conflicts Restatement: Why Not?”, *Journal of Private International Law* 5,2009,p. 383-424.

② Ibid. ,p. 383.

③ See S. Symeonides, “A New Conflicts Restatement: Why Not?”, *Journal of Private International Law* 5,2009,p. 398-401.

非某个法域的法律)形成了反差。该条还规定当事人选择的法律只适用于当事人的“合同权利和义务”,与美国一些判例法已经允许当事人选择的法律适用于非合同事项的现状存在差别,也与《关于非合同之债法律适用的第864/2007号条例》(以下简称《罗马条例Ⅱ》)允许当事人事先选择非合同问题的准据法有显著差别。再如,《重述二》对不动产法律适用的规定更是因循守旧和抱残守缺。不动产的问题适用不动产所在地法这种传统的冲突法规定,在20世纪60年代尚可理解,如今已成为该领域冲突法发展的阻碍。土地所在法域在土地利用、登记和担保问题上具有适用本地法律的意愿,但在诸如继承人的资格和在世配偶的利益这类问题上,土地所在法域并无强烈的干预意愿。①

因此,他认为急需通过起草《重述三》解决以下四个方面的问题。首先,对《重述二》忽略的问题予以规定。其次,对《重述二》中错误的僵硬规则予以修正,如土地所在地法规则。再次,权衡和提炼“冲突法革命”正反两方面的经验和教训,并重新审视法律选择问题的基本原则、哲学基础和方法论。最后,在侵权和合同领域作出更明确的规定,以适当平衡法律的确定性和灵活性。②

对于《重述三》的内容,他主张不必包括管辖权和判决的承认与执行。主要原因有三方面:管辖权主要由联邦宪法和成文法以及州成文法规定;联邦法对州际判决的承认与执行同样高妙;美国法学会2006年出版了《外国判决的承认与执行:立法建议稿和分析》,美国法学会1987年的《美国对外关系法重述(第三版)》第481条至第486条,美国统一州法全国委员会制定的《承认外国金钱判决统一法》及其修订文本也已对此作了规定。③

他还具体描绘了未来新型冲突法规则的五大特点。明确的规则应只涵盖经过司法实践检验的“情形、案件或争点”,结论未明的情况或问题应交与开放性的“方法”来调整;吸取《重述一》失败的教训,新规则应该是针对具体争点的精细规则,而非涵盖案件各方面的宽泛规则;“在必要时”,应考虑“相冲突的实体法内容及其背后的政策”;“在适当

---

① See S. Symeonides, “A New Conflicts Restatement: Why Not?”, *Journal of Private International Law* 5, 2009, p. 403–405.

② Ibid., p. 406.

③ Ibid., p. 386.

和明确的情况下”，新规则应允许结合案件的实质结果选择法律；新规则应伴以“例外条款”，以授权法官在“适当的例外情形下”背离规则的一般性规定。

反对者对起草《重述三》的强烈批评，引发了人们对起草工作是否必要以及能否成功的忧虑。为消除反对者的阻力，西蒙尼德斯将反对观点总结为四个方面并逐个予以反驳。

第一种反对意见认为，前两次“冲突法重述”均告失败，难保《重述三》不重蹈覆辙。西蒙尼德斯认为将两版的“冲突法重述”相提并论是“不公平和错误的”。《重述一》是比尔一个人的教条主义作品，比尔完全支配了起草过程，美国法学会在其中只起到“橡皮图章”的作用。在起草《重述二》的过程中，美国法学会不仅很好地挑选了智慧、开明和谦逊的报告人，而且有意挑选了观点不同的顾问。在“冲突法革命”时期，《重述二》的水平已经达到了人们的预期；在公布后的多年后，它成功地将美国冲突法从《重述一》的束缚中解脱出来。《重述二》不再适合当前和将来的需求并不意味着《重述三》不会成功，美国法学会最近在诸多项目上的成功足以说明《重述三》的起草工作有望令人满意。①

第二种反对意见认为，当前美国判例法变幻不定、前后不一，无法“重述”。西蒙尼德斯反驳道，判例法的前后不一或变幻不定恰好支持起草《重述三》，《重述三》可以帮助法院走出混乱不堪的困境。此外，如果将目光从判决采用的方法或推理转向判决结果，则人们会得出耳目一新的结论。比如，若侵权人和受害人在同一个法域有住所，侵权行为发生在另一个法域，则在抛弃了传统规则的州最高法院中，84%的法院对损失分配的冲突法问题都适用共同住所地法。②

第三种反对意见认为，新“重述”将阻碍冲突法的正常发展。西蒙尼德斯认为，《重述二》并未禁锢冲突法的发展。这种反对观点可以有效针对《重述一》中无所不包的僵硬规则，但如今没有人支持采用此类规则。基于“冲突法革命”的教训，《重述三》将要采纳的是精细、内容导向、针对连结点并且带有例外条款的规则，此类规则会包容冲突法规

---

① See S. Symeonides, “A New Conflicts Restatement: Why Not?”, *Journal of Private International Law* 5, 2009, p. 414-415.

② Ibid., p. 417.

则的进一步发展，并伴随社会需要的变化而不断调整。①

第四种反对意见认为，各方对《重述三》的必要性或基本定位存在巨大分歧。对此意见，西蒙尼德斯教授无法细细批驳，于是他从一个视角举例说明问题并非如此严重。如果将讨论者的范围限定在参与路易斯安那州研讨会的学者，那么明确反对的只有 4 个人，其他至少 11 位（可能是 16 位）学者都"看来同意需要做些有关《重述三》的工作"。他还提出一个根本问题：美国法学会最近在开启其他"法律重述"或类似工作时存在这种一致性吗？此处他意指，各方观点一致本身并非开始"法律重述"的必要条件。他还坚信，一旦美国法学会启动《重述三》的工作，经过充分的讨论，各方对其内容有望达成一致。②

西蒙尼德斯教授的论证有破有立、翔实周密，颇具说服力。在其呼吁多年之后，美国法学会终于决定启动《重述三》编撰项目。虽然美国法学会并未明确西蒙尼德斯教授的主张与其决定之间的关联，但从编撰思路和具体规则上看，西蒙尼德斯教授的多种见解均得到采纳，其对《重述三》项目的贡献显而易见。

（二）《冲突法重述（第三版）》的理论基础与编撰思路

美国法学会之所以启动《重述三》编撰项目，主要基于《重述二》并未带来冲突法的一致性。虽然在形式上《重述二》成为最流行的一套方案，但由于其包含了多种方法，法院可以任择其爱，各州的法律实践差异显著。此外，《重述二》由于其多方面缺陷，在学界饱受批评。

《重述三》项目旨在实现三个主要目标。首先，它将提炼数十年来美国法院运用多种现代冲突法方法积累的实践智慧，并以对法院友好的可行方式加以呈现。其次，它将强化《重述二》薄弱环节的规定，甚至填补一些领域的空缺。过去多年，出现了许多《重述二》起草时不曾遇到的问题，如群体性侵权、环境损害保险和网上交易等。对于此类问题，《统一商法典》和美国法学会关于复杂诉讼的文本等已经有所涉及。《重述三》可借机结合最新实践对不同文本的规定加以整合。最后，它将更加突出国际化特色。如今，美国法院面临越来越多的国际冲突法

① See S. Symeonides, "A New Conflicts Restatement: Why Not?", *Journal of Private International Law* 5, 2009, p. 419.

② Ibid., p. 421-422.

问题,而《重述二》主要着眼于解决州际冲突法问题。另外,《重述三》也将密切关注和借鉴国外冲突法立法成果,如欧盟的《罗马条例Ⅰ》和《罗马条例Ⅱ》。[①]

《重述三》报告人的选任异于以往。前两版"法律重述"报告人的主要研究领域均在冲突法,而此版报告人跨领域研究的特色鲜明。报告人克米特·罗斯福三世(Kermit Roosevelt Ⅲ)(下文简称罗斯福)教授的学历背景亮丽,本科毕业于哈佛大学,法律博士学位获得于耶鲁大学法学院;曾从事法官助理和律师工作,2002年起一直在宾夕法尼亚大学法学院任教。罗斯福教授主要研究领域为宪法和冲突法,但其在法学之外也声名显赫,著有多部小说,其中的获奖作品《忠诚》和《法影之下》被《纽约时报》大力推荐,另外曾担任十余部纪录片的专家评论员。但是,就冲突法成就而言,相对于著作等身的彼得·海教授、西蒙尼德斯教授和博彻斯教授,罗斯福教授仅有数篇较有深度的冲突法论文。[②]两位副报告人分别为加利福尼亚大学欧文法学院的克里斯托弗·怀托克(Christopher A. Whytock)教授和天普大学法学院的劳拉·利特尔(Laura E. Little)教授。前者的研究领域涵盖冲突法、国际法、跨国诉讼、民事诉讼法以及跨学科和实证法学研究;[③]后者的研究领域包括冲突法、联邦法院制度和宪法等。[④]

报告人的冲突法理念在很大程度上决定了"法律重述"的理论基础和编撰思路,因此,厘清罗斯福教授的冲突法理念渊源对于深刻理解《重述三》的理论和架构至关重要。整体而言,罗斯福教授继受了柯里的法律适用意愿分析说。他在回顾了美国传统和现代的冲突法理论之后,认为传统的冲突法规则不仅理论上"荒唐"(silly),实践中也为美国最高法院所抛弃,但是现代的法律现实主义者普遍未给出令人满意的替代方案,不过柯里是其中的例外。他发现,柯里的真正智慧体现在,通过成文法解释方法,像对待国内案件那样去解决涉外案件中的冲突法问题;遗憾的是,《重述二》仅吸收了柯里的部分见解,而未采纳其高

---

① 参见美国法学会官方网站,http://thealiadviser.org/conflict-of-laws/,2021年9月1日访问。

② See https://www.law.upenn.edu/live/files/11411-cvkroosevepdf, visited on Sep. 10, 2021.

③ See https://www.law.uci.edu/faculty/full-time/whytock/, visited on Sep. 10, 2021.

④ See https://law.temple.edu/contact/laura-e-little/, visited on Sep. 10, 2021.

深的智识,未确立两步分析法;不过,尽管并未有众多州法院采用柯里的高明之见,但美国最高法院的确采纳了柯里的主张,甚至“比柯里本人更柯里”。① 他在全面梳理了柯里理论的力量和弱点之后,满怀自信地宣告:“若各州均遵循柯里的高见,则问题的解决将变得简单而轻松”;“我们可以说,柯里已将我们领到高山之巅。下山之路就取决于我们了。”②

值得注意的是,柯里本人对传统的冲突法规则极尽嘲讽之能事,推崇普通法个案分析方法,而漠视甚至反感建构规则,一直坚定反对《重述二》的规则编撰。“没有法律选择规则我们会更好些”是柯里惊世骇俗之论,因而他被一些学者称为法律虚无主义者。③ 但是,《重述三》是一套系统完整的规则体系。作为其报告人的罗斯福教授如此推崇柯里的理论,又如何调和柯里的规则怀疑主义与《重述三》编撰之间的矛盾呢? 下文将归纳和分析《重述三》的理论基础和编撰思路,尝试对此作出回答。

1.《冲突法重述(第三版)》的理论基础

(1)两步分析说

《重述三》的理论基础可称为“两步分析说”,意指法律选择就是两个步骤的分析过程。具体而言:(1)法律选择第一步是找到针对特定争点的相关法域的法律;(2)在相关法律均可适用时,或曰两个或两个以上的法律的适用范围出现重叠时,第二步就应确定哪一个法律被优先考虑,成为解决特定争点的准据法。④

第一步是找到相关法律,需要分析相关法律的适用范围,判断其适用于哪些人(对人效力)、哪些地域(空间效力)、哪些事项(对事效力)。对相关法律的适用范围分析之后,可能只有一个法域的法律能适用于特定争点,而另一个法域的法律不适用于该争点,这样就出现了虚假冲

---

① See Kermit Roosevelt Ⅲ, “Brainerd Currie's Contribution to Choice of Law: Looking Back, Looking Forward”, *Mercer Law Review* 65, 2014, p. 501, 504-505, 509, 514-516.

② Ibid., p. 520.

③ 参见许庆坤:《美国冲突法理论嬗变的法理:从法律形式主义到法律现实主义》,商务印书馆 2009 年版,第 135-136、151-154 页。

④ See Restatement (Third) of Conflict of Laws, Chapter 5 Choice of Law, Topic 1 “Introduction” (Am. Law Inst., Coucil Draft No. 2, Sept. 12, 2017) [hereinafter Draft Restatement 2017].

突，也就无须进入下一步的法律选择过程。分析法律的适用范围其实就是通常的法律解释过程。在解释中，法院地对当地法律的适用范围拥有最终决定权；同样，外法域对其法律的适用范围也拥有最终决定权或解释权，法院地应对该权力给予尊重。但是，外法域的法律选择规则和判决，通常无关该法域的法律的适用范围之界定。在确定美国联邦法的适用范围时，《重述三》不采用反域外适用推定原则；各州法院对其本州法也不应适用该原则，而对姊妹州的法律，仅在姊妹州采用该原则时才同样为之。①

第二步是在相冲突的法律之间作出选择。选择哪一法域的法律？《重述三》给出的答案是：最适当的法律（the most appropriate law）。"最适当"与否的考虑因素包括：相关实体法的政策、具体领域的一般政策、争议解决的可预见性与有效性、当事人的权利保护和正当期望。② 选择法律首先应遵从法院所在地的成文法，如俄勒冈州和路易斯安那州均已出台的冲突法立法、《统一商法典》中的冲突法规则，但适用成文法的前提是该法并未违宪。有些成文法虽然没有法律选择规则，但有对自身适用范围的规定。此类规定，应被视作实体法的一部分，无论是法院地的还是外法域的，法院均应予以尊重。③ 若无成文法，则采用《重述三》的具体法律选择规则。具体的适用过程分为三步：（1）区分实体问题和程序问题，程序问题适用法院地法，实体问题适用相应的法律选择规则；（2）对争议事项进行识别，进而找到相关的法律选择规则；（3）根据相关规则找到准据法后，法院应斟酌，该案是否属于特殊情形，另一法域的法律是否更为适当。④ 简言之，《重述三》对于法律选择给出的方案为"规则加例外"的模式。⑤ 需要指出的是，与《重述二》一样，《重述三》要求法律选择针对特定的争点（issue），即采用法律选择上的分割法（dépeçage）；不过，如果相关法律之间的关系特别密切，以致适用不同法律会导致判决结果不符合所有法域的政策，则法院应排除分

① See Draft Restatement 2017 § 5.01 cmt. b, c.

② See Draft Restatement 2017 § 5.01.

③ See Draft Restatement 2017 § 5.02 cmt. a, b.

④ See Draft Restatement 2017 § 5.02 cmt. c.

⑤ See L. Brilmayer & D. Listwa, "Continuity and Change in the Draft Restatement (Third) of Conflict Laws: One Step Forward and Two Steps Back", *The Yale Law Journal* 128, 2018 – 2019, p. 266, 267.

割法的使用。[①]

(2)"两步分析说"与柯里"法律适用意愿分析说"之间的关系

"两步分析说"是报告人罗斯福教授多年前提出的解决法律选择问题的思路。在2010年《冲突法》一书中,他主张将法律选择分为两步,第一步确定法律适用范围(scope),第二步确定哪一法律应被优先考虑(priority)。[②] 在2017年提交给美国法学会的《〈冲突法重述(第三版)〉理事会草案第二版的备忘录》中,他与两位副报告人更明确地指出,该主张可追溯至拉里·克雷默(Larry Kramer)教授的研究成果。早在1990年,克雷默教授就提出:若当事人没有达成选择法律的协议,则法院可通过两步法律解释方法确定准据法;第一步确定相关法律的适用范围,第二步解决法律冲突。他还明确将这一思路归功于柯里。[③]《〈重述三〉理事会草案第二版》正文中也明确指出,两步分析的模式出现于柯里的"法律适用意愿分析说"中。[④]

一方面,"两步分析说"与"法律适用意愿分析说"的确有多方面相同之处。首先,前者中的第一步,分析相关法律的适用范围,其实就是后者对相关法域的法律适用意愿的分析。之所以将"法律适用意愿"改为"法律的适用范围",是为了使表述更加通俗易懂;大部分律师和法官不清楚"州的意愿"(a state interest),但他们清楚法律的"适用范围"。[⑤]其次,前者中的第二步,进行法律选择,也是后者中的重要步骤,只不过两者的选择方法不同。最后,两者的理论前提一致。柯里的一个重要冲突法观点是主张美国冲突法分析应重回普通法传统,认为分析各州法律背后的政策及各州促进其政策实现的意愿,其实就是常见的"诠释和解释内州法"的过程。[⑥] 罗斯福教授对此大为赞赏,将其视作柯里的"基本见解"(basic insight),并进一步明确为:相对于国内案件,涉外案

---

① See Draft Restatement 2017 § 5. 02 cmt. e.

② See K. Roosevelt Ⅲ, *Conflict of Laws*, New York: Foundation Press, 2010, p. 1-2.

③ See Draft Restatement 2017, Reporters' Memorandum, p. XX.

④ See Draft Restatement 2017, Chapter 5 Choice of Law, Topic 1 "Introduction", Reporters' Notes.

⑤ See K. Roosevelt Ⅲ. & B. Jones, "What a Third Restatement of Conflict of Laws Can Do", *American Journal of International Law Unbound* 110, 2016-2017, p. 139, 142.

⑥ See B. Currie, *Selected Essays on the Conflict of Laws*, Durham, Duke University Press, 1963, p. 443.

件中的法律选择并无独特之处，无须特别解决方案。①

另一方面，“两步分析说”与“法律适用意愿分析说”之间的区别也显而易见。首先，在判断一项争议是否属于一个法域的法律的调整范围之内时，柯里采用了严格的属人主义，即各州首先考虑保护本地居民。② “两步分析说”抛弃了这种狭隘的属人主义思路，将法律适用范围的决定权交给了相关法域，主张各国均有权在国际法之下自主决定本国法律的适用范围，而美国各州均应在美国宪法之下，尤其是根据充分信任与诚信条款，自主决定本州的法律适用范围。③ 其次，对于无法律适用意愿的案件（unprovided-for case），柯里主张适用法院地法。④ 罗斯福教授却认为，对于这类案件，既然没有任何法域主张适用自己的法律，表明原告的诉讼请求无法获得任何法律的支持，对此法院应驳回起诉。⑤ 最后，这也是两者最显著的差异之一——对于真实冲突案件两者的解决方案迥异。柯里认为法院面对真实冲突，其实无权决定哪一法域的法律适用意愿作出让步，应将此类棘手的问题交给“更高级别的国家机关”来解决，而退而求其次的方案是适用法院地法。⑥ 与柯里的狭隘思路相比，罗斯福教授将目光投向了司法实践和立法，即总结美国法院运用《重述二》和其他现代法律选择方法积累的实践经验，结合国内外的立法，提炼出简单易行的法律选择规则来解决真实冲突。⑦

简言之，“两步分析说”汲取了“法律适用意愿分析说”的理论精华和分析框架，而抛弃了其严格的属人主义思维和狭隘的法院地法倾向，可谓升级版的“法律适用意愿分析说”。

“两步分析说”正因为走出了“法律适用意愿分析说”的狭隘视野，具备了宏阔的格局，因此具有了更强的包容性和解释力。“两步分析”

---

① See K. Roosevelt Ⅲ, *Conflict of Laws*, 2nd ed., St. Paul, Foundation Press, 2015, p. 75.

② See B. Currie, *Selected Essays on the Conflict of Laws*, Durham, Duke University Press, 1963, p. 85, 705.

③ See Draft Restatement 2017 § 5.01 Reporters' Notes, Comment c. Scope of laws.

④ See B. Currie, "The Disinterested Third State", *Law and Contemporary Problems* 28, 1963, p. 754, 780.

⑤ See K. Roosevelt Ⅲ, *Conflict of Laws*, 2nd ed., St. Paul, Foundation Press, 2015, p. 61.

⑥ See B. Currie, *Selected Essays on the Conflict of Laws*, Durham, Duke University Press, 1963, p. 119, 182.

⑦ See Draft Restatement 2017 § 5.02 cmt. c, Reporters' Notes.

不仅是各种现代冲突法理论(如“比较损害分析说”和“重心说”)的共有分析思路,而且暗合了《重述二》的法律选择过程。《重述二》虽然没有明确采用两步分析模式,但其要求法院考虑本地和相关法域的政策,适用一个法域的法律是否会促进其立法目的的实现;其采用的“最重要联系”原则通常会指向具有更强烈法律适用意愿的法域的法律。[①] “两步分析说”甚至可以用来解释《重述一》的法律选择方法。《重述一》只承认法律的属地性,每个法域的法律仅调整境内的行为,交易或事件适用相关行为最后发生地的法律。这意味着,法院在面对涉外案件的法律适用问题时唯一的任务就是确定特定交易或事件的最后发生地;一旦确定,该法域就是唯一相关之地,该地的法律就应适用。换言之,法律之间不会发生冲突,也就不存在真正的法律选择问题,“两步分析”缩减为了“一步分析”。[②]

2.《冲突法重述(第三版)》的编撰思路

《重述三》旨在对《重述二》升级改造。《重述二》完成于轰轰烈烈的“冲突法革命”时期,多种冲突法思潮激烈交锋,新规则不断涌现和更替。在此时代背景下,《重述二》采取了折中主义立场,提供了一套灵活性有余而确定性不足的规则体系。《重述二》第6条“法律选择原则”足以包容多种冲突法思想;除了在个别事项上规则明确而严格,绝大部分规则为开放性规则,最重要联系原则发挥着关键的矫正作用。[③] 因此,尽管《重述二》成为美国最为流行的一套法律选择规则,但伴随时代变迁,其缺陷日益凸显。罗斯福教授将其缺陷总结为三个主要方面:(1)其规定过于模糊和难以确定,其提供的规则只是一种推定,仍需法官基于案情和《重述二》第6条罗列的多种冲突法政策灵活确定合适的准据法;(2)个案权衡增加了法官的负担,降低了法律适用的可预见性和一致性,而且容易导致法律适用舛误;(3)缺乏理论根基,所谓“最重要联系原则”并未明确为何以及如何确定一个法域与特定争点存在最

---

① See Draft Restatement 2017, Chapter 5 Choice of Law, Topic 1 “Introduction”.

② Ibid.

③ 参见许庆坤:《美国冲突法理论嬗变的法理:从法律形式主义到法律现实主义》,商务印书馆2009年版,第250-251、285-286页。

重要的联系。[1] 对于立场折中和过分灵活可能带来的弊端,《重述二》报告人里斯其实当年就有所预见,但苦于形势所迫而无力克服,因此他自己坦陈《重述二》"只是一个过渡文本",期待实践经验足够丰富后新版"冲突法重述"能总结出更加细化且符合特定领域政策要求的新规则。[2] 经过50年左右的司法实践,《重述三》报告人认为,美国已经积累了足够多的运用《重述二》和其他现代法律选择方法的样本,在大多数领域已经出现里斯所预料的判决趋同化,将此类判决提炼为规则的时机已经成熟,而准确归纳这类规则就是《重述三》的主要目标。[3] 罗斯福教授也曾更直白地宣称:《重述三》项目旨在完成里斯教授未竟的事业,实现其理想。[4]

既然《重述三》是对《重述二》的升级改造,那么前者既有对后者的承继,也有对后者的创新。二者承继关系突出体现在篇章结构上。《重述三》基本保留了《重述二》的架构,整体上分为管辖权、法律适用和判决的承认与执行三个方面,具体划分为十五章。这十五章的标题依次为:"一般规定""住所""司法管辖""判决的承认与执行""法律选择""侵权""财产""合同""复杂诉讼""信托""遗产管理""家庭""代理与合伙""商业公司""合众国中州与联邦关系的问题"。相对于《重述二》的十四章,《重述三》删除了"对司法管辖权行使的限制",将"程序"这一章扩展成了新版的第五章"法律选择",增加了"复杂诉讼"和"合众国中州与联邦关系的问题"两章,原来的"非法行为"和"身份"分别修改成了"侵权"和"家庭",同时将"财产"和"遗产管理"的顺序适当提前。[5]

《重述三》作为新版,当然重心不在对《重述二》的承继,而在对其

---

① See K. Roosevelt Ⅲ. & B. Jones, "What a Third Restatement of Conflict of Laws Can Do", *American Journal of International Law Unbound* 110, 2016-2017, p. 139, 141.

② See W. Reese, "American Trends in Private International Law: Academic and Judicial Manipulation of Choice of Law Rules in Tort Cases", *Vanderbilt Law Review* 33, 1980, p. 717, 734.

③ See K. Roosevelt Ⅲ & E. Little, C. Whytock & P. Toboulidis, Conflict of Laws: Introduction to Draft, https://thealiadviser.org/conflict-of-laws/conflict-of-laws-introduction-to-draft/, visited on Sep. 14, 2021.

④ See K. Roosevelt Ⅱ. & B. Jones, "The Draft Restatement (Third) of Conflict Laws: A Response to Brilmayer & Listwa", *The Yale Law Journal* 128, 2018-2019, p. 293, 295, 298.

⑤ See http://thealiadviser.org/conflict-of-laws/, visited on Sep. 14, 2021.

推陈出新上。这方面主要体现在对冲突法确定性和灵活性的处理上,《重述三》更加注重规则的确定性。罗斯福教授认为,若"规则"意味着确定性、可预见性和便于适用,而"方法"意味着灵活性、法官自由裁量权、缺乏可预见性和缺乏确定性,则《重述二》应归属于"方法"的阵营;《重述二》因其规则缺乏确定性而备受批评,因此《重述三》的重要变化是以确定性的"规则"为主导,而非以"方法"为主导。① 在表现形式上,《重述二》绝大部分规则辅以最重要联系原则的例外规定,甚至对一些法律关系和争点规定直接适用最重要联系原则。这一点尤其体现在一般侵权法律适用的规定上。适用最重要联系原则,意味着法官要斟酌个案所涉及的相关政策和当事人利益,强调个案公平和法律适用的灵活性,而非法律适用的确定性。比较而言,《重述三》普遍采用确定性的规则,在具体规则后面不再辅以例外规定。虽然在一般规定中有总的例外条款,但该条款的适用条件严格,仅在个案中出现了起草人没有考虑到的因素或连结点时,法官方能自行探求更适当的法律。②

《重述三》第二个编撰思路是努力使规则更加通俗易懂。冲突法领域向来充斥着艰深的理论和晦涩的术语,令人望而生畏。此次编撰,报告人希望推出一个"对用户更加友好的"(more user-friendly)版本;将法律选择的理论框架总结为"两步分析说",消除涉外案件法律适用分析与纯国内案件法律适用分析的鸿沟,就充分体现了这一点。另外,《重述三》将运用更加平实的法律概念使规则更加容易理解和适用,如将"法律适用意愿"替换为"法律适用范围",那么没有受过冲突法训练的外行也可快速掌握和运用。③ 报告人称为"法律选择问题的国内法化"(domestication of choice of law),并自豪地宣告:"让法律选择显得通俗易懂,可能成为《重述三》未来取得的最大成就。"④

《重述三》第三个编撰思路是更加注重冲突法的国际化。美国法学会敏锐地观察到,在当前涉外民事交往中,冲突法中的法律选择和判决

---

① See K. Roosevelt Ⅱ. & B. Jones, "The Draft Restatement (Third) of Conflict Laws: A Response to Brilmayer & Listwa", *The Yale Law Journal* 128, 2018-2019, p. 293, 299-300.

② See Draft Restatement 2017 § 5.03 cmt. b.

③ See https://thealiadviser.org/conflict-of-laws/conflict-of-laws-introduction-to-draft/, visited on Sep. 17, 2021.

④ See K. Roosevelt Ⅲ. & B. Jones, "What a Third Restatement of Conflict of Laws Can Do", *American Journal of International Law Unbound* 110, 2016-2017, p. 139, 143.

承认与执行等问题更多地涉及外国，而非美国的另一个州。因此，《重述三》应比《重述二》更多地关注国际因素，并从国外立法和司法实践中汲取智慧。① 这一点已体现在《重述三》草案的部分内容中。比如，《重述三》第1.04条“州际冲突法和国际冲突法”，首句规定“本《重述》中的某些规则明确限定适用于解决州际法律冲突或国际法律冲突”，而《重述二》第10条开篇伊始强调州际冲突法也适用于国际法律冲突案件，显然前者更加注重两种规则的区分，突出了国际冲突法的特殊性；《重述三》第1.04条“评论”部分，增加了关注外国立法和法院判决的规定，增列一项阐明《重述三》与《美国对外关系法（第四版）》的关系，并对区际冲突法与国际冲突法的差异作了更加详细而合理的归纳。②

《重述三》重视冲突法的国际化主要源自诸多学者的多年强烈呼吁。前文提及，赖曼教授早在2000年就撰文大声疾呼从国际视野编撰《重述三》。③ 迈克尔斯（R. Michaels）教授于2016年10月以《〈冲突法重述〉与世界》一文响应赖曼教授的呼吁，详论了需要重视《重述三》编撰的五点理由。（1）“冲突法重述”的本质要求如此。“法律重述”有三个功能：描述现行判例法，提供可资采纳的最佳规则，规定应适用的规则。对于后两项功能，比较法视角必不可少。第一个功能在冲突法领域体现不明显，一个重要原因是法院的实践倾向于适用本地法，而这恰恰是“冲突法重述”所应反对的倾向，正如《重述二》所做的那样。（2）“冲突法重述”在形式上为“准立法”，可从国外冲突法立法中汲取丰富的经验。（3）冲突法历来是在国际交流中得到不断丰富和发展。（4）美国冲突法与外国冲突法在实践中相互影响。（5）州际交往与国际交往存在重大区别。④ 为使自己的主张得到美国法学会的重视，他于2016年11月举办了一次有关新版“冲突法重述”国际化的专题研讨会，邀请了数位学者参与讨论，《重述三》的三位报告人悉数在场

---

① See https://thealiadviser.org/conflict-of-laws/conflict-of-laws-introduction-to-draft/, visited on Sep. 17, 2021.

② See Draft Restatement 2017 § 1.04 cmt. a, d, e.

③ 参见本章第四部分之（一）中的序号“2”之下的第（3）部分。

④ See R. Michaels, “The Conflicts Restatement and the World”, *American Journal of International Law Unbound* 110, 2016-2017, p. 155, 156-157.

旁听。[1]

(三)《冲突法重述(第三版)》初稿管窥

从2014年项目启动至今已7年,《重述三》起草进展缓慢。美国法学会官方网站显示,全部的十五章中,仅有第一章"一般规定"、第二章"住所"、第五章"法律选择"这三章获得成员大会的通过,唯有第六章"侵权"进展到理事会批准阶段,另有第七章"财产"和第八章"合同"仅完成了草案初稿的起草工作。[2] 从过去两版的起草历程来看,《重述一》从起草至获得成员大会通过历时11年,《重述二》历时17年,据此推算,《重述三》亦尚需多年方能最终完成。

侵权领域曾居于"冲突法革命"的"风暴眼"。学者们对此讨论激烈,相关判例众多。西蒙尼德斯教授等学者的相关研究成果丰硕,并起草了学者建议稿。因此,这一部分在法律适用的各具体领域中最先进展到理事会批准阶段。同时,对于实践中常见的合同争议的法律适用,《重述三》也完成了部分内容的起草工作。下文将以这两个领域的法律适用规则为例,展示新规则的特点。

1. 侵权冲突法

相对于《重述二》的规定,《重述三》的侵权冲突法部分,无论是编撰理念和架构,还是规则形式和内容,均有了显著变化。

(1)编撰理念和架构

在编撰理念上,《重述三》区分不同的侵权和争点,并分别拟定不同的冲突法规则,更加强调规则的确定性。这一点与《重述二》的侵权冲突法部分有了根本的不同。《重述二》中的侵权冲突法抛弃了《重述一》的"最后事件发生地规则"(last event rule),改而考虑侵权行为发生地、损害结果发生地、当事人住所和当事人关系的重心地四种连结点,同时以第6条的冲突法原则为指导,指引法院适用与事件和当事人具有最重要联系地的法律。《重述二》一般规则直接采用最重要联系原则,而特别规则也通常附以该原则,或首先适用该原则,显然都具有相当强的灵活性。其灵活性在确保个案公平的同时,也导致了法官适用

---

① See R. Michaels & C. Whytock, " Internationalizing the New Conflict of Laws Restatement" , *Duke Journal of Comparative and International Law* 27, 2017, p. 349, 350-351.

② See https://www.ali.org/projects/show/conflict-laws/#_status, visited on Sep. 17, 2021.

规则的困难,影响了规则指引功能的发挥。如今,美国司法实践、学界观点以及一些立法已渐趋一致。通过总结实践经验和学界智慧,《重述三》区分行为规制和损失分配的不同争点,分别拟定不同的规则。行为规制(conduct regulation),若侵权实施地与结果发生地均属同一法域,则该地对这一争点最为关注,因此应适用该地的法律。同理,损失分配(loss allocation)应适用当事人共同住所地法。[①]

《重述三》在章节架构上的变化也令人耳目一新。《重述二》的标题为"不法行为",包含的三节分别为"侵权""非法致死之诉"和"工人赔偿",这种三分法被《重述三》彻底打破。《重述三》的标题改为了"侵权",包含两节,分别为侵权冲突法"一般规则"和"具体侵权和争点"。《重述二》中后两节的"非法致死之诉"和"工人赔偿"成为《重述三》中第二节的最后两个条文。《重述二》第一节"侵权"部分,"一般原则"被《重述三》修改为第一节"一般规则",条文数量由 1 条扩展为 10 条;[②]"具体侵权行为"中的"人身伤害""有形财产损害"和"导致损失的虚假陈述"在《重述三》中被删除,但《重述三》新增了"产品责任""环境侵权""不正当竞争"等新型侵权行为;"重要争点"中的 19 项,除了第 171 条的"赔偿金"(damages)被修改为"惩罚性赔偿金"(punitive damages)并被置于《重述三》"一般规则"中以外,其余部分均在《重述三》中不再独立成文。

(2)规则形式和内容

在规则形式上,《重述二》中四处充斥最重要联系原则的灵活的侵权冲突法规则在《重述三》中已踪影难觅,而具有明确连结点的侵权冲突法规则成为主流。两版对于具体侵权的不同规定可充分体现这一点。例如,对于侵害隐私权,《重述二》第 152 条规定:"在侵害隐私权之诉中,侵害地的实体法决定当事人的权利和义务,除非对于特定争点,依第 6 条所述原则,另一法域与事件和当事人具有更重要的联系,此时

---

① See Restatement(Third) of Conflict of Laws, Chapter 6 Torts, "Introductory Note" (Am. Law Inst. ,Coucil Draft No. 4, Sep, 2020) [hereinafter Draft Restatement 2020].

② 这十条的标题依次分别为:"行为规制和损失分配""行为规制的争点""损失分配规则""行为规制:行为实施与结果发生在同一法域""惩罚性赔偿金""损失分配:共同的住所""损失分配:住所地不同,行为实施与结果发生在同一法域""跨境的侵权""兜底规则""当事人的法律选择"。See Draft Restatement 2020.

适用另一法域的实体法,但符合第153条规定情形的除外。"①该条的规定"例外条款"之中又包含法条互见的"例外情形",还要考虑第6条规定的法律适用原则,结构复杂,适用之难显而易见,在追求个案公平的同时牺牲了法律适用的确定性和可预见性。比较而言,《重述三》对此的规定简单明了:"侵害隐私权的责任适用侵害发生地法。"②再如,对于在多地侵害原告的隐私权,《重述二》第153条规定:"侵害原告的隐私权,体现于任何一本书、一份报纸,或任何一次广播、电视播放、电影放映,或类似的公共传播,由此产生的权利和责任,依第6条所述原则,适用对具体争点与事件和当事人具有最重要联系的法域的实体法。最重要联系地通常为侵害当时的原告住所地,条件是被诉的侵权之事传播于该地。"③相对于第152条,该条赋予了法官更大的自由裁量权。《重述三》对此的规定却更加简明扼要:"侵害原告的隐私权,体现于单次出版、广播或其他公共传播,由此产生的责任适用原告所属地的法律,条件是隐私传播于该地。若非传播于该地,则法律适用依第一节的一般规则。"④

《重述三》在规则内容上的显著变化主要体现于第一节"一般规则"和第二节中新增的具体侵权行为法律适用规则。第一节"一般规则",除了区分行为规制和损失分配的不同争点并分别规定了不同的法律适用规则,还采用了兜底规则和意思自治原则。第二节具体侵权和争点新增了"产品责任""环境侵权""不正当竞争"的法律适用规则,并界定了网上行为的所在地。

将各种争点区分为行为规则和损失分配两大类,前者主要适用行为地法,后者主要适用共同住所地法,这可谓第一节"一般规则"的最大特色。西蒙尼德斯教授曾断言:区分损失分配和行为规制并分别采用不同法律适用规则,"可谓美国冲突法思想的重大突破之一,而且可能成为其对世界冲突法思想的重大贡献之一。"⑤这种侵权法律适用方法

---

① Restatement, Second, Conflict of Laws, § 152(1971).

② Draft Restatement 2017 § 6.14.

③ Restatement, Second, Conflict of Laws, § 153(1971).

④ Draft Restatement 2017 § 6.15.

⑤ See S. Symeonides, "The Third Conflicts Restatement's First Draft on Tort Conflicts", *Tulane Law Review* 92, 2017, p. 1, 7.

在"冲突法革命"进程中逐步为美国法院所采用,现已普及于接受《重述二》或其他现代冲突法方法的法院,并进入路易斯安那州和俄勒冈州的立法以及欧盟的《罗马条例Ⅱ》等美国内外的立法中。[①] 因此,《重述三》采用这种方法可谓采撷国内外立法和实践精华的明智之举。

但此种法律适用方法的理论争议焦点和实践难题在于两种争点的具体区分。有学者甚至尖锐地指出:所有的侵权实体法规则不仅旨在分配损失,也意在规制行为。对此,《重述三》反驳道,在冲突法上区分二者,并非追求两类规则的准确界分,而是探寻属地连结点和属人连结点在不同纠纷中的各自作用;虽然将具体的侵权法规则准确划入哪一类别尚存在争议,但对于大部分问题,法院和学者还是基本可以达成一致。[②] 为了避免纷争,并提高法律适用规则的确定性和可预见性,《重述三》用两个条文明确了行为规制的争点和损失分配的争点。详言之,前者包括行为或安全标准、行为是否构成侵权或权益是否受到法律保护、严格责任、惩罚性赔偿金、原告是否负有义务、责任的范围、否认行为非法性的抗辩、承担责任的条件以及采取行为的义务或特权;后者包括慈善免责、家庭成员间的责任豁免、替代责任、赔偿金限额、连带责任、侵权人之间的分摊和赔偿、比例过失和原告促成过失、诉讼的延续、乘客法以及对工人赔偿的豁免。[③]

《重述三》不止于简单地区分争点,而且区分了不同案情,详尽规定了不同情形下的法律适用。行为规制的争点,若侵权行为实施地与损害结果发生地位于同一法域,则适用该侵权行为地法。[④] 损失分配的争点,若当事人住所位于同一法域,则适用当事人共同住所地法;若当事人住所位于不同法域,但侵权行为实施地和损害结果发生地位于同一法域,则适用侵权行为地法。[⑤] 在其他情况下,侵权行为实施地和损害结果发生地不在同一法域的跨境侵权(cross-border torts),无论是行为规制的争点还是损失分配的争点,均适用侵权行为实施地法;但是,若被告可预见到损害结果发生于另一法域,而且受害人选择适用损害结

---

① See Draft Restatement 2020, § 6. 01, Reporters' Notes.

② Ibid.

③ See Draft Restatement 2020, § § 6. 02, 6. 03.

④ See Draft Restatement 2020, § 6. 04.

⑤ See Draft Restatement 2020, § § 6. 06, 6. 07.

果发生地,则适用损害结果发生地法;不过,无论受害人如何选择法律,被告是否负有作出某种行为的义务始终适用行为实施地法。①

对于明确的规则无法涵盖的争点,《重述三》提供了兜底规则。其内容简略,赋予了法官广泛的自由裁量权。详言之,侵权争点适用对于该争点具有更强法律适用意愿的法域的法律,而判断该意愿,法院应考虑法院地和相关法域的政策、法律适用意愿的强弱对比、当事人的正当期望。②

在侵权冲突法领域引入意思自治原则是《重述三》的又一个亮点。《重述二》对侵权的法律适用没有规定当事人享有选择法律的权利,但在司法实践中,无论是侵权发生之后的当事人选法,还是侵权发生之前的当事人选法,均有法院予以认可。参考俄勒冈州的立法和欧盟《罗马条例Ⅱ》的相关规定,《重述三》均允许当事人在侵权发生之前或之后选择法律。③

对于具体侵权行为,《重述三》增加了"环境侵权""不正当竞争"和"产品责任"的法律适用规则。破坏环境的行为发生在一地,而损害结果发生在另一地,由此产生的侵权责任适用损害结果发生地法,但原告有权选择适用环境侵权行为实施地法。这一规定赋予受害人单方法律选择权,体现了对受害人的特别保护。不正当竞争的侵权责任适用受影响的市场所在地的法律,但若不正当竞争行为针对的是单个竞争者,则依据第一节"一般规则"确定准据法。相比之下,产品责任法律适用规则更为复杂和精妙。产品导致损害的责任依次适用:向首位最终用户(first end user)交付产品所在地法,条件是该地同时也是原告主要所属地(central link)、损害发生地、产品生产地或被告的主要所属地,并且产品可在当地通过正常商业渠道购买;原告主要所属地法,条件是该地同时也是损害发生地、产品生产地、被告主要所属地,并且产品可在当地通过正常商业渠道购买;产品生产地法,条件是该地同时也是损害发生地、被告主要所属地,并且产品可在当地通过正常商业渠道购买;若以上条件均不符合,则适用侵权一般规则;赔偿问题适用有关赔偿的规

① See Draft Restatement 2020, § 6.08.

② See Draft Restatement 2020, § 6.09.

③ See Draft Restatement 2020, § 6.10.

则或侵权一般规则。[①]

2. 合同冲突法

在合同冲突法领域,《重述三》基本继受了《重述二》中有关意思自治原则的规定,同时又对当事人没有有效选法时的法律选择规则进行了大刀阔斧的革新,采用了梯度式法律选择流程。

在价值取向上,《重述三》将法律适用的可预见性置于核心地位。《重述二》中的意思自治原则显然符合这一价值追求,长期广为美国法院所采用且在实践中运作良好,因此得以保留。但《重述二》中的最重要联系原则,无论是作为当事人没有选择法律时的补充规定,还是在具体合同和争点的法律适用中作为例外规定,均在实践中效果不佳。法院适用该原则较为主观和随意,类似案件的判决结果悬殊,当事人难以预见法律适用的结果。[②] 为此,对于当事人没有选择法律时如何增强法律适用的可预见性便成为《重述三》的努力目标。

《重述三》采用的梯度式法律选择流程如下:如果当事人没有作出有效的法律选择,那么法院应首先考虑适用针对八种具体合同的法律适用规则;如果案件所涉合同不属于八种合同中的任一类型,那么法院应考虑主要合同行为地的法律;若仍无法确定合同准据法,则法院应斟酌相关连结点和政策以确定一个最适当的法律。

八种合同中的六种均源自《重述二》,但《重述三》的规定有显著不同。这六种合同包括财产权益合同、人寿保险合同、保证合同、服务合同以及火灾、保证或意外事故保险合同。《重述二》中的"土地权益转让合同""有关土地权益转让契据的合同义务""动产权益转让合同"三条规定在《重述三》中被合并到一条"财产权益合同";旧条文中"当事人未作出有效的法律选择时"以及采用最重要联系原则的例外条款统统被删除,新条文简单明了地规定不动产权益的买卖或租赁适用不动产所在地法,而动产权益的买卖或租赁适用动产交付地法。[③]《重述三》对其他五类合同法律适用的规定与之类似。例如,服务合同,适用主要

① See Draft Restatement 2017 § 6. 10.

② See Restatement(Third) of Conflict of Laws(Am. Law Inst. , Preliminary Draft No. 4, Oct. 10,2018) [hereinafter Draft Restatement 2018], Chapter 8 Contracts, "Introductory Note".

③ See Draft Restatement 2018 § 8. 09. *Cf.* Restatement, Second, Conflict of Laws, § § 189-191(1971).

服务提供地的法律。①

《重述三》新增了特许经营合同(franchise contracts)和许可合同(license contracts)的法律适用规则。两者的规定相类似。前者规定适用特许人主营业地法,条件是该营业地与双方的特许交易存在密切的联系;后者规定适用许可人主营业地法,条件是该营业地与双方的许可交易存在密切的联系。②

对于不在这八类之列的合同,《重述三》采用了连结点分组理论。申言之,若主要的合同谈判地和主要的合同履行地位于同一法域,则适用该法域的法律;若不存在上述情况,但合同签订地和主要的合同履行地位于同一法域,则适用该法域的法律。③

若以上规定均不适用,则兜底条款为合同适用最适当的法律(most appropriate law)。确定最适当的法律,应考虑的连结点包括合同的主要履行地、主要谈判地、当事人主要所属地、主要标的物所在地、合同签订地以及选择法院条款指向的法院所在地。这些连结点的相关性应结合如下政策予以权衡:促进合同自由和交易安排、维护当事人正当期望、维护相关法域规制合同的意愿、保护弱势当事人、尊重选择法院条款中隐含的当事人选法意愿。④ 这一条与俄勒冈州《涉外合同法律适用法》第 9 条的结构和内容均有类似之处,但相关连结点和政策的表述有所不同。

五、小结

《重述一》将冲突法的确定性发挥到极致,丰富多彩的民事关系被简化为行为这一类,进而适用相应权利取得地的法律;《重述二》诞生于喧嚣的"冲突法革命"时期,当时各种法律选择方法大行其道,法院纷纷冲破僵硬冲突法规则的束缚,因此《重述二》也以规则灵活的风格呈现于世人面前;《重述三》尚在起草之中,但从其多个版本的草案看,其对《重述二》规则不确定性的批判可谓严厉,其本身对规则确定性的追求显而易见。从《重述一》到《重述三》,三版"法律重述"的变迁,恰好走

① See Draft Restatement 2018 § 8. 06.

② See Draft Restatement 2018 § § 8. 10, 8. 11.

③ See Draft Restatement 2018 § 8. 14.

④ See Draft Restatement 2018 § 8. 15.

完了冲突法规则风格从突出确定性，到张扬灵活性，再到强调确定性，这样一个完整的否定之否定发展历程。

尽管《重述一》因规则过分僵硬饱受批评，但其报告人比尔教授其实早在20世纪30年代就深刻认识到了法律确定性与灵活性的变化：

> 总之，整部法律史就是使法律更加确定和使法律更加灵活交替变换的历史。借用庞德院长更加出色地阐明的理论体系，在严格法（strict law）时期，法律的目的之一就是确保精确性和确定性；接着进入衡平和自然法时期，这一时期的法律旨在将公平和道义的成分融入法律，因而用灵活性调和严格法的精确度，以使法律更加公正地发挥作用。随后就是法律的成熟期，在这一时期，为使法律更加确定，衡平救济的边界法律化，该救济也被限定在标准和原则构成的规矩之下，衡平和自然法时期的灵活性在一定程度上受到约束。需要注意的是，尽管相对于自然法时期，成熟期的法律恢复了确定性，但它并未重回更早时期的精确度，而是保持了比严格法更加灵活的成分。随后，又是一个再次强调更加自由地实施法律的时期；在这个我们生活其中的时期，人们难以容忍过分僵硬地适用法律规则和原则，渴望个案公平。这个时期，法律没有呈现之前衡平和自然法时期的极端灵活性，因为每一时期都对随后的法律留下了时代痕迹。①

恰如比尔教授所言，“每一时期都对随后的法律留下了时代痕迹”。《重述三》虽然旨在恢复法律的确定性，但并未重拾《重述一》规则的僵硬性，而是一定程度上带有《重述二》规则的灵活性。在《重述三》中，法律选择规则针对不同的争点，如在侵权冲突法部分区分了行为规制和损失分配的不同争点；法律选择规则带有例外条款，如第五章第5.03条就是法律选择规则的一般例外条款，但凡特殊案情使得另一法域法律的适用，而非法律选择规则指向的法律的适用，明显更加适当，则法

---

① J. Beale, *A Treatise on the Conflict of Laws*, New York: Baker, Voorhis & Co., 1935, Vol. 1, § 4.13, p. 50 (Citation omitted).

院应适用另一法域的法律；法律选择规则主要源自司法实践，因此更加具体而微，而非像《重述一》中许多规则不过是既得权理论的演绎结果，规则宽泛粗疏；所有的规则均被视为运用"两步分析法"来找到最适当的法律，[①]而"两步分析法"基于注重个案公平的"法律适用意愿分析说"。

但是，"两步分析法"是否真正能够统领所有规则，值得进一步探究。"两步分析法"所基于的柯里"法律适用意愿分析说"强调个案中的相关法域政策和法律适用意愿的分析，注重个案的公平，本质上与规则的普遍适用存在内在张力，而且该学说的创立者柯里教授长期反对规则的编撰。对此，布里迈耶（Brilmayer）教授等尖锐地指出：通过考察美国全境的判例法，提炼出冲突法规则，这与基于"两步分析法"确定个案中相关法律的适用范围，绝非一回事。[②]《重述三》报告人注意到布里迈耶教授等人的批评，并对此撰文回应："两步分析法"旨在释明法律选择过程，揭示不同法律选择方法的共性，从而使冲突法更容易为普通人理解；该方法本身并不指导制定特定的规则，法律选择规则来自适用该方法的司法判决。[③]

目前，《重述三》尚在起草之中，绝大部分章节还未得到美国法学会理事会和会员大会的批准，部分已面世的章节也在不断推陈出新。因此，其报告人能否妥善解决"两步分析法"与法律选择规则的内在紧张关系，其最终定稿内容如何，值得我们拭目以待。

此外，美国法学会的新动向值得关注。相对于"第一版'法律重述'"的时代，美国法学会现在采用多种推动美国法发展的形式："重述""示范法"（model legislation）和"法律原则"（a set of principles）。美国法学会区分"规则"与"准则"（standards）。如果一个领域的判例法和成文法已经成熟，此时美国法学会考虑制定"黑体字规则"；如果时机尚未成熟，则考虑制定一些"法律原则"，同时伴以包含一些考虑因素的

---

① See Draft Restatement 2017 § 5.02 cmt. c.

② See L. Brilmayer & D. Listwa, "Continuity and Change in the Draft Restatement (Third) of Conflict Laws: One Step Forward and Two Steps Back", *The Yale Law Journal* 128, 2018-2019, p. 266, 283.

③ See K. Roosevelt Ⅱ. & B. Jones, "The Draft Restatement (Third) of Conflict Laws: A Response to Brilmayer & Listwa", *The Yale Law Journal* 128, 2018-2019, p. 293, 312-313.

"准则"和"标准"。比如《外国判决的承认与执行：立法建议稿和分析》和《知识产权：解决跨国纠纷之管辖权、法律适用和判决的法律原则》，以及与美国统一州法全国委员会合作完成的对《统一商法典》第一篇中法律适用条文的修订。[①] 这意味着美国法学会经历了岁月洗礼，已经变得更加稳健成熟和灵活务实，而不再单一地追求大而全的"法律重述"。

---

① See M. Traynor, "The First Restatement and the Vision of the American Law Institute, Then and Now", *Illinois Law Journal* 32, 2007-2008, p. 158-160, 162.

第四章　冲突法成文化的涓涓细流

——法官和学者的规则提炼

在美国冲突法成文化的主流旁，尚有众多的涓涓细流在涌动。智慧的法官立足于司法实践，汲取最新学术成果，将繁杂的冲突法判例萃取为成文规则；众多学者扎根于学术沃土，敏锐捕捉涉外司法新鲜气息，将深奥的研究成果提炼为少数规则。两相比较，规则化的学术成果更加蔚为大观。有些学者积极参与立法活动，适时提出建议条文；有些学者揭开涉外判决的面纱，提炼“真实规则”；有些学者则埋首特定州的普通法，将地方判例上升为规则。他们的个人智慧为官方立法和民间组织编撰规则贡献了源源不竭的动力和素材。

基于深刻认识到判例法应对日新月异社会变革的先天不足，第二次世界大战后法官和学者提炼规则已蔚然成风，成为美国冲突法成文化潮流的重要佐证。在“冲突法革命”中独领风骚的富尔德（S. Fuld）法官从善如流地接受各方建议，在 1969 年“图克诉洛佩兹案”（Tooker v. Lopez）（以下简称“图克案”）判决的“附议”（concurring opinion）中总结了三条有关乘客法的法律选择规则，并在 1972 年“纽美尔诉库纳案”（Neumeier v. Kuehner）（以下简称“纽美尔案”）中将其上升为纽约州的判例法，创立了著名的“纽美尔规则”。富尔德法官的做法为其他州的法官所效仿。在学术界，凯弗斯教授在“冲突法革命”的高潮中试图力挽当时司法界个案分析的狂流,将自己早年倡导的"规则和结果选择方法"示范为"优先选择原则";同时期的艾伦茨威格教授则努力拭去判例上的浮尘,总结出一些定型的和非定型的冲突法"真实规则"。[①] 晚近的冲突法学者薪火相传,采用多种方式推动冲突法的成文化。深入研究了"冲突法革命"并参加过冲突法立法工作的西蒙尼德斯教授为《重述三》拟定了侵权冲突法建议条文,期望以此展示未来新规则的特点并推动起草工作早日破冰。塞德拉教授与艾伦茨威格教授的研究风格相呼应,他从法院的判决结果而非表面说辞中总结出十条"法律选择通例"(rules of choice of law),以示与"法律选择规则"(choice-of-law rules)相区别。博彻斯教授立足于本地司法实践,将内布拉斯加州的冲突法判例提炼为"黑体字规则"。

鉴于笔者前期已对凯弗斯的"优先选择原则"和艾伦茨威格的"真实规则"作了探讨,此处不再赘述。下文将首先分析"纽美尔规则"的来龙去脉和具体内容,附带论及其他州的类似实践;然后分别介绍晚近三位学者规则提炼的背景和内容,揭示他们如何将理论和实践融为一体,成为美国冲突法成文化的源头活水。三位学者中的前两位立足于全国的司法实践,后一位则立足于单个州的冲突法判例。

一、纽美尔规则

自 1963 年"巴布科克案"后,[②]纽约州的判例前后不一,导致法律确定性几乎荡然无存,这是"纽美尔规则"产生的实践背景。纽约州上诉法院在"巴布科克案"中明确宣告抛弃传统侵权冲突法,标志着侵权领域"冲突法革命"的开始。[③] 在该案中,富尔德法官运用了"重心说""连

---

① 参见许庆坤:《美国冲突法理论嬗变的法理——从法律形式主义到法律现实主义》,商务印书馆 2009 年版,第 164、199-206 页。

② Babcock v. Jackson, 12 *N. Y. 2d* 473(1963). 该案的简况如下:1960 年纽约州居民杰克逊夫妇邀请巴布科克女士到加拿大的安大略省度周末。在安大略省的公路上,杰克逊先生驾车失控,车辆冲出公路撞在了石墙上,巴布科克女士受重伤。返回纽约后,她向法院起诉杰克逊先生,就其驾车过失请求赔偿。由于安大略省规定,车主或司机对非因重大过失所致免费乘客的损失不负赔偿责任,因此初审法院适用侵权行为地法驳回了原告请求。二审法院维持原判。纽约州没有安大略省此类禁止赔偿的规定,巴布科克女士继续上诉要求适用纽约州法。纽约州上诉法院适用纽约州法支持了巴布科克的请求。

③ See S. Symeonides, "A New Conflicts Restatement: Why Not?", *Journal of Private International Law* 5, 2009, p. 387.

结点分组理论”、《重述二》草案中的“最重要联系原则”、“法律适用意愿分析方法”和保护当事人正当期望等多种依据阐释抛弃传统侵权冲突法规则的缘由，为后续判例的混乱埋下了伏笔。在1965年“迪姆诉戈登案”（Dym v. Gordon）（以下简称“迪姆案”）中，①面对和“巴布科克案”几乎一样的案情，纽约州上诉法院却将其与“巴布科克案”明确区分，过分强调了侵权行为地连结点的重要性，而忽视了双方当事人共同住所地即纽约州的法律适用意愿。1966年“梅茜诉罗兹比奇案”（Macey v. Rozbicki）（以下简称“梅茜案”）的案情与前两个判例均非常类似，②纽约州上诉法院却认定该案与“迪姆案”有重大区别，而应适用“巴布科克案”判例；但是，该院主要运用了“连结点分组理论”而未深入分析相关法域的法律适用意愿。1968年“米勒诉米勒案”（Miller v. Miller）的案情与前面的三个案件并无太大差别，③但纽约州上诉法院此次抛开了“连结点分组理论”而着重分析相关法域的法律适用意愿。此种法律适用分析方法为1969年“图克案”所延续。④ 纽约州上诉法院在该案判决中承认前期判例的相互矛盾并作了系统梳理，宣布“迪姆案”

---

① Dym v. Gordon, 16 *N. Y. 2d* 120（1965）. 该案的简况如下：原告和被告均为纽约州居民，两人因参加大学暑期项目而在科罗拉多州不期而遇。原告在乘坐被告的汽车前往科罗拉多州另一地时与一位堪萨斯州居民的汽车相撞，受伤的原告回到纽约州起诉。初审法院援引“巴布科克案”判例支持原告的请求，而二审法院适用科罗拉多州的乘客法推翻了一审判决，纽约州上诉法院维持了二审判决。

② Macey v. Rozbicki, 18 *N. Y. 2d* 289（1966）. 该案的简况如下：原告和被告均为纽约州居民，原告到加拿大安大略省去探望被告，在乘坐被告的汽车前往一处旅游点时因与一位加拿大人的汽车相撞事故而受伤，回到纽约州起诉。初审法院和二审法院均适用安大略省的乘客法拒绝了原告的请求，纽约州上诉法院推翻了下级法院的判决。

③ Miller v. Miller, 22 *N. Y. 2d* 12（1968）. 该案的简况如下：原告和被告的住所均在纽约州，但被告在事故发生时在缅因州有居所，事故发生后又回到纽约州居住。原告的丈夫因生意需要到了缅因州，在该州乘坐被告的汽车时因汽车突然失控撞到桥护栏而死亡。原告在纽约州起诉要求全额赔偿，被告以缅因州当时有2万美元赔偿责任限制的规定要求减轻责任，初审法院和二审法院均支持原告的请求，纽约州上诉法院维持原判。

④ Tooker v. Lopez, 24 *N. Y. 2d* 569（1969）. 该案的简况如下：作为乘客的图克女士和作为车主的洛佩斯女士均为纽约州居民，当时共同在密歇根州立大学求学。在前往密歇根州另一地共度周末的途中，洛佩斯驾驶的登记于纽约州的汽车失控从而发生交通事故，两人均死亡。图克的遗产管理人在纽约州起诉请求赔偿，被告以密歇根州的乘客法为由请求驳回起诉请求。初审法院支持原告的请求，二审法院推翻了初审判决，纽约州上诉法院推翻二审判决，支持了原告的请求。

判决错误,“连结点分组理论”与传统规则一样荒谬。[①] 富尔德法官参与了上述四个案件的审理,除了在“迪姆案”中提出异议外,在其他案件中均“附议”了法院判决意见,与其他法官一道“漂泊在规则不确定的海洋中”,但他率先敏锐地感受到冲突法发展脉搏,终于在“图克案”判决的“附议”中发出了时代呼声:重回规则的“时刻到了”。[②]

富尔德法官熟稔冲突法理论,关注学界最新发展成果,及时将理论精华转化为判决依据,正是这些学术成果奠定了“纽美尔规则”的理论基石。在“巴布科克案”判决中,他对库克、劳伦森、凯弗斯、安特马、艾伦茨威格、柯里和里斯等一流冲突法学者的著述旁征博引,显示出其深厚的冲突法理论功底;他还大胆援引了后来成为主流规则的《重述二》“初步草案”第六稿,彰显了其非同寻常的魄力和远见卓识。[③] 在纽约州作出一系列前后矛盾的判决后,学界予以严厉的批评。罗森堡教授称冲突法在纽约州变成了“一门艺术而非科学”,并揶揄道:“办理乘客法案件的纽约州律师如今更需要一块占卜板而不是一本《谢泼德法律引用索引》。”[④]两年后,富尔德法官在“图克案”判决中虚心接受了罗森堡教授的批评和建议,并援引了他的论文。[⑤] 里斯主张首先分析相关领域的法律选择政策,然后根据政策分析并发展冲突法规则。富尔德法官对此深表赞同并身体力行,据此在一系列类似判决的基础上提炼出了“纽美尔规则”。[⑥]

在“图克案”判决的“附议”中,富尔德法官赞同大多数法官的判决结果,但不同意其采用的“法律适用意愿分析方法”。他认为“巴布科克案”之后的系列判决采用个案分析方法导致判决前后不一;既然此类系列判决已经揭示出该领域的法律选择政策,那么应当进入到下一阶段——制定法律选择规则——的时候了。他据此提出了后来被称为“纽美尔规则”的三条法律选择规则。[⑦] 等到富尔德法官 1972 年执笔撰

---

① See Tooker v. Lopez, 24 *N. Y. 2d* 571-576(1969).

② Tooker v. Lopez, 24 *N. Y. 2d* 584(1969).

③ See Babcock v. Jackson, 12 *N. Y. 2d* 477-479(1963).

④ M. Rosenberg, “Two Views on Kell v. Henderson: An Opinion for the New York Court of Appeals”, *Columbia Law Review* 67, 1967, p. 459-460.

⑤ See Tooker v. Lopez, 24 *N. Y. 2d* 584-585(1969).

⑥ See S. Fuld, “Willis L. M. Reese”, *Columbia Law Review* 81, 1981, p. 935-936.

⑦ See Tooker v. Lopez, 24 *N. Y. 2d* 584-585(1969).

写“纽美尔案”的法院意见时，[1]他终于借机将这三条规则上升为纽约州的判例法，创立了著名的“纽美尔规则”。在判决中，他进一步阐释了创立规则的缘由。他指出，法律意愿分析的难点在于不易确定相关法域的法律目的或政策，更麻烦的是在两种政策冲突时不易决定取舍。他还援引了凯弗斯、里斯和罗森堡的著述特别说明：抛弃无所不包的传统法律选择规则不等于不发展更加精细的新规则。因此，他满怀信心地重提自己在“图克案”中创立的三条规则，并依据规则（三）作出了判决。[2]

“纽美尔规则”的具体内容如下：

> （一）如果乘客和车主在同一法域有住所，车辆在该地登记，则该地的法律适用于车主对乘客的谨慎标准；
>
> （二）如果车主的行为发生在其住所地，而且该地未对其行为施加义务，尽管受害人住所地的侵权法会认定其侵权，但它无需对自己的行为负责。反之，如果乘客在其住所地受伤，而该地法规定赔偿，来到该地的车主，除非有特殊情况，不允许以其本法域的法律抗辩；
>
> （三）在其他情况下，车主和乘客住所不在一个法域，适用的规则有必要灵活些。通常情况下，适用的裁决规则为事故发生地法；如果情况表明，不适用事故发生地法会增进相关实体法政策而不会损害国（州）际交往或当事人的正当期望，则不适用事故发生地法。[3]

---

① See Neumeier v. Kuehner, 31 *N. Y. 2d* 121(1972). 该案的简况如下：纽约州居民库纳1969年在加拿大安大略省驾车时，加拿大人纽美尔免费搭乘。在安大略省舍克斯顿小镇的一个铁路交岔路口，该车与加拿大全国铁路公司的火车发生相撞，两人当场死亡。安大略省的居民纽美尔的妻子作为女遗产管理人向纽约州法院起诉要求赔偿，被告以加拿大乘客法抗辩。此时安大略省的乘客法和纽约州的赔偿法与1963年审理“巴布科克案”时基本一致，但富德法官却对安大略省乘客法的立法目的作出了不同的解读：不予赔偿免费乘客的目的是保护车主和司机免受“忘恩负义乘客”的伤害。初审法院适用了安大略省的乘客法判原告败诉，二审法院推翻了一审判决，纽约州上诉法院则推翻了二审判决，维持一审判决结果。

② See Neumeier v. Kuehner, 31 *N. Y. 2d* 127–129(1972).

③ Neumeier v. Kuehner, 31 *N. Y. 2d* 128(1972).

同“侵权适用侵权行为地法”的传统规则相比,“纽美尔规则”既有相同点,又有鲜明特色。初看规则(二)和规则(三)似乎其重新回到了侵权行为地法的传统轨道,但仔细分析可见“纽美尔规则”呈现出如下特点:(1)适用范围有限。它只适用于涉及乘客法的案件,而非所有的侵权纠纷。(2)规则更加精细。它区分乘客和车主有共同住所、车主在其住所地造成侵权、乘客在其住所地受到伤害以及其他情况四类情形并分别规定,而未再如以往一条规则那样内容简单却无所不包。(3)依据实体法内容选择法律。传统规则为法域选择规则,将复杂的法律选择简化为连结点选择,忽视了相关法域的法律内容和适用意愿。规则(二)要求考虑车主住所地和乘客住所地法律的规定。(4)以例外条款增强规则的灵活性。规则(二)中允许“特殊情况”下不适用乘客住所地法,规则(三)则为“不适用事故发生地法”开了后门。

同立法机关的民主讨论和精雕细琢后的立法相比,出自法官个人之手的“纽美尔规则”的严谨性有所欠缺。首先,规则(一)过分强调了“车辆登记”的因素。该规则其实确立了诸多国家采用的共同属人法规则,不必考虑车辆的登记地。对此,温特劳布教授反问道,若两位纽约州人因旅游共赴另一州,并在当地租车,因交通事故纠纷两人回到纽约州起诉,难道纽约州仅因车辆登记地在另一州而不适用当事人共同住所地法吗?① 其次,规则(一)中的“谨慎标准”应为“赔偿标准”。纽约州在“巴布科克案”中已经区分了“规制行为规则”和“损失分配规则”,共同住所地更关注当事人的损失分配问题而非规制行为的问题。最后,规则(二)只针对乘客在其住所地受伤规定了例外,而对第一种情况未规定例外,这种规定并无令人信服的理由。

“纽美尔规则”中既有对前期判例的因循成分,也有着眼未来的建构因素。规则(一)是对“巴布科克案”“梅茜案”和“图克案”判决结果的规则化,但同时扩及了共同住所地在外地的当事人在纽约州受伤而产生的乘客与车主的纠纷;此前纽约州上诉法院尚未审理过这类案件。② 规则(二)和(三)完全是建构性规则,没有该院昔日判例的支持。

---

① See R. Weintraub, *Commentary on the Conflict of Laws*, New York, Foundation Press, 2006, p. 428-429.

② See P. Hay, P. Borchers, S. Symeonides, C. Whytock, *Conflict of Laws*, St. Paul, West Academic Publishing, 6th ed., 2018, p. 771.

“纽美尔规则”在司法实践中产生了多方反响。据罗森堡教授1980年的统计,纽约州下级法院在17份判决中援引了该规则,并作出了合理的判决,实现了富尔德法官所希望的增强法律明确性的目标;联邦法院在判决中15次援引该规则。① 科罗拉多州最高法院在1973年“柯林斯堡第一国民银行诉罗斯泰克案”(First Nat. Bank in Fort Collins v. Rostek)中宣布与传统的侵权行为地法决裂,认为在多种新方案中“纽美尔规则”最为“公正和公平”,决定直接采用其中的规则(一)和(二)作为该州的法律选择规则。② 规则(一)已经为其他许多州所采纳。③ 根据西蒙尼德斯教授的统计,在抛弃了传统侵权冲突法的州最高法院中,84%的法院对损失分配的冲突法问题都适用共同住所地法。④这意味着“纽美尔规则”中的共同住所地法规则已经成为美国有关损失分配问题的主流冲突法规则。

“纽美尔规则”奠定了纽约州现代侵权冲突法的基石。伴随乘客法逐渐成为历史陈迹,纽约州受理的此类案件急剧减少,而其他涉外侵权案件逐步增加。由此产生的现实问题是,“纽美尔规则”是否可扩展适用到其他侵权纠纷?纽约州上诉法院在1985年“苏尔茨诉美国童子军公司案”(Schultz v. Boy Scouts of America, Inc.)中对此作了肯定的回答,⑤并将该规则适用范围限定在损失分配问题。该院在判决中重拾“巴布科克案”判决对争点的区分:对于行为规制问题,侵权行为地“通常具有若非绝对的,那也是主要的”法律适用意愿;而对于损失分配问题,共同住所地的法律适用意愿通常应该得到尊重。本案并不因涉及

① See M. Rosenberg, “A Comment on Neumeier”, *South California Law Review* 31, 1979-1980, p. 451.

② See First Nat. Bank in Fort Collins v. Rostek, 182 *Colo.* 437, 447(1973).

③ 参见[美]彼得·海:《美国法概论》(第四版),许庆坤译,北京大学出版社2020年版,第121页,注释42。

④ See S. Symeonides, “A New Conflicts Restatement: Why Not?”, *Journal of Private International Law* 5, 2009, p. 417.

⑤ See Schultz v. Boy Scouts of America, Inc., 65 *N. Y. 2d* 189(1985). 该案的简况如下:原告舒尔茨夫妇的两个儿子在参加被告组织的纽约州露营活动中,遭到童子军团长的性侵,其中一人因此自杀。原告一家和被告美国童子军公司均为新泽西州居民,该州有慈善免责法;另一被告圣弗朗西斯贫民兄弟会公司为俄亥俄州的公司。原告要求适用侵权行为发生地纽约州的法律,被告请求适用新泽西州法驳回原告的请求。初审法院、二审法院以及纽约州上诉法院均支持了被告的请求。

慈善免责法而与“纽美尔案”有本质区别，此类法律与乘客法均属于损失分配的规定。因此，该案虽然属于性侵纠纷而非交通事故纠纷，涉及慈善免责法而非乘客法，但“纽美尔规则”同样可以适用于损失分配问题。① 通过1993年“库尼诉奥斯古德机械公司案”（Cooney v. Osgood Machinery, Inc.）判例，②“纽美尔规则”进一步扩及于产品责任人向第三方的追偿问题。如今，“纽美尔规则”依然是纽约州有关侵权损失分配问题的法律适用规则。③

除了纽约州创立“纽美尔规则”外，内华达州也曾尝试将法律选择方法规则化。在该州1996年第一个宣告与传统侵权冲突法决裂的判例中，法官认为《重述二》中的最重要联系原则过分灵活，在实践中缺乏判决一致性和可预见性。因此，该院决定采用相对明确的规则。该规则的具体内容如下：

> 侵权案件适用法院地（起诉地）法，除非另一法域具有难以拒绝的法律适用意愿。若下述连结点中的两个或多个位于另一法域，则该法域具有难以拒绝的法律适用意愿：(1)导致损害结果的行为发生地；(2)损害结果地；(3)法院地之外的当事人共同住所地、居所地、国籍国、公司成立地或营业地；(4)设若存在的当事人法律关系重心地。④

由于这一规则中四个连结点中的前两个都是属地性的，依然没有彻底摆脱《重述一》的阴影，因此该案判决的反对意见将该规则讽刺为

① Schultz v. Boy Scouts of America, Inc., 65 *N. Y. 2d* 198-202(1985).

② Cooney v. Osgood Machinery, Inc., 81 *N. Y. 2d* 66(1993). 该案的简况如下：奥斯古德机械公司是发生事故设备的纽约州代理商。库尼是密苏里州的工人，在工作中因该设备的故障而受伤，并依该州的工人赔偿法从雇主处获得了赔偿。然后他在纽约州起诉奥斯古德机械公司请求其承担产品责任。奥斯古德机械公司则起诉其雇主请求分担损失，依纽约州法该请求应当得到支持，而依密苏里州法则不可；此即本案面临的法律选择问题。纽约州上诉法院认为本案属于“纽美尔规则”之二的调整范围，而且为棘手的“真实冲突”，此时应将该规则解释为适用侵权结果发生地法，即密苏里州法。因此，奥斯古德机械公司的请求未得到支持。

③ See P. Hay, P. Borchers, S. Symeonides, C. Whytock, *Conflict of Laws*, St. Paul, West Academic Publishing, 6th ed., 2018, p. 778-780.

④ Motenko v. MGM Dist., Inc., 112 *Nev.* 1038, 1041-1042(1996).

“不过是加了几滴酸橙汁的既得权原则”。[①] 鉴于这一规则在理论上存在不合理之处和在实践中并未带来判决一致性，内华达州最高法院在2006年宣布废除这一规则，改而明确采用《重述二》中的侵权冲突法规则。[②]

二、西蒙尼德斯教授的立法建议条文

西蒙尼德斯教授早年接受了大陆法系的教育，后长期在美国学习和研究美国冲突法理论与实践。他先在希腊的亚历山大大学获得“私法”和“公法与政治学”学士学位，后在美国哈佛法学院获得法学硕士和法学博士学位，博士论文选题为美国法律选择方法的比较研究。2002年，他在海牙国际法学院作了题为《美国法律选择革命的过去、现在和未来》的演讲，对美国冲突法理论和实践的变革作了全面深入的分析。[③]他还受美国法学院协会冲突法分会的委托，多次撰写美国冲突法实践年度报告（至2021年已发表30篇），[④]可谓对美国冲突法晚近实践了然于胸。

基于早年大陆法系教育背景和对美国冲突法的深入研究，西蒙尼德斯教授在灵活的法律选择方法和明确的法律选择规则之间明显偏爱后者。他对美国冲突法的现状深感忧虑。通过阅读数千份判决书，他的印象是，美国冲突法案件就像《一千零一夜》中的故事，个个“新鲜而独特”。他认为此种法官随意判决、司法印象主义和司法直觉主义弊端丛生：增加诉讼成本、浪费司法资源、陷入司法主观主义的危险，甚至冲击公民对法制的信任以及判决的合理性！[⑤] 为此，他多年来大声疾呼美国冲突法重回规则的轨道。不过，他也深知脱离实践和理论错误的传

---

① Motenko v. MGM Dist., Inc., 112 *Nev.* 938(1996).

② See General Motors Corporation v. The Eighth Judicial District Court, Clark County, 122 *Nev.* 466, 478(2006).

③ 关于西蒙尼德斯教授生平和成果的介绍，参见 S. Symeonides, *The American Choice-of-Law Revolution: Past, Present and Future*, Leiden, Martinus Nijhoff Publishers, 2006, p. xxi-xxvii。

④ See S. Symeonides, “Choice of Law in the American Courts in 2020: Thirty-Fourth Annual Survey”, *American Journal of Comparative Law* 69, 2021, p. 178-179.

⑤ See S. Symeonides, “A New Conflicts Restatement: Why Not?”, *Journal of Private International Law* 5, 2009, p. 411-412.

统规则失败的深刻教训。因此，他推崇的新规则是里斯曾追求的那种类型：针对争点的精细规则而非无所不包的宽泛规则，适当基于内容和结果而选择的规则而非仅做法域选择的规则，基于丰富司法实践而非脱节于实践的规则，带有例外条款的灵活规则而非束缚法官手脚的僵硬规则。[①]

他多次参加立法活动，积极推动美国冲突法的成文化。他曾作为顾问小组的成员支持美国法学会起草《复杂诉讼：成文法建议稿和分析》，先后担任波多黎各自治邦、路易斯安那州和俄勒冈州冲突法立法的报告人，主要由其负责起草的《路州民法典》第四编"冲突法"以及俄勒冈州的两部冲突法成文法均已生效。[②] 他还率先倡导并多次呼吁启动《重述三》的起草工作，期望美国冲突法尽快走出"阴暗的沼泽地"。

在 1999 年关于起草《重述三》的专题研讨会上，西蒙尼德斯教授再次呼吁启动起草工作。为消除诸多学者对新规则可能导致的弊端的忧虑，他谨慎提出了侵权冲突法的建议条文，将《重述二》中的众多相关条文浓缩为了 6 条。具体条文如下：

> 第 1 条：一般原则和补充原则
>
> 除非本章另有规定，当事人对于特定侵权争点的权利和义务适用依［《重述二》第 6 条］所述的原则确定的对于该争点与事件和当事人具有最重要联系法域的法律。
>
> ……［随后是《重述二》第 145 条的其他规定］……
>
> 第 2 条：行为规制
>
> 关于行为规制的争点适用侵权行为实施地法。
>
> 但是，若侵权结果发生在另一法域并且客观上可以预见该结果在此地发生，则在受害人提出请求时适用该法域的法律。

---

① See S. Symeonides, "The Judicial Acceptance of the Second Conflicts Restatement: A Mixed Blessing", *Maryland Law Review* 56, 1997, p. 1280-1281; S. Symeonides, "The Need for a Third Conflicts Restatement (and a Proposal for Tort Conflicts)", *Indiana Law Review* 75, 2000, p. 474.

② See S. Symeonides, "A New Conflicts Restatement: Why Not?", *Journal of Private International Law* 5, 2009, p. 408.

第 3 条：损失分配

依第 2 条被认定非法的行为导致的损失如何分配，依次适用如下法域的法律：

(1) 受害人的住所地，条件是侵权人同时在该地拥有住所或者侵权人住所所在的另一地规定了实质上相同的救济方法；

(2) 任何一方当事人的住所地，条件是侵权行为实施地和侵权结果发生地均在该地；或者

(3) 受害人的住所地，条件是侵权人可预见到侵权结果发生在该地并且受害人请求适用该地的法律。

在所有其他情况下，准据法依第 1 条确定。

第 4 条：惩罚性赔偿

对于依第 2 条被认定非法行为的行为可以判处惩罚性赔偿，条件是如下连结点的任两个位于对此种行为判处惩罚性赔偿的一个或数个法域：(1) 侵权行为实施地；(2) 侵权结果发生地；或者 (3) 侵权人住所地。

第 5 条：产品责任

(1) 受害人的法律选择

产品所致伤害的侵权责任和赔偿适用受害人所选法域的法律，条件是该法域拥有如下连结点中的任何两个：①侵权结果发生地；②受害人住所地；③被告住所地；④产品生产地；或者⑤取得产品地。[为此种选择，位于不同法域——这些法域对于特定连结点的法律规定实质相同——的连结点应被视为位于同一法域。]

若被告的产品在受害人所选的法域无法通过正常商业渠道取得，则不得采用受害人的法律选择。

(2) 被告的法律选择

若受害人有权但未依据第 1 款进行法律选择，则被告得选择适用既是侵权结果发生地又是受害人住所地的法域的法律。

(3) 补充选择

不能依第 1 款或第 2 款选择法律的案件适用依第 1 条至

第 4 条确定的准据法。

第 6 条:例外规定

适用依第 1 条至第 5 条指引的法律得出的结果显然与[《重述二》]第 6 条的原则无法调和,则法院得采取适当的矫正措施或依第 1 条解决法律冲突。①

这些规则力图在法律确定性和法律灵活性之间获得一种平衡。第 1 条和第 6 条分别属于一般原则和例外条款。前者取材自被法院广泛采用的《重述二》第 145 条,实质为基于政策分析的最重要联系原则;后者则授权法院在特殊情况下为结果公正摆脱规则的束缚。这两条都意在使法律选择具有灵活性以确保个案公正。其余四条则是基于司法实践和理论研究成果归纳的具体规则。前三条主要区分行为规制和损失分配的争点,第 5 条又针对特殊的行为规制问题——惩罚性赔偿作了专门规定。第 6 条则是对特殊侵权行为——产品责任所作的规定。这四条的内容具体而微,具有相当大的确定性和明确性,而同时不失一定的灵活性。

西蒙尼德斯教授还在这些规定中谨慎平衡了各方利益。一方面,他注重了相关法域的法律适用意愿的权衡。在规制行为的问题上,第 2 条原则上适用侵权行为实施地法,以实现该地阻止侵权行为发生的政策。在损失分配或损害赔偿问题上,他以适用共同住所地法为首要原则,尊重该地保护本地居民或其他政策要求。另一方面,他对侵权人和受害人的利益力求做到不偏不倚。例如,第 2 条第 2 款准许受害人选择适用损害结果地法,但同时又准许侵权人得以结果可预见性进行抗辩;第 3 条第 3 款采用了类似的规定方法。

多年的理论研究成果和美国丰富的司法实践是这些规则的深厚根基。第 2 条和第 3 条是对美国判例法的“重述”,既与真实的众多判例一脉相承,又与诸多法律选择理论——尤其是凯弗斯的“优先选择原则”——协调共振。② 第 4 条和第 5 条虽然主要是对规则的“预述”,但也绝非空穴来风。第 4 条与美国的众多判例相符合。第 5 条的灵感来

---

① See S. Symeonides, “The Need for a Third Conflicts Restatement(and a Proposal for Tort Conflicts)”, *Indiana Law Review* 75, 2000, p. 450.

② Ibid., p. 455-457, 459, 464-465, 467-468.

自相似但不相同的凯弗斯教授和温特劳布教授提出的规则以及一些大陆法系的立法中包含的类似规则，如《瑞士联邦国际私法》和海牙国际私法会议的《产品责任法律适用公约》。①

西蒙尼德斯教授的特殊身份使这些规则不仅直接出处非同寻常，而且可直接用于后来的立法。仔细将其与《路州民法典》第四编“冲突法”第3542条至第3547条相比对，可以发现它们的内容基本一致。这些建议条文可谓西蒙尼德斯教授专为起草《重述三》所作的路易斯安那州侵权冲突法“改进版”。西蒙尼德斯教授后来利用作为俄勒冈州《侵权和其他非合同赔偿性请求法律适用法》报告人的便利，又将这些条文稍加改造，成为了俄勒冈州侵权冲突法条文的重要内容。②

三、塞德拉教授的描述性归纳

塞德拉是韦恩(Wayne)州立大学的法学教授，研究领域为冲突法和宪法；同时为兼职律师，代理过大量冲突法案件，并为其他律师提供冲突法案件的咨询服务。因此，他从自身实践经验出发，主张从“真实世界”的视角研究冲突法。③ 与诸多学者理论视角的研究成果相比，他从“真实世界”的视角得出的结论新鲜独特。首先，对于同样的“事实—法律”纠纷，法院通常得出同样的结论，法律选择方法所起的作用并非如一些学者所想象的那样显著。其次，法官和律师在实践中主要关注本州的判例法，因而他们眼中的判例法“相当连贯一致”，而非如一些学者所认为的那样“前后不一和缺乏可预见性”。最后，在冲突法诉讼的“真实世界”里，法律选择问题与司法管辖权问题密不可分；原告和被告的律师会从当事人的视角一并考虑管辖权和法律选择问题，并充分利用对当事人有利的判例法，而学者往往将二者割裂，谴责“挑选法院”的

---

① See S. Symeonides, “The Need for a Third Conflicts Restatement(and a Proposal for Tort Conflicts)”, *Indiana Law Review* 75, 2000, p. 471, 473.

② 比较该法第7~9条。参见《美国俄勒冈州侵权及其他非合同诉讼请求的法律选择法》，黄伟译注，载《中国国际私法与比较法年刊》(第十三卷)，北京大学出版社2011年版，第581-586页。

③ See R. Sedler, “A Real World Perspective on Choice of Law”, *Mercer Law Review* 48, 1996-1997, p. 781-782.

不良现象，寻求冲突法案件判决一致的理想方案。① 塞德拉教授总结的"法律选择通例"即从"真实世界"的视角得出的结论，关注法官对于同样的"事实—法律"纠纷作出的判决结果，而非其表面的理由和依据，并将管辖权和法律选择问题密切联系。

塞德拉教授是柯里"法律适用意愿分析说"的原教旨主义者。他不仅坚信法律意愿分析方法简便易行，结果公正合理，而且赞同柯里解决"真实冲突"的方案——适用法院地法，而这一方案遭到众多学者包括一些柯里学说追随者的批判。② 在他眼中，柯里的方法不仅是美国"冲突法革命"的"催化剂"，引领美国冲突法冲出了"黑暗"的天地，而且事实上成为美国司法实践中的主流法律选择方法。③ 面对柯里学说遭受的多方批评，他无畏地为之辩解。④ 他对"法律选择通例"的归纳，在一定程度上是为了证成柯里的方法"事实上"已经为抛弃传统规则的法院普遍接受，为柯里方法的实践可行性提供例证。

但在实践中，由于柯里方法的极端性，尤其是其动辄以法院地法作为解决冲突法的最后方案，⑤明确采用该方法的法院少之又少⑥。为证成该方法的流行性，塞德拉教授采用从判决结果而非法院声称的理由

---

① See R. Sedler, "Choice of Law in Conflicts Torts Cases: A Third Restatement or Rules of Choice of Law?", *Indiana Law Journal* 75, 2000, p. 617-619.

② See R. Sedler, "A Real World Perspective on Choice of Law", *Mercer Law Review* 48, 1996-1997, p. 782.

③ 他喜欢引用道森（J. Dawson）教授在授予柯里"柯伊夫（Coif）奖"时所作的颁奖辞："显然，自布雷纳德·柯里之后，称为'冲突法'的这一黑暗中的科学从此焕然一新。"See 88. R. Sedler, "The Governmental Interest Approach to Choice of Law: An Analysis and a Reformulation", *UCLA Law Review* 25, 1977-1978, p. 181-182.

④ See e. g. R. Sedler, "Professor Juenger's Challenge to the Interest Analysis Approach to Choice of Law: An Appreciation and a Response", *University of California, Davis Law Review* 23, 1989-1990, p. 865; "Interest Analysis as the Preferred Approach to Choice of Law: A Response to Professor Brilmayer's 'Foundational Attack'", *Ohio State Law Journal* 46, 1985, p. 483; "Interest Analysis and Forum Preference in the Conflict of Laws: A Response to the 'New Critics'", *Mercer Law Review* 34, 1982-1983, p. 593.（本注释中的页码均为起始页码。）

⑤ 关于柯里"法律适用意愿分析说"的内容以及对该学说的评价，参见许庆坤：《美国冲突法理论嬗变的法理——从法律形式主义到法律现实主义》，商务印书馆 2009 年版，第 126-156 页。

⑥ 尽管柯里的方法曾经为少数州所遵循，但如今严格采用该方法的法院几乎绝迹。See P. Hay, P. Borchers, S. Symeonides, C. Whytock, *Conflict of Laws*, St. Paul, West Academic Publishing, 6th ed., 2018, p. 97.

归纳“法律选择通例”。这种思路其实是法律现实主义曾采用的“书本上的法”与“行为中的法”的二分法，并曾被艾伦茨威格教授用之于总结冲突法领域的“真实规则”。[①] 通过运用该方法，塞德拉教授在1977年就总结出9条“法律选择通例”，在2000年又稍作补充增加为10条。其具体内容如下。

通例一：若发生在另一地的事故涉及法院地的两位居民，则适用法院地法。

通例二：若事故发生在不支持赔偿的法域，而双方当事人来自支持赔偿的法域，且该事故无关法院地的居民，则法院会准许当事人获得赔偿。

通例三：若事故发生在支持赔偿的法域，双方当事人来自不支持赔偿的法域，而起诉地支持赔偿，则法院的做法不一。有些法院适用本地法而支持受害人的赔偿要求，而其他法院则适用当事人住所地法而拒绝赔偿。

通例四：在法院地实施了侵权行为，或在外地实施了该行为而在法院地可预见到危害风险，若法院地的一位居民在该地受到伤害，则法院会适用本地法支持赔偿。

通例五：若来自支持赔偿地的原告在不支持赔偿的被告住所地受到了被告的伤害，且起诉地在原告的住所地，则法院的做法不一；在不至于对被告不公平的情况下，大多数法院看来主张法院应适用本地法。

通例六：若来自支持赔偿地的原告受到了来自不支持赔偿地的被告的伤害，且起诉地在被告的住所地，则该地会适用本地法而拒绝赔偿。

通例七：作为或不作为发生地的法律体现了一种规制行为的政策，若该行为在外地造成了损害，或在被告住所地伤害

---

① 关于法律现实主义的这种法律二分法和艾伦茨威格的冲突法“真实规则”，分别参见许庆坤：《美国冲突法理论嬗变的法理——从法律形式主义到法律现实主义》，商务印书馆2009年版，第23-25、161-164页。塞德拉教授坦陈其采用的方法与艾伦茨威格的方法相同。See R. Sedler, “Rules of Choice of Law versus Choice-of-Law Rules: Judicial Method in Conflicts Torts Cases”, *Tennessee Law Review* 44, 1976-1977, p. 979, Note 24.

了外地居民，则被告会被判定承担责任。反言之，对于完全发生在外地的行为，法院不会适用本地的仅体现规制行为政策的法律。

通例八：当事故涉及来自不支持赔偿地的原告和来自支持赔偿地的被告，且事故发生在被告的住所地，法院会准许赔偿。当事故发生在原告的住所地，法院通常准许赔偿，但有时法院会适用原告住所地法而拒绝赔偿。

通例九：雇主对工人赔偿法保护的雇员的侵权责任，以及在涉及该雇员的诉讼请求中，与第三方侵权人分担的雇主责任，适用雇主已对雇员作出赔偿的法域的法律。

通例十：原告在其住所地受到产自外地的产品的伤害，且原告住所地的产品责任法有利于原告，原告在其住所地起诉，此时该地会适用有利于原告的本地法。原告在其住所地受到产自外地的产品的伤害，且原告住所地的产品责任法有利于被告，此时法院的做法不一。有些法院会适用有利于原告的被告住所地法。然而，有些法院判定，在产品责任案件中，无论准据法有利于原告或被告，均适用原告住所地法。①

与上述西蒙尼德斯教授的立法建议条文相比，塞德拉教授的“法律选择通例”不过是对涉外侵权案件判决的描述性归纳。这些“法律选择通例”措辞通俗简明，答案直截了当，结构相对松散，自身不构成一个严谨自洽的逻辑体系。前 9 条“通例”是他基于截至 20 世纪 70 年代末 14 个州所作判决的总结，主要依据的是纽约州和加利福尼亚州的判决。在 20 多年后，他依然坚信这些“通例”未发生实质性改变，并由于一些法院对产品责任纠纷的判决与“通例七”和“通例八”相悖，因此增加了

① See R. Sedler, “Choice of Law in Conflicts Torts Cases: A Third Restatement or Rules of Choice of Law?”, *Indiana Law Journal* 75, 2000, p. 619–633; “Rules of Choice of Law versus Choice-of-Law Rules: Judicial Method in Conflicts Torts Cases”, *Tennessee Law Review* 44, 1976–1977, p. 1033–1039. 除了“通例十”为新内容，其余 9 条均已在 1977 年提出，不过具体表述稍有不同。比如“通例八”在 1977 年的表述为：“当事故涉及来自不支持赔偿地的原告和来自支持赔偿地的被告，法院通常不管事故发生于何地而准许赔偿。”

针对产品责任纠纷的“通例十”。[①] 这些“通例”将复杂的涉外侵权判决中的事实模式和法律内容高度抽象化，体现了法院的通常做法。不同法院在得出基本相同的结论时依据的理由并不相同，但均可以用柯里的“法律适用意愿分析方法”予以解释，从而为塞德拉论证柯里学说的流行性提供了例证。

“法律选择通例”是塞德拉教授为美国冲突法成文化之路无意留下的铺路石。作为柯里学说的原教旨主义者，他推崇个案分析而反对冲突法的成文化，宣称因为“我们拥有法律选择通例”，所以“我们不需要法律选择规则”。[②] 但他对判例法的描述性归纳无意可为冲突法成文化提供原始材料，其总结的“法律选择通例”稍作修改就可摇身一变为“法律选择规则”。这就难怪西蒙尼德斯教授将其作为美国冲突法成文化的助推者之一，并将其“法律选择通例”作为起草俄勒冈州《侵权和其他非合同赔偿性请求法律适用法》重要参考资料。[③]

四、博彻斯教授对州判例法的提炼

美国冲突法本质上为州法。[④] 许多冲突法学者立足本地司法实践总结判例法规则，一方面为本州的法官和律师提供规则指引，另一方面作为自身更广泛研究的实证基础。阿肯色州大学法学院的莱弗拉尔教授是此种研究模式的早期典范。他曾对所在的阿肯色州冲突法判例做过系统研究，撰写了一部专著，[⑤]并据此深刻反思传统冲突法理论和规则的重大缺陷，最终提炼出了“五点考虑因素说”。晚近也有诸多学者从事本地冲突法判例的总结。比如，位于俄勒冈州的威拉米特大学法学院的纳夫齐格教授立足于俄勒冈州的涉外审判实践，曾多次系统整

---

① See R. Sedler, “Choice of Law in Conflicts Torts Cases: A Third Restatement or Rules of Choice of Law?”, *Indiana Law Journal* 75, 2000, p. 619, 632.

② R. Sedler, “Rules of Choice of Law versus Choice-of-Law Rules: Judicial Method in Conflicts Torts Cases”, *Tennessee Law Review* 44, 1976-1977, p. 1041.

③ See S. Symeonides, “Oregon’s New Choice-of-Law Codification for Tort Conflicts: An Exegesis”, *Oregon Law Review* 88, 2009, p. 970-971, 1002.

④ 参见[美]彼得·海:《美国法概论》(第四版)，许庆坤译，北京大学出版社 2020 年版，第 104 页。

⑤ See R. Leflar, *A Treatise on the Arkansas Law of Conflict of Laws*, Fayetteville: The Author, 1938.

理冲突法判例，为该州冲突法的成文化奠定了坚实的基石。① 下文以博彻斯教授的研究成果为例展示学者个人总结的州冲突法规则。

博彻斯是位于内布拉斯加州的克瑞顿（Creighton）大学法学院的教授，擅长对冲突法判决进行数据分析的实证研究。② 他投身研究后不久即发表了影响广泛的论文——《法律选择革命：一种实证研究》，通过数据分析得出了令人耳目一新的结论：看似差异巨大的各种现代法律选择方法在实践中产生的判决结果大同小异。③ 到内布拉斯加州工作后不久，他将目光转向本地涉外司法实践，运用其擅长的实证研究方法探讨当地的法律选择规则。

在灵活的法律选择方法和确定性的法律选择规则之间，博彻斯教授倾向于后者。他认为，"可预见性和容易适用"在纯国内案件和涉外案件中同样重要。在内布拉斯加州的法院多年飘摇于"冲突法革命"的风浪之后，他提出"一些规则复出的时候到了"。但由于忙碌的法官和律师通常没有时间和意愿整理判例法，因此作为冲突法学者的博彻斯感到有义务总结所在州的判例以引导未来的司法判决。但是，新规则不应是《重述一》中的简陋而粗略的规则，而应是精细的规则或准规则（near rules）。④

与众多的州类似，内布拉斯加州同样采用了最流行的《重述二》中的方法和规则。但与其他州的急剧转变不同，内布拉斯加州从传统冲突法向现代冲突法的转变是渐进式的。早在 1967 年《重述二》处于草

---

① See e. g. J. Nafziger, S. Dixon, "Oregon's Choice-of-Law Process", *Oregon Law Review* 60, 1981, p. 219; J. Nafziger, "Oregon's Project to Codify Choice-of-Law Rules", *Louisiana Law Review* 60, 1999-2000, p. 1189; J. Nafziger, "Oregon's Project to Codify Conflicts Law Applicable to Torts", *Willamette Journal of International Law and Dispute Resolution* 12, 2004, p. 287.

② See W. Richman, W. Reynolds, "Prologomenon to an Empirical Restatement of Conflicts", *Indiana Law Journal* 75, 2000, p. 428.

③ See P. Borchers, "The Choice-of-Law Revolution: An Empirical Study", *Washington and Lee Law Review* 49, 1992, p. 383-384. 博彻斯自 1990 年起在奥尔巴尼法学院工作，约两年后即完成了这篇论文。HeinOnline 数据库的检索结果显示，该文截至 2021 年 10 月 23 日被引用 127 次，这在相对冷僻的冲突法领域比较少见；比较而言，目前在美国享有盛誉的西蒙尼德斯教授被引用次数最多的一篇论文（Louisiana's New Law of Choice of Law for Tort Conflicts: An Exegesis）也仅被引用 76 次。

④ See P. Borchers, "Nebraska Choice of Law: A Synthesis", *Creighton Law Review* 39, 2005-2006, p. 3, 28.

案阶段时，该州法院就曾援引其条文，但此时却是大材小用，仅用于解决“住所”、判决的执行之类的小问题。该州法院第一次援引《重述二》中的法律选择条文是在 1977 年的一个不起眼的保险纠纷案件——“克罗斯雷诉太平洋雇主保险公司案”（Crossley v. Pacific Employers Ins. Co.）中。但在该案中，《重述二》的规则并未作为主要判决依据，而仅作为辅助的理由。在 1978 年“沙尔诉戴恩·卡尔曼·奎尔公司案”（Shull v. Dain, Kalman & Quail, Inc.）中，法院直接援引《重述二》第 203 条有关高利贷的规定作为判决依据。在 1987 年“哈珀诉席尔瓦案”（Harper v. Silva）中，该州最高法院才宣告在侵权领域采用《重述二》。①

虽然内布拉斯加州被列入《重述二》的阵营，但仍有必要对其冲突法规则成文化。这不仅因为该州经过漫长时间逐渐接受《重述二》的独特经历使其在一些具体问题上态度不甚明朗，而且由于《重述二》规则的弹性化和内在的紧张关系使得宣称采用《重述二》的州各取所需，实际做法不一。有些法院真正适用其规则、原则，确定与争议有最重要联系的法域。有些法院只是利用其规则或假定规则，很少或毫不考虑第 6 条的原则；而有些法院主要适用第 6 条的原则，而很少或不予考虑具体的法律选择规则。②

博彻斯教授研究发现，内布拉斯加州采用了《重述二》相对明确的规则而非其相对模糊的原则和方法。他通过全面梳理该州的判例系统总结了侵权、合同、财产、信托、婚姻、家庭关系等领域的法律选择规则。下文以其总结的侵权和合同领域的法律选择规则为例展示此类规则的特点。

> 侵权法律选择规则：涉外侵权案件，若当事人或侵权行为与一个以上的法域有联系，则适用原告损害结果发生地的法律。
>
> 侵权法律适用例外规则一：对于损失分配的争点，若相关法域的法律存在冲突，且争议当事人的住所（或商业组织的主

---

① See P. Borchers, "Nebraska Choice of Law: A Synthesis", *Creighton Law Review* 39, 2005-2006, p. 3-6.

② See J. Shaman, "The Vicissitudes of Choice of Law: The Restatement (First, Second) and Interest Analysis", *Buffalo Law Review* 45, 1997, p. 361.

要营业地)在同一法域,该法域不是损害结果发生地,则争议当事人的共同住所地(或主要营业地)法适用于该争点。为该例外规则一之目的,"同一法域"包括对于特定争点拥有相同法律的不同法域。

侵权法律适用例外规则二:行为规制的争点,若损害结果和加害行为发生在不同法域,且两地法律不同,则适用加害行为发生地法。

合同法律选择规则一:选择内布拉斯加州法的法律选择条款若不违反公认的合同抗辩事由(如欺诈或胁迫)则为有效。选择其他法域法律的法律选择条款若不违反公认的合同抗辩事由(如欺诈或胁迫)则为有效,除非该选择无合理理由,或者该选择违反了内布拉斯加州的基本公共政策。

合同法律选择规则二:除非次级规则另有规定,无有效法律选择条款的合同适用当事人意定的合同主要履行地的法律;但若争议当事人各方的住所地(或商业组织的主要营业地)位于同一法域,且该法域并非合同履行地,则特定的争点适用争议方的共同住所地(或主要营业地)法。为合同法律选择规则二之目的,同一法域包括对于特定争点拥有相同法律的不同法域。

合同法律选择次级规则一:除非存在有效的法律选择条款,保险合同适用所保风险主要所在地的法律。

合同法律选择次级规则二:除非存在有效的法律选择条款,雇佣或个人服务合同适用主要的服务提供地的法律。

合同冲突法次级规则三:除非存在有效的法律选择条款,若利率符合内布拉斯加州法,或符合与合同有实质联系的法域的法律,且利率并未过分超过内布拉斯加州法所允许的最高利率,则内布拉斯加州法院将支持关于高利贷的抗辩,维持合同有效性。①

---

① P. Borchers,"Nebraska Choice of Law:A Synthesis",*Creighton Law Review* 39,2005-2006,p. 6-7,13-17.

同《重述二》中庞杂的法律选择规则相比,博彻斯教授总结的内布拉斯加州的法律选择规则不仅条文更少,而且内容更加简明。比如,侵权法律选择规则没有采用灵活的最重要联系原则和《重述二》第6条的政策分析,而是直接规定适用损害结果发生地法;再如,合同法律选择规则要求,在当事人没有作出有效法律选择时,合同适用合同履行地法或当事人共同住所地法。法官和律师据此可快速得出案件结果,而无须再漂流在法律不确定性的海洋中。鉴于此类规则的优点,图宁加(K. Tuininga)也模仿博彻斯教授的研究成果系统总结了爱荷华州的冲突法判例。①

博彻斯教授提炼的此类黑体字规则是未来冲突法立法的绝佳材料。与塞德拉教授的描述性归纳不同,博彻斯教授采用了立法条文的表述,措辞严谨,范围明确,逻辑周密,稍作修改即可作为成文法条文。威甘德教授建议各州基于本地实践制定各自的冲突法成文法,而全国性的冲突法立法断不可行。② 路易斯安那州和俄勒冈州即是此种立法的典范。如果内布拉斯加州也将步俄勒冈州冲突法立法的后尘,那么博彻斯教授的研究成果无疑可作未来立法的基石。

五、小结

在美国冲突法成文化的道路上,有众多法官和学者在默默奉献自己的智慧和辛劳。有些法官在充分的实践经验基础上将以往模糊的判决理由条文化,创立了传统判例和成文法之外的第三种形态——成文的判例规则,立法机关对其稍作修改即可将其转化为成文立法。法官的此种努力显然会加速冲突法成文化的进程。有些学者则积极参与立法活动,适时将个人研究成果转化为条文表述。有些学者虽然未直接参与立法,但从事着立法的前期准备工作——对判例法去伪存真、去芜存菁,将其系统整理并提炼为规则。一旦时机来临,立法机关启动立法工作,此类成果很快可以转化为条文。这些个人努力犹如跳动的音符,

---

① See K. Tuininga, "Forty-Plus Years of Iowa Choice-of-Law Precedent: The Aftermath of the Restatement (Second) of Conflict of Laws", *Creighton Law Review* 43, 2009-2010, p. 209-210, 215-222.

② See S. Wiegand, "Fifty Conflict of Laws 'Restatements': Merging Judicial Discretion and Legislative Endorsement", *Louisiana Law Review* 65, 2004-2005, p. 2.

聚合奏出一曲美国冲突法成文化的动人乐章。

这曲乐章的最动人之处是其呈现的理论与实践水乳交融的图景。法官不因洞察实践而对抽象理论视而不见甚至妄加指责,相反,他们积极主动从学者成果中汲取历史长河中的理论精华。学者不因学理精深而在理论天国中凌空独舞,而是扎根判例从法官判决中汲取司法实践的精华。理论和实践的良性互动是美国冲突法成文化的理性基础,确保了出台的成文规则不至于漏洞百出或朝令夕改。

结 语

在法律多元的美国联邦体制下，冲突法成文化已经发展为一股后劲十足的潮流。具有深厚大陆法传统的路易斯安那州首开先河，成为美国第一个系统编撰冲突法的州。它一方面在立法形式上继承了大陆法系立法的“简洁”“庄重”和“优美”，另一方面在立法内容上采撷了普通法系和大陆法系的制度精华，创建了具有鲜明本地特色的冲突法混合制度。俄勒冈州在实行普通法制度的各州中领风气之先，率先制定了成文冲突法，在冲突法正义和实体法正义的困境中寻求突破口，恢复了法律灵活性和稳定性的适度平衡。为应对普通法的复杂性和不确定性的痼疾，美国法学会两度起草“冲突法重述”，将繁杂的判例法系统梳理为成文的冲突法规则，成为广为法院认可的民间法。目前，美国法学会正推进《重述三》的起草。为应对冲突法发展中面临的新挑战，美国法学会晚近还起草了具体领域的冲突法立法建议和法律原则，以引领冲突法成文化的潮流。在官方立法和民间组织编撰规则之外，还有众多学者和法官将理论成果和司法判例密切结合，起草了独具风格的法律选择规则，成为冲突法成文化的涓涓细流。在冲突法成文化的背后，是学者和法官对冲突法成文化态度的巨变。他们意识到，冲突法规则并非只有比尔规则这一种形式，构思精妙的灵活规则可以同时实现冲突法正义和实体法正义。思想转变是实践变革的前奏，如果路易斯安那州和俄勒冈州的先行立法实践效果良好，那么美国冲突法的发展有望出现重大历史转机。本书试图初步呈现美国冲突法成文化的立体画卷。

美国冲突法成文化是对“冲突法革命”反思的重要结晶之一。一方面,比尔的传统冲突法理论和规则是“冲突法革命”的矛头所向。琳琅满目的各种新理论从多种视角揭示了比尔理论的荒谬,建立其上的传统规则为法域选择规则,这种宽泛而僵硬的规则在实践中难以实现个案公平,法律选择应当权衡相关实体法的内容和政策及其适用结果。无疑,这些结论是“冲突法革命”所作的积极贡献。但是另一方面,种类繁多的现代法律选择方法凸显了法律灵活性,而忽视了法律的指引功能,法官因此迷失在了个案分析的汪洋大海。这是“冲突法革命”的负面效果之一。法律规则不能僵硬封闭,但也不应过分灵活。美国冲突法成文化正是吸取“冲突法革命”正反两方面经验和教训的产物,它一方面矫正了个案分析的发展趋向,使冲突法重回规则的轨道,另一方面又力图保存革命的宝贵成果,将内容和政策分析纳入其中,生成了深具美国特色的现代法律选择规则。

与传统的比尔规则和欧洲大陆的规则相比,无论是官方立法还是民间编撰规则,美国现代冲突法规则的特色鲜明。首先,它广泛采用“分割法”,要求针对具体争点选择准据法。比尔规则往往规定宽泛的合同或侵权问题适用一种法律;欧洲大陆的规则虽然也在个别问题上采用分割法,但未如此广泛采用。其次,它将法域选择和内容选择有机结合,适当考虑相关实体法的内容和相关法域的法律适用意愿。比尔规则是一种只顾法域选择的“盲眼”规则,欧洲大陆的规则整体上偏重法域选择。最后,它有效平衡了法律选择的确定性和灵活性,只对有足够判例支持的领域制定明确的规则,而尚待实践检验的问题留给灵活性的规则调整,最密切联系原则和意思自治原则得到广泛运用。比尔的规则过分僵硬,而欧洲大陆的规则往往缺乏足够判决的支持,是理论推演的结果。

折中主义是美国冲突法成文化的主旋律。“冲突法革命”之后,美国进入了折中主义时代。① 在这一时期,单边方法、双边方法与实体法

① 彼得森将20世纪的美国冲突法发展史大致分为既得权时代、冲突法革命时代和折中主义时代。See C. Peterson, “Private International Law at the End of the Twentieth Century: Progress or Regress?”, *American Journal of Comparative Law* 46, 1998, p. 199.

方法被交相采用，法律的确定性和灵活性取得了适度平衡，法域选择规则与内容和结果选择规则并行不悖，冲突法正义与实体法正义和谐共处，判决一致性和保护本地利益的目标各得其所。① 大陆法系教育背景的西蒙尼德斯教授长期研究美国现代冲突法，自然对传统与现代的理论和制度精华都割舍不下。由其主导起草的路易斯安那州和俄勒冈州的冲突法具有鲜明的折中主义风格，传统与现代的冲突法理论、方法、价值和制度交相辉映，被巧妙地融为一体。里斯是折中主义的行家里手，他在“冲突法革命”时期将各种现代冲突法理论和《重述一》中的合理规则融为一炉，将《重述二》打造成了一个传统主义者和现代主义者共同栖居的“理想之家”。《重述一》的失败和“冲突法革命”揭示了纯粹的任何一种方法和理论都不足以应对实践中的复杂问题，传统和现代的各种理论和制度都有其存在的价值和空间，关键是将其置于何处。因此，法官和学者起草的法律选择规则同样是传统与现代元素的混合体。

美国冲突法成文化呈现的是一副理论与实践水乳交融的生动画面。在官方立法中，立法机关并未因为握有国家权柄而怠慢学者，更没有仓促地在数月之内研读多部现代立法后自行泼墨完成最新最美的图画。他们深知冲突法历来是学者的领地，深奥精妙，非长期精研深思不得入门，因此躬身就贤将冲突法起草工作交给学者完成。身荷起草重任的学者也未因学识渊博而在理论的天地中凌空独舞，而是深入司法实践系统总结判例法，将高深理论的灵气与本地实践的地气相互交汇，草案经反复修改后再交由立法小组和立法机关辩论通过。立法的专业性和民主性都得以体现。在民间集体编撰规则中，起草人必须为学界公认的真正精英，而且还要兼具组织才能。起草人的工作不是闭门造法，而是系统总结判例法。草案出台后要经过顾问小组、理事会和会员大会的三堂会审，承受各路法学精英的种种诘难。敢于在判例中创造规则的法官通常知晓冲突法理论脉络和最新态势，能将理论精华与实

① 这是西蒙尼德斯教授对20世纪末欧美冲突法状况的总体归纳，无论这一结论对于欧美冲突法整体上是否正确，但笔者认为它比较适合美国冲突法的现状。See S. Symeonides, “Private International Law at the End of 20th Century: Progress or Regress?” in *Private International Law at the End of 20th Century: Progress or Regress?* (S. Symeonides ed.), The Hague, Kluwer Law International, 2000, p. 75-78.

践经验巧妙结合。提炼规则的学者由于缺乏立法机关的授权和学术组织的威名,因此态度更加谨慎。他们为确保规则的合理性和可行性,通常对判例全面收集,深入分析,反复斟酌,说理也更加详尽和透彻。这种理论和实践有机结合的成功做法值得第三世界国家的立法者借鉴。

囿于时间限制,本书只对美国冲突法成文化作了粗浅的探讨,还有更多问题值得深入研究。联邦成文法中也有法律选择规则,①未制定冲突法单行法的州拥有众多含有法律选择规则的成文法,②即便制定了冲突法单行法的州在一般成文法规则之外也有众多特殊的成文法律选择规则,③而本书没有涉及这些成文法。美国法学会除了出版传统的"法律重述"之外,还采用了"示范法"和"法律原则"的形式,如 1994 年的《复杂诉讼:立法建议稿和分析》和 2008 年的《知识产权:解决跨国纠纷之管辖权、法律适用和判决的原则》。对这些问题的研究在本书中均付诸阙如。此外还有其他法官和学者的规则提炼以及欧美冲突法立法的比较研究问题。笔者希望在今后能有契机对上述问题深入探讨。

---

① 比如《联邦侵权请求法》(Federal Tort Claims Act)中的法律选择规则。

② 例如布里迈耶教授曾列出过众多成文法律选择规则的清单。See L. Brilmayer, "Interest Analysis and the Myth of Legislative Intent", *Michigan Law Review* 78, 1979 - 1980, p. 425-427, nn. 100-114.

③ 比如在路易斯安那州,《保险法成文法大全》《商法典》《动产租赁法》《证据成文法大全》中均有法律选择规定。

附　录

附录 1　美国《路易斯安那州民法典》第四编“冲突法”

第四编　冲　突　法[①]

第一章　总　　则

第 3515 条　准据法的确定;一般规则和补充规则

除非本编另有规定,涉外案件中的争点适用如下法域的法律:某法域的法律若不适用于这一争点,则其政策会受到最严重的损害。

通过权衡相关法域有关政策的强度和关联度确定该法域,政策权衡应考虑到:

(1)各法域与当事人和纠纷的关系;以及

(2)州际和国际秩序的政策和需要,包括维护当事人正当期望的政策,以及使受数地法律支配的当事人可能遭受的负面后果最小化的政策。

第 3516 条　“法域”的含义

本编中所用“法域”一词,视不同情况可指美国或者其任何州、领地或属地,哥伦比亚特区,波多黎各自治邦,以及任何外国或者具有独自法律制度的任何地域。

---

① 该法律文本英文原文来自 Westlaw 数据库,同时参见:P. Hay, R. Weintraub, P. Borchers, *Comparative Conflict of Laws: Conventions, Regulations, and Codes*, New York, Thomson Reuters/Foundation Press, 2009, p. 5-13。该文本最初出自路易斯安那州议会 1991 年第 923 号法对《民法典》的修订,后又经州议会 1997 年第 257 号法、1999 年第 890 号法和 2005 年第 213 号法分别对第 3533 条、第 3520 条和第 3549 条作了修订。

第 3517 条 反致

除非另有规定,依本编适用另一法域的法律时,该法律不包括另一法域的冲突法。

但是,依第 3515 条、第 3519 条、第 3537 条和第 3542 条确定某争点的准据法所属法域时,可考虑相关外法域的冲突法。

第 3518 条 住所

在本编中,人的住所依本州法律而定。法人的住所既可在其成立地,也可在其主要营业地,以与具体争点关系最密切者为准。

第二章 身 份

第 3519 条 自然人的身份;一般原则

自然人的身份以及该身份的随附事项和效力,适用如下法域的法律:某法域的法律若不适用于这一争点,其政策会受到最严重的损害。

通过权衡相关法域的有关政策的强度和关联度确定该法域,政策权衡应考虑到:

(1)各法域在相应时间与纠纷、当事人和身份有争议者的关系;

(2)第 3515 条规定的政策;以及

(3)维持自愿所负债务的有效性的政策,保护子女、未成年人和其他需要保护者的政策,以及维护家庭观念和家庭稳定的政策。

第 3520 条 结婚

(一)在婚姻缔结地有效的婚姻,或者在当事人首次以夫妻名义定居之地有效的婚姻,将被视为有效婚姻,除非如此认定会违反依第 3519 条适用于特定争点的准据法所属法域之重大公共政策。

(二)同性者之间的所谓婚姻违反了路易斯安那州的重大公共政策,因而在州外缔结的此等婚姻在本州一概不予承认,包括因这类所谓婚姻而主张任何权利或请求,结果亦同。

第 3521 条 离婚或别居

本州法院可仅依本州的法定理由准许离婚或别居。

第3522条　结婚和离婚的效力和随附事项

除非本州法律另有规定,有关某争点的结婚和离婚之效力和随附事项适用第3519条规定的该争点之准据法。

第三章　夫妻财产

第3523条　动产

除非本章另有规定,夫妻一方在婚内所得动产,无论位于何处,有关该动产的夫妻权利和义务均适用在动产取得时取得动产一方住所地的法律。

第3524条　位于本州的不动产

除非本章另有规定,有关位于本州不动产的夫妻权利和义务适用本州法律。无论不动产取得时取得不动产一方居于何处,此等不动产属于夫妻共有财产还是夫妻各自财产依本州法律而定。

第3525条　夫妻财产共有的终止;住所在本州的夫妻一方在另一法域取得的不动产

夫妻一方居于本州时在婚内取得位于另一法域的不动产,该不动产若位于本州将为夫妻共有财产;若在夫妻财产共有终止时夫妻一方的住所在本州,则关于该不动产的夫妻权利和义务依本州法律而定。本条规定可通过如下判决得以实施:承认夫妻一方对该不动产份额或其价值的权利。

第3526条　夫妻财产共有的终止;夫妻一方在住所位于另一法域时取得的动产和路易斯安那州的不动产

在夫妻一方的住所在本州时,若夫妻财产共有终止,或夫妻一方的死亡或离婚导致财产共有的解除,则对于夫妻一方在居于另一法域时婚内所得本州内的不动产以及各地的动产,其各自的权利和义务应适用如下规定:

(1)该财产若依本州法律被归入夫妻共有财产,则被视为夫妻共同财产;以及

(2)该财产若依本州法不被归入夫妻共有财产,则被视为取得一方

的个人财产。但是,夫妻另一方若依在取得财产时取得一方住所地的法律享有权利的,则对该财产享有该法赋予的价值相等之权利。

第3527条　夫妻一方在住所位于另一法域时取得路易斯安那州的不动产,取得不动产的夫妻一方在住所位于另一法域时去世

住所不在本州的夫妻一方去世,若该配偶的不动产位于本州并取得于其住所不在本州之时,且该不动产依本州法律不属于夫妻共有财产,则该不动产适用对在世配偶有利的已故配偶去世时住所地的法律,在世配偶享有该法赋予的价值相等之权利。

第四章　继　　承

第3528条　遗嘱的形式有效性

若遗嘱为书面且符合以下法律,则其形式有效:(1)本州法律;或(2)立遗嘱时立遗嘱地法律;或(3)立遗嘱人立遗嘱时或死亡时的住所地法律;或(4)涉及不动产时,不动产所在地法院会适用的法律。

第3529条　立遗嘱能力和同意表示的瑕疵

若依立遗嘱人在立遗嘱时或死亡时住所地的法律,他在立遗嘱时具有立遗嘱能力,则其可立遗嘱。

若立遗嘱人依上述两地的法律均有能力立遗嘱,则当其遗嘱中所含的遗愿合乎至少一地的法律时,该遗愿应被认定无瑕疵。

若立遗嘱人仅依第一款所指法域之一的法律有能力立遗嘱,则仅当其遗愿合乎该地法律时,该遗愿方被认定无瑕疵。

第3530条　继承人或受遗赠人的资格

继承人或受遗赠人的资格或无资格适用死者死亡时住所地法律。

但是,涉及位于本州的不动产时,受遗赠者应当合乎本州法律之规定。

第3531条　遗嘱的解释

遗嘱中所用语词的含义依如下法律确定:立遗嘱人为此明确指定法域的法律,或其在立遗嘱时明确考虑到的法域的法律;若无此等明示或默示的法律选择，则适用立遗嘱人立遗嘱时住所地法律。

第 3532 条　动产

除非本章另有规定，动产的遗嘱继承和法定继承适用死者死亡时住所地法律。

第 3533 条　位于本州的不动产

除非本章另有规定，位于本州的不动产遗嘱继承和法定继承适用本州的法律。

若死者死亡时住所不在本州，而且其在死亡时在本州没有特留份继承人，则本州的特留份继承法不予适用。

第 3534 条　位于另一法域的不动产

除非本章另有规定，位于另一法域的不动产的遗嘱继承和法定继承适用该法域的法院会适用的法律。

若死者于住所在本州时死亡，并遗有至少一位当时住所在本州的特留份继承人，则上述不动产的价值应计入遗产处置份额并满足特留份的分配。

第五章　物　　权

第 3535 条　不动产物权

位于本州不动产的物权适用本州法律。

位于另一法域不动产的物权适用该法域的法院会适用的法律。

财产是否为不动产，依物之所在地的实体法判定。

第 3536 条　有形动产的物权

有形动产的物权，适用权利取得时该动产所在地法律。

但是，在动产移至本州后，若有如下情形之一的，则在动产位于另一法域时取得的物权应受制于本州法律的规定：(1)该权利不合乎本州的法律；或者(2)权利拥有者已知或应知动产将移至本州；或者(3)第三人已在动产移至本州后善意地进行了交易，正义和公平的考虑因素要求保护此类第三人。

第六章 合同之债

第 3537 条 一般规则

除非本章另有规定,合同之债的争点适用如下法域的法律:某法域的法律若不适用于这一争点,则其政策会受到最严重的损害。

通过权衡相关法域的有关政策的强度和关联度确定该法域,政策权衡应考虑到:

(1)各法域与当事人和交易的有关连结点,包括合同谈判地、签订地和履行地,合同标的所在地,以及当事人的住所地、惯常居所地或营业地;(2)合同的性质、类型和目的;以及(3)第 3515 条规定的政策,以及便于有序安排交易的政策、促进跨地区商业交往的政策以及保护一方当事人免受另一方不合理要求的政策。

第 3538 条 合同形式

若符合如下法律之一,则合同形式为有效:(1)合同缔结地法;(2)合同履行地法,条件是合同约定的履行地为实际的合同履行地;(3)当事人的共同住所地或营业地的法律;(4)依第 3537 条或第 3540 条确定的合同实质问题的准据法。

但是,若由于公共政策,依第 3537 条确定的合同实质问题的准据法要求合同采用特定的形式,则合同应符合该要求。

第 3539 条 缔约能力

若一人依缔约时其住所地的法律或第 3537 条所规定合同准据法的所属法域的法律,具有缔约能力,则其有能力缔结合同。

第 3540 条 当事人意思自治

合同之债的所有其他争点适用当事人明示选择的或明确依从的法律,但若该法违反依第 3537 条本应适用法律所属法域的公共政策,则此种情形除外。

第 3541 条 其他法律行为和准契约之债

除非本州法律另有规定,合同之外的法律行为和准合同之债的准据法依本章规定的法律原则确定。

第七章　侵权和准侵权之债

第3542条　一般规则

除非本章另有规定，侵权或准侵权之债的争点适用如下法域的法律：某法域的法律若不适用于这一争点，则其政策会受到最严重的损害。

通过权衡相关法域的有关政策的强度和关联度确定该法域，政策权衡应考虑到：

（1）各法域与当事人和导致纠纷之事件的有关连结点，包括加害行为地和损害结果地，当事人的住所地、惯常居所地或营业地，以及当事人之间的法律关系（如果有的话）的重心地；

（2）第3515条规定的政策，以及遏制非法行为的政策和弥补加害行为后果的政策。

第3543条　行为和安全标准的争点

有关行为和安全标准的争点适用导致损害之行为发生地的法律，条件是损害结果发生在该法域或发生在未规定一种更高行为标准的另一法域。

在所有其他情况下，此类争点适用损害结果发生地的法律，条件是行为导致损害之人应事先预见到损害结果会发生在该地。

前款规定不适用于如下案件：导致损害的行为发生在本州，且侵害者住所在本州或与本州存在其他重要联系。此类案件适用本州法律。

第3544条　损失分配和经济赔偿的争点

故意侵权或过失侵权的受害人与侵害人之间有关损失分配和经济赔偿的争点，依序适用如下法律：

（一）若在损害发生时，受害人和侵害人的住所在同一法域，则适用该法域的法律。若其住所虽位于不同法域，但这些法域对于特定争点的法律规定实质上相同，则其被视为住所位于同一法域。

（二）若在损害发生时，受害人和侵害人的住所位于不同法域，则（1）当损害结果和加害行为发生在这些法域之一时，适用该法域的法律;(2)当损害结果和加害行为发生在不同法域时,适用结果发生地的法律,条件是①受害人的住所在该法域,②侵害人应事先预见到这一结果发生在该法域,③关于受害人经济赔偿,该法域的法律比侵权行为地法规定了更高的标准。

第 3545 条 产品责任

产品所致损害的侵权责任和准侵权责任以及赔偿,无论是补偿性赔偿、特别赔偿,还是惩罚性赔偿,若符合如下情形之一则适用本州法律:(1)住所或居所在本州者在本州遭受损害;或者(2)产品在本州制造、生产或取得,并且在本州造成损害或在另一法域对住所在本州者造成损害。

若导致损害的产品或被告的任何同类产品当时无法通过正常商业渠道取得,则前款的规定不予适用。

前两款未规定的所有案件适用本章的其他条款。

第 3546 条 惩罚性赔偿

除非如下法律准许,本州法院不予判处惩罚性赔偿:

(1)加害行为发生地法,以及损害结果发生地法或侵害人住所地法;或者

(2)损害结果发生地法以及侵害人住所地法。

第 3547 条 例外情形

在如下情况下,第 3543 条至第 3546 条规定的准据法不得适用:从一个例外案件的整体情况考虑,根据第 3542 条规定的原则,可以非常明显地看出,若另一个法域的法律不适用于某特定争点,则该法域的政策将遭受更严重的损害。在此情况下,应适用另一法域的法律。

第 3548 条 法人的住所

一个法人,虽然住所不在本州,但是在本州从事商务,并因在本州的活动导致了侵权或准侵权之债;为本章之目的并假如依第 3542 条的原则判断为适当,该法人应被视为本州的居民。

第八章　诉 讼 时 效

第 3549 条　适用于诉讼时效的法律

(一)若本州的实体法将适用于在本州所提起诉讼的实质问题,则本州的诉讼时效法和除斥期间法适用于该案。

(二)若另一法域的实体法将适用于在本州所提起诉讼的实质问题,则本州的诉讼时效法和除斥期间法适用于该案,但下述明确规定的情况除外:

(1)实质问题准据法的所属法域不禁止此类诉讼,而且公平救济的迫切考虑因素支持在本州继续诉讼;倘若如此,则即便本州法律禁止此类诉讼,法院也不应驳回起诉。

(2)实质问题准据法的所属法域会禁止此类诉讼,而且本州的政策、本州与当事人或纠纷的关系以及公平救济的迫切考虑因素不支持在本州继续诉讼;倘若如此,则即便本州法律不禁止此类诉讼,法院也应驳回起诉。

(三)尽管有上述规定,但如果另一法域的实体法将适用于在本州所提起诉讼的实质问题,并且本诉讼的提起者是在诉因产生时住所或居所均不在本州的本人或其代理人,那么在如下情况下应禁止该诉讼:另一法域的诉讼时效(或除斥期间)成文法或者诉讼时效(或除斥期间)判例法禁止此类诉讼,并且该成文法或判例法依该法域的法律,被认定为实体法而非程序法,或者被认定为禁止或消灭在诉讼中被寻求执行的权利而非只是救济措施。

附录 2　美国俄勒冈州《涉外合同法律适用法》[①]

定　　义

第 15.300 条　定义

对于《俄勒冈州最新成文法》第 15.300 条至第 15.380 条：

(1)"法律"指一个法域通过的具有普遍法律效力的任何规则，不论该规则是州内的还是州外的，亦不论该规则源自国际法、宪法、成文法、其他正式立法或者公开的司法先例。除非指向俄勒冈州的法律，"法律"不包括法律选择规则。

(2)"法域"指美国，美国的任何州，美国的任何领地、属地或其他辖区，任何印第安人部落，或者为联邦法所认可或为美国任一州所正式承认的其他美国土著族群或土著夏威夷人族群，以及任何外国，包括具有独自法律制度的任何地域或其他实体。

第 15.305 条　适用范围

只要出现了关于选择不同法域的法律的争议，《俄勒冈州最新成文法》第 15.300 条至第 15.380 条即用于调整任何合同或合同一部分的法律适用问题。若俄勒冈州的任何成文法明确指定了合同全部或部分适用某法律，则《俄勒冈州最新成文法》第 15.300 条至第 15.380 条不予适用。若合同一方当事人为《联邦成文法大全》第 15 编第 6827 条界定的金融机构，则第 15.320 条自 2002 年 1 月 1 日起即不适用于此类合同。

---

① 本法原文来自 Westlaw 数据库中的英文本，该文本同时可见于该法的起草人之一西蒙尼德斯教授的论文附录，以及该法律草案的报告人纳夫齐格教授的论文附录。参见 S. Symeonides, "Oregon's Choice - of - Law Codification for Contract Conflicts: An Exegesis", *Willamette Law Review* 44, 2007 - 2008, p. 248 - 252.; J. Nafziger, "Oregon's Conflicts Law Applicable to Contracts", *Willamette Law Review* 38, 2002, p. 414-418。在编入《俄勒冈州最新成文法》时，该法的第 1~10 条的编号分别改为了第 81.100 条、第 81.102 条、第 81.105 条、第 81.110 条、第 81.112 条、第 81.115 条、第 81.120 条、第 81.125 条、第 81.130 条、第 81.135 条。2011 年，该法从第八编"商事交易法"被移入第二编"民事诉讼法"第十五章"法律适用法"中，相应地，上述各条序号分别更改为 15.300 条、第 15.305 条、第 15.320 条、第 15.325 条、第 15.330 条、第 15.335 条、第 15.350 条、第 15.355 条、第 15.360 条、第 15.380 条。

适用俄勒冈州法的合同

第 15.320 条　适用俄勒冈州法的合同

不论《俄勒冈州最新成文法》第 15.300 条至第 15.380 条如何规定，在本法第 15.305 条规定的适用范围内，俄勒冈州法适用于下述合同：

(1)俄勒冈州或其州立机构或其分支机构为合同一方当事人，在该州提供服务或交付货物的合同。若为俄勒冈州法所准许弃权之人放弃适用俄勒冈州法，则本项可不予适用。

(2)主要在俄勒冈州履行的建筑工程合同。

(3)由俄勒冈州居民主要在俄勒冈州提供服务的雇佣合同。

(4)消费者合同，条件是：

①在合同缔结时，消费者为俄勒冈州居民，以及

②在俄勒冈州取得消费者的同意，或者主要通过在俄勒冈州的要约邀请或广告诱使消费者签订了合同。

对于本项规定，消费者合同是指主要为个人或家庭之用提供货物或服务的合同。

调整合同形式、缔约能力和同意缔约的意思表示的规则

第 15.325 条　合同形式的有效性

合同形式若符合下述法律规定的要求，即为有效：当事人根据《俄勒冈州最新成文法》第 15.350 条和第 15.355 条选择的法律，根据第 15.320 条、第 15.360 条或第 15.380 条适用的法律，或者一方当事人或当事人的代理人对合同成立做出同意表示所在法域的法律，除非该法域与当事人或交易不存在其他联系。

第 15.330 条　缔约能力

(1)若当事人依据其居所地法或根据《俄勒冈州最新成文法》第 15.320 条、第 15.360 条或第 15.380 条适用的相应法律具有缔约能力，则其有能力签订合同。

(2)若一方当事人依据其居所地法缺乏缔约能力，另一方当事人在

合同签订时知道或应该知道其无能力,则其可向另一方当事人主张其无缔约能力。若一方当事人以本款规定的方式证实其缺乏缔约能力,则其无能力的后果适用其居所地法。

第15.335条　同意缔约的意思表示

(1)若合乎依《俄勒冈州最新成文法》第15.320条、第15.360条或第15.380条适用的法律之规定,则一方当事人已表示同意缔约。

(2)在消费者合同或雇佣合同中,获得消费者或雇员的缔约同意是在其居所地,或其导致缔约的行为主要发生在该地,则消费者或雇员可援引该地的法律主张其未同意缔约,或者该同意表示因欺诈或胁迫而无效。

当事人选择法律

第15,350条　当事人的法律选择

(1)除非《俄勒冈州最新成文立法》第15.320条、第15.325条、第15.330条、第15.335条或第15.355条作出了特别规定,当事人的合同权利和义务适用当事人选择的一个或多个法律。当事人选择的法律可适用于合同的全部或部分。

(2)法律选择的意思表示应当明确,或可从合同条款中明确推导出来。在主要仅由一方当事人起草的格式合同中,法律选择的意思表示应当明确和显著。

(3)当事人签订合同后可以选择法律或修改所作的选择。当事人签订合同后的法律选择或其修改应当采用明示协议的方式。

(4)除非当事人另有约定,法律选择或其修改溯及于合同成立时。本款规定的溯及力不得损害第三方的权利。

第15.335条　对当事人选择法律的限制

(1)若当事人依《俄勒冈州最新成文立法》第15.350条所选法律的适用出现如下结果,则不得适用该法律:

①要求当事人从事合同履行地法所禁止的行为;

②禁止当事人从事合同履行地法所要求的行为;或者

③违反依第15.360条调整争议事项的法律中包含的既定基本法

律政策。

(2)对于本条第1款第3项,一项既定的基本法律政策,体现了立法宗旨或为执行重要的公共或社会制度,超越了争议中的合同当事人的权利和义务的分配。

当事人未有效选择法律时的法律适用

第15.360条　当事人未有效选择法律时的法律适用

若当事人未依《俄勒冈州最新成文立法》第15.350条或第15.355条进行有效的法律选择,或第15.320条、第15.325条、第15.330条、第15.335条或第15.380条未对此加以规定,则当事人关于某一合同争点的权利和义务适用根据合同的涉外因素判断对解决该争点最适当的法律。决定最适当的法律应当:

(1)查明与交易或当事人具有适当联系的法域,比如合同谈判地、签订地、履行地或标的物所在地,或者一方当事人的住所地、惯常居所地或相应的营业地;

(2)查明与特定争点有关的这些法域的明显相互冲突之法律背后的政策;并且

(3)权衡这些政策的相对强度和关联度,其中应考虑:

①符合州际秩序和国际秩序的需要,实现促进州际交往和国际交往的政策;并且

②便于交易安排,保护一方当事人免受另一方当事人的不合理要求,实现适用于该争点的特定法域之法律中保护当事人正当期望的目的,将对其他法域中重大法律政策的负面效果最小化。

推定规则

第15.380条　当事人未有效选择法律时的推定规则

(1)若当事人未依《俄勒冈州最新成文立法》第15.350条或第15.335条作出有效的法律选择,或者第15.320条、第15.325条、第15.330条、第15.335条未加以规定,则本条第2款规定的合同适用本条第2款指定的法域之法律,除非一方当事人证实,根据第15.360条中的原则,适用该法显然不当。

(2)①涉及不动产的占有权、财产的土地利用权或不动产的权益登

记的合同,适用财产所在地法。

②个人服务合同适用合同所指主要服务所在地法。

③《俄勒冈州最新成文法》第650.005条所界定的特许经营合同,除了此类合同中的许可条款,适用依合同进行特许经营所在地法。

④ 许可合同,以及《俄勒冈州最新成文法》第650.005条所界定的特许经营合同中的许可条款,适用与当事人之间的交易具有最密切联系的许可人营业地或其居所地的法律。对于本项规定,“许可”是指授予一项以合同创设的特权,允许一方当事人(被许可方)使用另一方当事人(许可方)的财产或权利。

⑤ 代理合同,适用代理人义务的主要履行地的法律。

附录3 美国俄勒冈州《侵权和其他非合同赔偿性请求法律适用法》①

定 义

第15.400条 定义

对于《俄勒冈州最新成文立法》第15.400条至第15.460条：

(1)“行为”是指已经发生或将来可能发生的行为或疏忽。

(2)“住所”是指依《俄勒冈州最新成文法》第15.420条界定的住处。

(3)“损害”是指任何人的人身或财产因他人的行为遭受的有形或无形伤害。

(4)“法律”，当用于指另一法域的法律时，不包括其法律选择规则。

(5)“非合同赔偿性请求”是指非因未履行合同之债或其他合意之债而产生的请求，而是因《俄勒冈州最新成文法》(ORS)第30.260条第8款所定义的侵权行为或任何其他行为所产生的赔偿性请求，其他行为是指已造成或可能造成可用赔偿金补偿(不管当事人是否要求赔偿)的损害的行为。

(6)“人”是指《俄勒冈州最新成文法》第174.100条所定义的人，以及公共机构。

(7)“公共机构”是指《俄勒冈州最新成文法》第174.109条所定义的公共机构，以及俄勒冈健康与科学大学和俄勒冈州律师协会。

---

① 本法原文来自Westlaw数据库中的英文本，该文本同时可见于该法的起草人之一西蒙尼德斯教授的论文附录。参见S. Symeonides, “Oregon's New Choice-of-Law Codification for Tort Conflicts: An Exegesis”, *Oregon Law Review* 88, 2009, p. 1046-1052。该法第1~12条后被编入《俄勒冈州最新成文法》，序号初始为第31章的第850~890条。第13~14条作为临时规定未被纳入。值得注意的是，第31.850~31.890条的序号不是连续编号，其实条文总数还是12条，即第31.850条、第31.855条、第31.860条、第31.862条、第31.865条、第31.870条、第31.872条、第31.875条、第31.878条、第31.880条、第31.885条和第31.890条。2011年，该法从第三编第三十一章“侵权之诉”被移入第二编“民事诉讼法”中，相应地，上述各序号分别更改为第15.400条、第15.405条、第15.410条、第15.415条、第15.420条、第15.430条、第15.435条、第15.440条、第15.445条、第15.450条、第15.455条、第14.460条。

(8)除非本法另有规定,“法域”是指美国,美国的任何州、海外领地、独立属地或其他辖区,为美国法所认可或为美国的州所正式承认的印第安人部落、其他土著美国人、夏威夷人或阿拉斯加人族群,以及任何外国或其具有独自法律制度的地域。

适用范围

第 15.405 条 适用范围

当在两个或两个以上法域的法律之间进行选择时,《俄勒冈州最新成文立法》第 15.400 条至第 15.460 条适用于非合同赔偿性请求的法律选择。若俄勒冈州其他成文法明确规定了特定非合同赔偿性请求所适用的法律,则《俄勒冈州最新成文立法》第 15.400 条至第 15.460 条不适用于这些请求。

先定问题

第 15.410 条 识别

(1)俄勒冈州法决定《俄勒冈州最新成文立法》第 15.400 条至第 15.460 条所用术语的范围和含义,包括一项请求是否属于非合同赔偿性请求。

(2)根据《俄勒冈州最新成文立法》第 15.400 条至第 15.460 条确定适用的某法域的法律决定该法中所用术语的范围和含义。

第 15.415 条 地点和其他事实的确定

对于《俄勒冈州最新成文立法》第 15.400 条至第 15.460 条,下述问题依俄勒冈州法确定:

(1)什么行为导致了损害以及加害行为发生在何处

若导致损害的行为发生在数州,则对损害结果起主导作用的行为发生地为加害行为发生地。

(2)谁导致了损害

若一人对另一人的行为负有责任,则两人均被视为加害人。

(3)损害结果发生在何处

若同一行为在数个法域造成损害,则大多数损害结果发生或可能发生的法域为损害结果发生地。若不同的人在不同的州因同一行为遭受损害，则为每人分别确定损害结果发生地。若一人因另一人的损害或死亡遭受损失，则根据另一人遭受的损害确定损害结果发生地。

(4)谁遭受了损失

若为另一人的损害或死亡导致的损失提出请求，则请求人和另一人均被视为受害人。

第 15.420 条　住所的确定

对于《俄勒冈州最新成文立法》第 15.400 条至第 15.460 条：

(1)①自然人的住所位于一人设有居所并意欲使其永久为家的法域。

②住所一旦设立便持续存在，直至被取得的新住所取代。若一人改变住所的意图法律上无效，则其原有住所继续作为其住所。

③若一人在某法域拥有住所的意图可能合法有效但无法确定，则其居住的法域为其住所地；若其在数州拥有居所，则与产生纠纷的争点具有最适当联系的居所地被视为有关该争点的住所地。

(2)法人的住所位于其主要营业地。若导致纠纷的营业活动源于法人在从事非主要业务的另一法域发出的指令，则任一法域均可被视为法人的住所地，具体法域由另一方当事人选择。

(3)导致非合同赔偿性请求的损害发生之日为住所确定之时。

适用俄勒冈州法的请求

第 15.430 条　适用俄勒冈州法的请求

不管《俄勒冈州最新成文立法》第 15.440 条、第 15.445 条、第 15.455 条如何规定，俄勒冈州法适用于下列诉讼中的非合同赔偿性请求：

(1)当事人在导致纠纷的事件发生后同意适用俄勒冈州法的诉讼。

(2)没有任何一方当事人提出适用外法域法律问题的诉讼。

(3)在诉讼中主张适用外法域法律的一方或双方当事人未能依法院的要求协助法院查明外法域法律的相关规定。

(4)对俄勒冈州的公共机构提起的诉讼，除非为俄勒冈州法所准许代表公共机构弃权之人放弃适用俄勒冈州法。

(5)对位于俄勒冈州的土地、建筑物或其他不动产的所有人、出租人或占有人提起的诉讼，要求针对在该不动产上造成的和在俄勒冈州发生的行为导致的损害获得赔偿,或者要求防止此类损害的发生。

(6)因在俄勒冈州造成的损害而在雇主和雇员之间发生的诉讼,雇员的主要受雇工作地在俄勒冈州。

(7)依俄勒冈州法获准从事服务业的专业人士,因完全在俄勒冈州提供的服务导致的工作失职诉讼。

第 15.435 条　产品责任民事诉讼

(1)不论《俄勒冈州最新成文立法》第 15.400 条和第 15.445 条如何规定,若符合下列条件,则俄勒冈州法适用于《俄勒冈州最新成文法》第 30.900 条所定义的产品责任民事诉讼:

①受害人的住所在俄勒冈州并且损害结果发生在俄勒冈州;或者

②受害人的住所在俄勒冈州或者损害结果发生在俄勒冈州,并且

(A)产品的制造地或生产地在俄勒冈州,或者

(B)在俄勒冈州交付新产品供使用或消费。

(2)若被告表明,其无法预见导致损害的产品在俄勒冈州的使用,并且在损害发生时不能通过正常商业渠道获得被告的任何同类产品,则本条第 1 款不适用于产品责任民事诉讼。

(3)若一方当事人表明,对一个争点根据第 15.445 条的原则适用俄勒冈州以外另一法域的法律显然更加适当,则该争点应适用另一法域的法律。

(4)本条未规定或未解决的产品责任民事诉讼中所有非合同赔偿性请求或问题均适用根据第 15.445 条确定的法域的法律。

法 律 选 择

第 15.440 条　一般规则

(1)受害人对侵害人提出的非合同赔偿性请求适用下列款项指定的法域的法律。

(2)①若受害人与侵害人在同一法域有住所,则适用该法域的法律。但是,侵害地法决定行为依据的谨慎标准。若损害结果发生在侵害以外的法域,则适用本条第 3 款第 3 项的规定。

②对于本条的规定,只要相关法域的法律适用于特定争点的结果相同,住所位于不同法域者应被视为在同一法域有住所者。

(3)若受害人与侵害人在不同法域有住所,并且这些法域的法律适用于特定争点的结果不同,则适用下文指定的法域的法律:

①若加害行为和损害结果发生在同一法域,只要受害人或侵害人的住所在该地,则适用该法域的法律。

②若加害行为和损害结果的发生地均不在受害人或侵害人的住所地,则适用行为和结果的发生地法。若一方当事人表明,在具体案情下,对某争点适用该法将不会实现该法的目的,则该争点适用依第15.445条选定的法律。

③若加害行为发生在一个法域,而造成的损害结果发生在另一法域,则适用加害行为地法。但若符合下列条件,则适用结果发生地法:

(A)侵害人可以预见其行为会在该地造成损害;并且

(B)受害人通过诉状或修改的诉状正式请求适用该地的法律。这一请求应被视作涵盖针对被告的所有请求和争点。

(4)若一方当事人表明,对某争点依第15.445条的原则适用本条第2款或第3款指定的法域以外另一法域的法律显然更加适当,则该争点适用另一法域的法律。

第15.445条　一般方法和补充方法

除非《俄勒冈州最新成文法》第15.430条、第15.435条、第15.440条、第15.455条另有规定,在非合同赔偿性请求中当事人关于特定争点的权利和义务适用如下法域的法律,其与当事人和纠纷的联系以及其关于特定争点的政策使得适用其法律对于这些争点最为适当。确定最适当的法律应:

(1)查明与纠纷有关联的法域,如导致损害的行为发生地,损害结果地,每一方当事人的住所地、惯常居所地或相关的营业地,或者当事人法律关系的重心地;

(2)查明关于特定争点的这些法域的法律中包含的政策;并且

(3)权衡这些政策的相对强度和关联度,其中应适当考虑:

①鼓励负责任行为的政策、遏制损害行为的政策以及对损害提供充分救济的政策;以及

②州际秩序和国际秩序的需要和政策,包括对其他法域强烈坚持的政策造成的负面效果最小化的政策。

第 15.450 条　共同侵权人和第三方当事人

不论《俄勒冈州最新成文法》第 15.430 条、第 15.435 条和第 15.440 条如何规定,若两人或多人对同一请求负有责任,则他们之间的权利和义务适用第 15.445 条针对特定争点确定的法律。若第三人对由于另一人的行为而受损害的人给予赔付,则第三人追偿所支付赔偿金的权利适用第 15.445 条针对特定争点确定的法律。

第 15.455 条　适用外法域法律的协议

不论《俄勒冈州最新成文法》第 15.440 条、第 15.445 条、第 15.450 条如何规定,符合《俄勒冈州最新成文法》第 15.300 条至第 15.380 条的如下协议在俄勒冈州可予强制执行:对《俄勒冈州最新成文法》第 15.400 条至第 15.460 条调整范围内的一个或数个争点约定适用俄勒冈州以外法域的法律;协议签订于当事人获悉导致纠纷的事件发生之后。

第 15.460 条　评注

对于《俄勒冈州最新成文法》第 15.400 条至第 15.460 条的规定,俄勒冈州法律委员会将在其维持的网站上提供一份由其批准的法律评注。

附录4 《冲突法重述(第二版)》(节录)[①]

第一章 一般规定

第1条 冲突法规则的产生原因

世界由不同法域构成,各地的法律体系相互独立,各有千秋。事件和交易,以及随之而起的争议,均可能与一个以上的法域具有重要联系,因而需要一套特别的规则和方法进行调整和解决。

评论:

1. 通常来说,一个案件的全部重要的法律方面要素均集聚在受案法院所在的法域,法院的任务就是适用当地的实体法决定当事人的权利和义务。(“实体法”的定义,参见第4条)

2. 遇有一个案件中具有法律上重要意义的要素分布在两个或更多的法域(“法域”的定义,参见第3条),特别的问题随之产生。假设,A在Y法域伤害了B,然后B在X法域对A提起损害赔偿之诉。如果X法域和Y法域的实体法规则在相关问题上规定不同,那么X法域的法院就可能需要决定,是否适用一个法域的法律规则,而非另一个法域的法律规则。此外,可能还有判决承认与执行的问题:在X法域做出的判决可否在Y法域获得承认与执行,或者在Y法域做出的判决可否在X法域获得承认与执行。

3. 概而言之,对于如何处理涉外案件,可能存在三种不同主张。第一种主张,法院拒绝受理所有这类案件。第二种主张,法院虽受理这类案件,但完全适用法院地的实体法裁判。第三种主张,专门为处理这类案件制定特别的规则,旨在促进国际秩序和州际秩序的良好运行,并实现对当事人的正义。第三种路径为文明国家所追求,而这些特别规则构成了冲突法的内容。

第2条 冲突法的范围

作为各法域法律的一部分,对于可能与一个以上的法域具有重要

---

① 1971年《冲突法重述(第二版)》的版权归美国法学会所有。本部分的中文翻译均已获得授权。(Restatement of the Law Second, Conflict of Laws copyright 1971 by The American Law Institute. Reproduced with permission. All rights reserved.)

联系的案件,冲突法决定此类案件事实具有何种法律效力。

评论:

1. 冲突法领域内的事项

冲突法涵盖的领域相当广泛,包含各种跨界交往的情形。冲突法规则调整的重要事项包括:

(1)管辖权

对于法院或其他裁判机构有权受理何种涉外案件,各法域均有相应规定。这类规则决定,对不在境内之人,或发生于境外之事,法院可以行使多大范围内的管辖权。

(2)域外判决

对于域外的判决,各法域的法律规则决定本地法院是否予以承认与执行。

(3)法律选择

各法域的法律规则决定,适用当地的实体法还是其他法域的实体法,以判定涉外交往当事人的权利和责任。此类规则通常指法律选择规则,因为其本身并不决定当事人的权利和责任,而是指引法院决定适用哪一法域的实体法决定当事人的权利和责任。各法域均采用各自的方法和法律规则决定,对于涉外案件中的具体争点,是适用本地的实体法规则,还是其他法域的实体法规则。影响这些方法和法律规则的重要考虑因素罗列于第 6 条。这些方法和法律规则同样决定,相关的争点是适用其他法域的实体法规则,还是适用其他法域的法律选择规则指引确定的实体法规则(参见第 8 条)。

示例:

1. A,住所在 X 法域,来到 Y 法域,居留一段时间后,试图与其妻 B 离婚,B 的住所依然在 X 法域。Y 法域的法院可否受理 A 提起的离婚之诉,就涉及冲突法问题。

2. 案情如示例 1,不同的是 A 在 Y 法域获得离婚判决后,如今回到 X 法域。B 在 X 法域起诉 A,请求司法别居和支付扶养费。在该诉讼中,X 法域的法院如何对待 Y 法域的离婚判决,是一个冲突法问题。

3. 一辆汽车在一个法域被设立抵押权,然后抵押人将该车开到另一法域并出售。适用哪一法律来决定该车的抵押权人和购买人的各自权利,是一个冲突法问题。

4. 一份合同签订于一个法域，履行于另一法域。适用哪一法律决定其有效性，是一个冲突法问题。

评论：

2. 宪法、条约以及联邦法的效力

《联邦宪法》的某些条款限制各州在冲突法领域的权力，因而这些宪法条款构成了各州冲突法规则的一部分（参见第 3 条之“评论”3）。这些宪法条款包括：

（1）充分信任和尊重条款

该条款包含于《联邦宪法》第 4 条第 1 款，连同如何实施该条款的立法（28 U.S.C. §1738），规定了各州应当对姊妹州的涉众成文法、档案以及司法程序，给予尊重的标准。

（2）正当程序条款

第十四修正案中的“正当程序条款”，对各州的法院管辖权和州法的适用范围予以限制。

第五修正案中的“正当程序条款”，对联邦的司法管辖权和立法管辖权予以类似限制。

（3）特权和豁免条款

该条款包含于《联邦宪法》第 4 条第 2 款，限制一州差别对待姊妹州居民的程度。

（4）平等保护条款

该条款包含于《联邦宪法》第十四修正案，限制一州差别对待“其境内”之人的程度。

（5）至上条款

该条款包含于《联邦宪法》第 6 条，要求各州遵守联邦的宪法、成文法和条约，以及联邦法院在联邦法领域作出的权威判例。例见 Banco Nacional de Cuba vs. Sabbatino, 376 U.S. 398（1964）；Teamsters Local vs. Lucas Flour Co., 369 U.S. 95（1961）；Clearfield Trust Co. vs. United States, 318 U.S. 363（1943）；Garret vs. Moore- McCormack Co., 317 U.S. 239（1942）。

（6）商业条款

该条款包含于第 1 条第 8 款，对于一州适用自己的法律处理州际交易的权力，以及决定其法院受理何种案件的权力，予以限制。

示例：

在“示例”5~9 中，X 和 Y 代表的法域限于美国的州。

5. A，以前居住在 X 州，如今在 Y 州有了住所，并在当地与其妻子 B 依法离婚。《联邦宪法》要求 A 州的法院承认在 Y 州的离婚。

6. 在 Y 州提起的诉讼请求，基于在 X 州发生的事实。《联邦宪法》要求 Y 州的法院受理此案。

7. X 州的成文法授权 X 州的法院，对在本州导致人身伤害或财产损失的州外居民行使管辖权。X 州如此立法的权力，应受到《联邦宪法》的限制。

8. 在 X 州提起诉讼，请求赔偿在 Y 州遭受的损失。X 州的法院适用 X 州实体法决定当事人的权利和责任，适用当地实体法的权力应受到《联邦宪法》的限制。

9. X 州立法规定，本州的法院可审理起诉外州铁路公司的案件，条件是该公司在 X 州设立了办事处，旨在推销在铁路沿线其他州的货运或客运服务，并且法院可对此办事处送达传票。X 州如此立法的权力，应受到《联邦宪法》的限制。

评论：

3. 本《冲突法重述》排除的法律冲突类型

下列类型的法律冲突，不在本《冲突法重述》直接调整的范围：

(1)联邦法与州法之间的冲突

在美国，决定联邦的法律和法院与各州的法律和法院各自的权限范围，是一个长期未解的难题。

(2)域内法律冲突

一个法域通常划分为诸如县、市、镇和村之类的领土单元。只要这些地方拥有其独立的法律和法院，那么它们的存在所导致的问题，与本《冲突法重述》所要解决的问题相似。

(3)人际(非空间的)法律冲突

在一些法域，不同种族和宗教团体拥有其独自的法律制度。在美国，印第安人部落的人法中尚有这种制度的遗存。

(4)时际法律冲突

偶尔遇到的难题是，适用一个法域的旧法，还是适用其新法。例如，有人主张成文法具有溯及既往的效力。

(5)刑法的冲突

本《冲突法重述》并不致力于全面处理刑法领域的法律冲突问题。但是,本《冲突法重述》中的许多原则可适用于解决刑法问题。

4. 国际公法

本《冲突法重述》仅偶尔触及国际公法问题。但是,本《冲突法重述》中的规则的确遵守了国际公法的要求。在没有相反的条约规定的情况下,一个法域适用本《冲突法重述》中的冲突法规则,不会违背其对其他法域所负有的国际公法义务。关于国际公法和冲突法之间关系的探讨,参见本《冲突法重述》第 9 条,以及《美国对外关系法重述》第一部分的简介。

第 3 条　法域的界定

本《冲突法重述》中所使用的"法域",系指一个拥有独立法律体系的地域。

评论:

1. 根据本条的定义,美国的各州均为法域。同样,诸如哥伦比亚特区、波多黎各自治邦、关岛和维京群岛之类也是法域。

2. 一个法域的法律,并不必全面适用于境内的每个人或各地。因此,不同阶层的人,或不同地域,可适用不同的法律;一个法域可允许其次级单位制定某些在当地适用的法律。所有这些法律均为该法域法律的组成部分。

示例:

马萨诸塞州立法机关授权波士顿城制定法令,在该城辖区内适用。这些法令构成马萨诸塞州法律的一部分。

评论:

3. 政治意义上的"国家"与此处的"法域"之间的区别

值得注意的是,本《冲突法重述》所使用的"法域"一词,与该词所指政治意义上的主权单位,二者之间存在差异。一方面,政治意义上的"国家"的定义包含在《美国对外关系法重述》的第 4 条。在政治上,美国是一个国家。另一方面,本《冲突法重述》涉及各州不同实体法调整的事项,对于这类事项,美国不是一个法域。但是,对于联邦法调整的事项,美国是一个法域。在联邦法调整事项之外,美国各州均为本《冲突法重述》规则意义上的法域。上述含义的区分源自《联邦宪法》中联邦与州之间的分权。但是,联邦与州之间的关系,本《冲突法重述》并不关注。在政治意义上,英国是一个国家。但在冲突法意义上,英格兰、苏格兰和北爱尔兰是不同的法域。

4. 联邦与州分权的法律适用问题

基于《联邦宪法》第 3 条赋予的权力,美国国会设立了联邦法院,这些法院可根据诉讼请求的性质或当事人之间的异籍而行使管辖权。除非联邦法有相反的规定或要求,联邦法院应适用起诉所在州的法律,包括该州的冲突法。在一个包含冲突法问题的案件中,确定州法或联邦法的确切适用范围,可能相当棘手。解决这类问题并不在本《冲突法重述》的调整范围之内(参见第 2 条之“评论”3)。

5. 在本《冲突法重述》中,“法域”(state)一词是通称,涵盖任何具有独立法律体系的领土单元,包括美国各州。

本《冲突法重述》意指美国的州时,“state”一词的首字母将被大写(State)。“国家”(nation)一词通常用来指称政治意义上的主权单元。美国即在此列。具备哪些要素才能成为政治意义上的主权单元,是国际公法问题,而不属于本《冲突法重述》的调整范围。

第 4 条 法律的界定

1. 在本《冲突法重述》中,一个法域的“实体法”(local law),系指该法域的冲突法规则以外的全部准则、原则和规则,是该地法院裁决争议的依据。

2. 在本《冲突法重述》中,一个法域的“法律”(law),系指该地的实体法,加上其冲突法。

评论:

1. 法庭何时会考虑适用某个法域的冲突法规则,对此整体上的探讨,参见第 8 条。

2. 美国各州的“实体法”,包含对该州具有约束力的联邦法律规则。

第 5 条 冲突法的性质和发展

冲突法的规则,尤其是法律选择规则,主要是判例法;同其他普通法规则类似,要不断接受司法实践的重新审视。构建和重新审视这些规则，法院不仅要考虑相关实体法包含的特定政策，而且还应考虑有关涉外交往的一般政策。

评论：

1. 冲突法属于各法域的法律之一支

各法域有权自主决定其法律选择规则，正如其在其他法律领域的自主权。冲突法规则，一旦采用，就明确成为一个法域的一支法律，正如该法域的其他法律。在某些情况下，美国《联邦宪法》限制各州采用冲突法规则的权力，从而不像采用其他规则那样自由（参见第 2 条之“评论”2）。

2. 冲突法的法律渊源

法院根据其理解，包括其冲突法理念，适用其所在法域的法律。冲突法之法源，与本地其他各种法律的法源相同，皆出自宪法、条约和成文法，先例，道德和社会需要以及一般公共政策的考虑因素，类推以及其他形式的法律推理。在重述冲突法时，会遇到如何处理普遍接受的原理、地方特色以及成文法修改，恰如重述其他法律时面对的难题。

3. 冲突法规则的演进和变革

在美国和其他英美法系国家，冲突法通常属于普通法的范畴。偶尔，冲突法规则会见于宪法、成文法和条约。作为普通法的冲突法规则，与其他普通法规则一样，变革与否取决于法院。的确，相对于其他普通法领域，冲突法领域的普通法规则近年来变化更加剧烈，而且这种趋势很可能仍将继续。随着经验的累积，一些现行的冲突法规则会被修改，更多的新规则可能出现，这些新规则针对更具体的案情，更加精准和明确。自《冲突法重述（第一版）》面世以来，冲突法规则的变化情况，体现于本《冲突法重述》的诸多部分以及“报告人注解”中。

4. 规则背后的政策

冲突法体现的政策实质上有两种：一种是案件所涉及的特定实体法规则背后的政策，另一种是涉外民事交往中秉持的一般政策。在任何法律选择中，一个重要目标是，尽可能以最佳方式包容相关法域的实体法政策。同时，由于涉外民事交往有其自身特殊的政策，因此冲突法规则对此应予以体现。

法律选择规则背后的重要考虑因素，第 6 条予以详述。

第 6 条　法律选择的原则

1. 在接受宪法约束的前提下，法院应遵循其所在法域的有关法律选择的成文法规定。

2. 在不存在上述规定时，影响准据法选择的相关因素包括：

(1) 州际秩序和国际秩序的需要；

(2) 法院地的相关政策；

(3) 其他有法律适用意愿的法域的相关政策，以及在裁决特定争点上这些法域的相对意愿；

(4) 对正当期望的保护；

(5) 特定法律领域的基本政策；

(6) 结果的确定性、可预见性和一致性；以及

(7) 确定和适用准据法的容易程度。

评论：

对第 1 款的评论：

1. 有关法律选择的成文法

在接受宪法约束的前提下，法院应该遵循所在法域的立法机关的规定。只要立法合宪，法院应当适用当地对于法律选择的立法规定。有关法律选择的立法的一个实例，就是《统一商法典》；它规定了在一些情况下适用当事人选择的法律（第 1-105 条），在其他情况下适用特定法域的法律（第 2-402、4-102、6-102、8-106、9-103 条）。另一个实例是《遗嘱执行示范法》，它规定，立遗嘱人所立的书面遗嘱，遗嘱的形式只要符合罗列的任一法域的实体法要求，就为有效。明确规定法律选择的成文法，即规定适用一个法域而非另一法域的实体法的成文法，这类法律数量上相对少见。

2. 成文法意欲适用的范围

法院很少能见到成文法对法律选择问题的明确规定。换言之，法院对具体争点裁决时，罕见成文法指引适用一个法域的实体法，而非另一法域的实体法。与此同时，法院经常遇到以下问题：案件的争点是否在某一成文法意欲适用的范围之内。如果能够查明法院当地成文法的立法意图，且符合宪法，那么法院应当认可当地立法机关所设定的适用范围。如果立法机关希望，一部成文法应适用于境外的相关事实，那么法院就应如此适用该法，除非存在宪法禁止的情形。另一方面，如果立

法机关希望，一部成文法应仅适用于发生于境内的行为，则法院不应在更广泛的范围内适用该法。有时，一部成文法想要适用的范围，字面上就显而易见，如其明确规定适用于该地所有的公民，包括现在居住于境外者。当一部成文法并未明晰其适用范围时，立法机关对此的意图有时可通过法律解释和诠释予以查明。如果合宪，那么法院就可按照立法机关的意图适用当地的成文法，即便依据通常适用的法律选择原则，另一法域的实体法本应适用。

对第 2 款的评论：

3. 理由

立法机关立法，法院裁决案件，通常仅考虑本地的情况。它们很少想到，制定的法律，阐释的普通法规则，在多大程度上适用于域外事实。遇有成文法或判例法未明确指示如何适用法律，法院就应考虑本款中的相关因素，以决定适用哪一法域的实体法来裁判争议。本款对这些因素的列举，并非表明其穷尽一切。毫无疑问，法院决定法律选择问题，偶尔会考虑其他因素。同时，本款对这些因素的列举顺序，并不表明其相应的重要程度。在不同的法律选择领域，某个因素，或多个要素，其应有的分量相应发生变化。例如，转让土地权益适用土地所在地的法院会适用的法律（参见第 223～243 条），在这一规则上，支持实现具有最强法律适用意愿的法域的政策就占了上风。另一方面，在一定条件下当事人有权选择合同适用的法律（参见第 187 条），在一定条件下动产信托适用支持其有效性的法律（参见第 269 条、第 270 条），在一定条件下商业高利贷合同适用支持其有效性法律（参见第 203 条），在这些规则上，保护当事人正当期望，以及实现具体法律领域的基本政策，这些因素便走上了前台。同样，动产权益的继承，适用被继承人死亡时住所地法院会适用的法律（参见第 260 条、第 263 条），在这一规则上，支持结果一致性的政策占据了显眼位置。

几乎在最简单的案件中，至少本款罗列的部分因素指向的方向不同。因此，任何法律选择规则，如同其他普通法规则，均为调和相对对立价值的产物。本《冲突法重述》有关法律选择的章节，表述的规则均为法院不断调和本款所罗列因素的结果。在一些领域，例如“财产”（第九章）部分，法律选择规则以足够精准，可以直接用以裁判案件，无须再明确借用这些规则背后的政策因素。在其他领域，如“非法行为”（第七章)和“合同”(第八章),法律选择面临的艰难和复杂性,无法让法院提炼出精准的规则或规则体系,尽管这类规则方可令人满意地调和各种情况下的政策因素。在这些领域,当前唯一能做的就是表述一条宽泛的原则,如“适用具有最重要联系的法域的实体法”;它为通向正确方法提供了线索,但并非提供精准的答案。在这些领域,法院必须自行审视个案潜在的政策因素,以得到调和各种政策的最佳判决结果。

案情和争点的高度多样性,法院对许多案情和争点尚未充分探讨,法院在判决中频繁采用笼统的表述,最近的许多判决意见采用了新颖裁判依据,这些情况均使得在许多法律选择领域,精准表述规则更加困难。

下述“评论”简要讨论本款罗列的法律选择背后的各项因素。

4. 州际秩序和国际秩序的需要

法律选择规则最重要的功能很可能就是促进州际秩序和国际秩序的良好运行。法律选择规则,与其他规则一道,应努力促进各法域之间的和谐关系,便利其相互经贸交往。在提炼法律选择规则时,一法域应该考虑其他法域或法域共同体的需要和政策。顾及上述需要和政策而提炼出的法律选择规则,可能更容易得到其他法域的认可,并被采用。同样的法律选择规则得到诸多法域的采用,将增进州际秩序和国际秩序的良好运行,以及法律选择确定性、可预见性和结果一致性的实现。

5. 法院地的相关政策

以下两种情况应加以区分。一种情况是,法院所在的法域,除了诉讼地这一事实,与案件再无利害关系。此时,法院所在的法域唯一相关的政策,便包含在诉讼法中(参见第六章)。另一种情况是,除了审判地,法院所在的法域还与案件存在其他利害关系。在第二种情况下,法院所在法域的相关政策,可能包含在诉讼法以外的规则中。

本“评论”讨论的是常见情况下的问题,法院地的成文法和普通法规则的生成,仅针对域内交往的情形,或者至少没有证据表明,这些成文法和普通法规则的制定者想要域外适用。如果立法者或法院(针对普通法规则的情况),的确就成文法和普通法的适用范围表明了域外适用意图,而且这类意图可以查明,那么法院就应该适用本条第 1 款。否则,法院需要根据本条第 2 款中的相关政策因素解释成文法和普通法规则。

每一条法律规则,无论是成文法规则还是普通法规则,均旨在实现一种或更多的立法目的。在裁判争议中决定适用本地的规则还是域外的规则,法院应当考虑这些立法目的。如果本地的成文法或普通法规则所追求的目的,能够通过适用于境外事实得以实现,那么这将成为适用法院地法的重要原因。另一方面,如果立法机关或法院并无可以查明的域外适用意图,那么法院并无强制性义务,将成文法或普通法规则适用于境外事实。法院应自行决定,是否以牺牲本款罗列的其他政策因素为代价,来实现本地成文法或普通法规则所追求的立法目的。

6. 其他有法律适用意愿的法域的相关政策

在决定法律选择问题时,法院不仅要考虑其本地的相关政策(参见"评论"5),而且要考虑其他有法律适用意愿的州的政策。法院应追求的结果是,相关法域的政策得到最佳协调。法院也应该评估,在解决具体争议上,有关法域的法律适用意愿的强烈程度。一般而言,哪一法域的法律适用意愿最受影响,适用该法域的实体法就是合理的。哪一法域的法律适用意愿占据上风,可以根据相关的争点来判断。因此,如果一位丈夫在其住所地之外的法域伤害了妻子,那么对于决定丈夫的行为是否构成侵权,或者妻子是否存在原告促成过失,伤害行为和损害结果所在法域的法律适用意愿可能就占了上风(参见第 146 条)。另一方面,如果问题变为,对妻子的侵权责任,丈夫可否免责,那么夫妻住所地法域的法律适用意愿就占了上风(参见第 169 条)。

决定一个法域的法律适用意愿是否居于主导地位,相关法域实体法的内容可能举足轻重。因而,比如说,一个法域的成文法或普通法规则豁免被告的责任,那么适用该法域的法律,就与该地提高受害原告福利的意愿相悖。

7. 对正当期望的保护

这是包括法律选择领域在内的所有法律领域的重要价值追求。一般而言,如果一个人已经按照一个法域的要求合理养成了行为习惯,那么按照另一法域的实体法要求其承担责任,将有违公平合理。同样,部分由于这一政策因素,当事人可在宽松的条件下,自由选择适用于合同有效性的法律(参见第 187 条),法院寻求适用支持动产信托有效性的法律(参见第 269 条、第 270 条)。

有些情况下,尤其是当事人存在过失的情形,当事人在行为中并未考虑到法律后果,或可能适用的法律。在此类情况下,当事人不存在需要保护的正当期望,这一政策因素对决定法律选择没有作用。

8. 特定法律领域的基本政策

如果具有法律适用意愿的相关法域,其政策大体相同但其相关实体法规则存在细微差别,那么这一政策因素就变得尤其重要。在此情况下,适用哪一法域的实体法,将可极佳地实现其相关具体法律领域的基本政策,那么这将构成法院适用这一法域的法律的良好理由。这一政策因素在很大程度上可解释清楚,面对高利贷的指控,法院为何寻求适用维持合同有效性的法律(第 203 条),以及面对违背禁止未来权益永久待定规则的指控,法院为何寻求适用维持动产信托有效性的法律(第 269~279 条)。

9. 结果的可预见性和一致性

这两者在所有法律领域都是重要的价值追求。在法律选择领域实现这些价值,将在一定程度上遏制挑选法院。然而,这些价值的实现可能要付出过高的代价。在诸如冲突法这样一个快速发展的领域,相对于一直固守既有规则以实现结果的可预见性和一致性,提炼良好的规则通常更为重要。当事人可能事先预料到其交易的法律后果,在这些领域,结果的可预见性和一致性特别重要。部分由于这两种政策因素,当事人被允许,在宽松的条件下,选择决定合同有效性和效力的法律(参见第 187 条),以及转让土地权益的效力适用物之所在地的法院所适用的法律(参见第 223 条)。在转让位于两个或多个法域的多项动产时,结果一致性同样重要。部分由于这一原因,法院适用死者死亡时的住所地法,以决定有关动产遗嘱的有效性(参见第 263 条),以及无遗嘱时动产遗产的继承(参见第 260 条)。

10. 确定和适用准据法的容易程度

在理想的情况下,法律选择规则应该简洁且便于适用。但是,此项政策也不宜被过分强调,毕竟能够导向合理结果的规则显然更加重要。不过,本项政策确实给出了一种值得追求的目标。

11. 互惠

在提炼有关法律选择的普通法规则时,罕见法院考虑互惠问题。受案法院意识到,私人来自的法域的法院不充分考虑受案法院所在法域的利益,私人不应为此承受不利的后果。受案法院同样意识到,如果每个法院公平考虑其他法域的利益,而不顾及一个或更多其他法域的法院是否同样作为,那么法律选择规则才能取得最佳的进步。至于互惠是否作为承认和执行外国判决的条件之一,参见第 98 条之“评论”5。

部分法域有时会将互惠原则纳入其成文法或条约。它们如此规定,可能旨在引导其他法域采取措施,以保护其利益或其公民的利益。因此,诚如第 89 条之“评论”2 所述,美国的很多州已制定了成文法,规定本州法院应该受理姊妹州提起的追索税收之诉,条件是该姊妹州的法院会受理本州提起的类似诉讼。再举一例,同样,美国一些州的成文法规定,外国人不得继承位于本州的财产,除非该州居民在该外国人的国籍国能够继承财产。互惠原则有时也见于这类成文法,允许享有互惠的法域,通过相互合作,获得单个法域通过其自身法律无法获得的好处。例见《统一互惠执行扶养法》《确保刑事诉讼证人出庭统一(互惠)法》《互争财产权诉讼协定法》。

第 7 条　定性

1. 在本《冲突法重述》中,“定性”一词系指对法律概念和术语的分类和解释。

2. 对冲突法概念和术语的分类和解释,除第 8 条规定的情况外,适用法院地法。

3. 对实体法中概念和术语的分类和解释,适用有关争点的准据法。

评论:

1. 互用的术语

此处所谓“定性”的过程,有时也被称为“分类”(classification)、“识别”(qualification)或“解释”(interpretation)。

2. 定性的两个方面

定性是法律思维的组成部分。本质上,定性包括两个方面:(1)将具体的案件事实归类到适当的法律范畴和特定的法律规则;以及(2)界定和解释法律范畴和法律规则中的术语。案件事实必须通过分类,才能确定其所属的法律范畴和法律规则。同样,法律范畴和法律规则采用的术语,必须经过解释,以便案件事实可归入适当的法律范畴,进而适用适当的法律规则。

3. 相同词语的不同含义

同一法律术语或概念,出现在有关一个问题的两个法域的实体法中,两个法域赋予该术语或概念以不同的含义,则根据法律选择规则,案件争点适用哪一法域的实体法,该法域赋予的含义就应被采用(参见示例 1)。如果同一法律术语或概念,同时出现在一个法域的实体法和法律选择规则中,那么实体法赋予该术语或概念的含义,并不决定该术语或概念在法律选择规则中的含义(参见示例 2、3)。

4. 概念的不同分类

在不同的法律体系之中,同一概念可能会以不同的方式分类。因此,一个概念,如证明责任,在一个法域的实体法和法律选择规则中可能会以不同的方式分类(参见示例 2、3)。概念的分类,应与法院适用的法律体系中的分类方式保持一致。

示例:

1. A 在 F 法域起诉 B 侵权。X 法域与侵权行为存在最重要的联系,根据第 145 条的规定,该案应适用 X 的实体法。X 的实体法规定,唯在 B 具有重大过失的情况下,A 才能获得赔偿。"重大过失"的术语也出现 F 的实体法中,但含义不同。由于 X 的实体法为准据法,因此法院应采用 X 的实体法中"重大过失"的含义。

2. 被告在 X 法域因过失伤害了原告,原告在 F 法域起诉,遇到对于原告促成过失争点的举证责任问题。X 的实体法规定,原告负有责任证明不存在此种过失。但是,F 的一部成文法规定,被告负有责任证明原告存在此种过失。F 的法院在本案之前一直判定,该法性质上属于诉讼法,适用于该法制定之前发生的侵权,合乎宪法。另一方面,F 的法院在本案之前同时一直判定,为法律选择的目的,举证责任属于实体法问题,应适用于案件具有最重要联系的法域的法律,在本案中就是 X 的法律。F 的法院应当判定,根据 X 的实体法,原告负有责任证明不存在此种过失。

3. 除了一点,其余案情与"示例"2 中的相同。这一不同点是:对于举证责任在法律选择领域属于实体法问题,还是程序法问题,F 的法院在本案之前从未表明态度。F 的法院不应仅因在其他法律领域将举证责任作为程序法问题,就在法律选择领域如此认定。F 的法院,只有确信实体法问题和程序法问题区分背后的政策,要求将举证责任作为程序法问题，才能如此认定。

评论：

5. 宪法问题

定性问题，若涉及宪法性质的争点，则应依据宪法来解决。

示例：

4. 州法院针对缺席的居民行使管辖权，符合《联邦宪法》第十四修正案（参见第 29 条）。对缺席的被告，根据住所可否行使管辖权？对此的回答，取决于法院能否认定，在上述宪法条款中的住所意义上，被告在法院所在的州拥有住所。

5. 根据美国最高法院宣布的规则，充分信任与尊重条款要求，有关互助会与其成员关系的问题，适用互助会成立地的实体法。这一规则不适用于普通保险公司。州法院应遵照美国最高法院的相关判决，基于充分信任与尊重条款，来决定一个特定的组织是否为互助会，以及（若是的话）其成立地在哪个州。

评论：

6. 定性问题适用联邦法还是州法，取决于相关的争点适用哪种法律。因此，对于联邦法调整的事项，定性问题适用联邦法，除非联邦法指引州法作为裁判规则。例见：Yiatchos vs. Yiatchos，376 U. S. 306（1964）；United States vs. Brosnan，363 U. S. 237（1960）；De Sylva vs. Ballentine，351 U. S. 570（1956）；Reconstruction Finance Corp vs. Beaver County，328 U. S. 204（1946）；Blair vs. Commissioner，300 U. S. 5（1937）。对于"伊利铁路公司诉汤普金斯案"［Erie Railroad Co. vs. Tompkins，304 U. S. 64（1938）］，判例法规则要求适用州法的情形，联邦法院必须按照州法解决定性问题。

示例：

6.《复兴金融公司法》第 10 条规定，公司的不动产，而非动产，由州政府或其地方政府征税。美国最高法院判定，一项财产是否为该条规定中不动产，应根据不动产所在地法来决定。

评论：

7. 至于对其他法域的法律选择规则的定性，参见第 8 条之"评论"6。

第 8 条　是否适用另一法域的法律选择规则(反致)

(1)本地的法律选择规则指引适用另一法域的“法律”时,法院应适用该另一法域的实体法,但本条第 2 款、第 3 款另有规定的情况除外。

(2)如果特定的法律选择规则,旨在使受案法院针对某种案情,像另一法域的法院那样,作出同样的判决,那么受案法院基于实用性和可行性的考虑,可适用该另一法域的法律选择规则。

(3)如果受案法院所在的法域,与特定争点或当事人并无实质联系,而其他有法律适用意愿的各法域的法院,在选择特定争点的实体法这点上,观点一致,则受案法院通常也适用该实体法规则。

评论:

1. 如第 4 条所述,本《冲突法重述》中的“实体法”这一术语,系指一个法域的法律选择规则之外的法律。除非有相反的规定,“法律”一词,系指一个法域的各种法律,包括其法律选择规则。

2. 法院何时适用所选法域的法律选择规则

正如第 1 款的规定,法院通常适用根据本《冲突法重述》中的规则所选法域的实体法。但是,对于下列问题,法院通常适用所选法域的法律选择规则:土地权益转让的有效性和效力(参见第 223 条),在特定情况下转让动产权益的有效性和效力(参见第 245 条),以及动产权益的继承(参见第 260 条、第 263 条)。另见“评论”11 和第 13 条之“评论”3。

对第 1 款的评论:

3. 法律选择规则指引适用受案法院地的“法律”

如果法院地的法律选择规则针对特定争点,指引法院适用本地的法律,那么此处的“法律”意指法院地的实体法。假如在此语境下,“法律”被解读为意指法院地的全部法律,那么法院将被指引到本地的法律选择规则,从而绕回到原点。

4. 法律选择规则指引适用另一法域的“法律”

如果法律选择规则指引受案法院适用另一法域的法律,那么答案就不再如此明了。此处的“法律”一词,如其在要适用的法律选择规则中所示,给法院出了一个定性的难题(参见第 7 条)。“法律”,可定性为另一法域的实体法。若如此定性,则受案法院对争议事项的裁决,并不必如同另一法域的法院对该涉外案件的裁判。准确而言,受案法院的判决结果，将会是另一法域的法院裁判纯域内案件得到的结果。“法律”，在具体法律选择规则中，也可有另一种解释，可定性为另一法域的全部法律，包括其法律选择规则。若如此定性，则另一法域的法院面对同样涉外的案情如何裁判，受案法院应力求以相同方式判决此案。

示例：

1. A，X 国的国民，住所在 Y 国，去世时未留遗嘱，动产在 X 国。当事人在 X 国起诉，法院需要决定如何分配这笔动产。根据 X 国的法律选择规则，动产的无遗嘱继承，适用死者死亡时住所地的“法律”。另一方面，根据 Y 国的法律选择规则，此类继承适用死者的本国法。X 国法院必须判定，其法律选择规则中的“法律”一词，是指 Y 国的实体法，还是指 Y 国的包含法律选择规则的全部法律。如果 X 国的法院判定，其规则指引的是 Y 国的实体法，那么 X 国法院裁判此案，将如同 Y 国法院裁判国内案件，即设若 A 变为 Y 国的国民，其他相关连结因素全部在 Y 国。另一方面，如果 X 国法院判定，其规则指引的是 Y 国的全部法律，包含 Y 国的法律选择规则，那么 Y 国法院面对本案的真实案情如何裁判，X 国法院应力求作出相同的判决。

评论：

5. 对法院地的法律选择规则中“法律”一词的解释

对于指引的是另一法域的实体法，还是另一法域的包含法律选择规则的全部法律，法院地的法律选择规则中罕有明确的规定。《统一商法典》第 9-103(3)条是此类罕见条文的实例，规定适用“设定担保权益时财产所在法域的法律（包括冲突法规则）”。法院适用这类规则时，只需遵从其明确的规定即可。然而，无论是成文法，还是普通法，其法律选择规则通常只规定适用特定法域的“法律”，而无进一步的说明。在此情况下，法院应根据规则背后的意旨，来解释法律选择规则中“法律”一词的含义。换言之，对于法院地的法律选择规则中“法律”一词，是指特定法域的实体法，还是指该法域的包含法律选择规则的全部法律，法院的答案应取决于，哪一种解释最可能实现规则的制定目标。

6. 定性

为了一如某个法域（假设为 X 法域）的法院判案，受案法院必须一如 X 的法院那样对案件事实定性，如定性为侵权或合同，并一如 X 的法院那样解释要适用的 X 法律规则中用语的含义（第 7 条）。这种法律解释方法既适用于 X 法域的实体法,也适用于其法律选择规则。依此推理,如果按照 X 的法律选择规则,案件又可能适用另一法域的“法律”,另一法域既可能是法院地,也可能是第三法域;受案法院必须进一步探究,X 的法院是将其法律选择规则中的“法律”一词解释另一法域的实体法,还是解释为另一法域的包含法律选择规则的全部法律。如果 X 法院的解释指向实体法,那么受案法院将适用另一法域的实体法判案。另一方面,如果 X 法院的解释指向包含法律选择规则的全部法律,那么受案法院,基于实用性和可行性的考虑,将一如另一法域的法院那样,力求适用同样的法律判案。

示例:

2. A,X 国的国民,住所在 Y 国,去世时未留遗嘱。当事人在 X 国起诉,法院需要决定如何分配 A 留在 X 国的动产。根据 X 国的法律选择规则,动产的无遗嘱继承,适用死者死亡时住所地的“法律”,“法律”一词被解释为意指住所地的全部法律,包含法律选择规则(参见第 260 条)。根据 Y 国的法律选择规则,动产的无遗嘱继承适用死者本国的“法律”。X 国法院将力求依据 Y 国法院会适用的实体法,来分配位于 X 国的动产。X 国法院首先确定,Y 国法院会认定 A 为 X 国的国民,接着,X 国法院将探究,Y 国法院将其法律选择规则中的“法律”一词,是解释为死者本国的法律选择规则,还是解释为该国的实体法。如果 Y 国法院采用后一种解释,则 X 国法院将依据 X 国的实体法分配位于 X 国的动产。但是,如果 X 国法院发现,Y 国法院会将“法律”一词解释为死者本国的法律选择规则,那么 X 国法院将接着探究,Y 国法院,其法律选择规则指向了 X 国,并查明了根据 X 国法律选择规则——继承适用住所地法,是否会最终认定,X 国的法律选择规则指向的“法律”,仅指实体法,并因而会适用 Y 国的实体法作出判决。若答案是肯定的,那么 X 国法院将依据 Y 国实体法分配位于 A 国的动产。然而,如果 X 国法院发现,Y 国法院将一如 X 国法院解释 X 国法律选择规则指向的“法律”一词,那么 X 国法院将面临困境:X 国法院寻求一如 Y 国法院判案,而 Y 国法院一如 X 国法院判案。对此困境,并无可行的解决方案,因此 X 国法院不得不放弃如此做法:一如 Y 国法院判案。此时,X 国法院必须寻找其他理由,以决定是依据 X 国实体法,还是依据 Y 国实体法,来分配这笔动产。

对第2款评论：

7. 理由

法院通常不应该将其法律选择规则中的“法律”一词，解释为指向另一法域的包含法律选择规则的全部法律，除非受案法院旨在通过特定的法律选择规则，针对在审的案件事实，一如另一法域的法院，作出相同的判决。唯有受案法院一如准据法所属法域的法院适用同样的实体法，以决定当事人的权利和义务，判决结果一致性目标才可确保实现。为适用的实体法相同，唯有适用准据法所属法域的法律选择规则。

8. 法院地的法律选择规则旨在实现判决一致的情形

至少有两种情形，法院地的法律选择规则旨在使受案法院，针对特定案情，一如另一法域的法院，作出相同的判决。第一种情形是，另一法域明显具有更重大的利害关系，要求以其法院相同的做法对争点作出裁决，进而促进其利益。至少部分基于这一理由，土地权益转让的有效性和效力适用物之所在地的法院会适用的法律（参见第223条）。第二种情形是，对于解决一个特定的问题，所有法域应适用单一的法律，这是一种迫切需要；基于这一需要，法院地的法律选择规则通常将其意旨定为，让受案法院，一如另一法域的法院那样，作出相同的判决。在此情形下，法院地的法律选择规则追求判决一致性，一如另一法域的法院作出的判决，并非基于另一法域具有更强烈的利害关系，因为这时另一法域在此类事项上的意愿与任何其他法域的意愿并无大小之分，而是由于大部分法域的法院会适用另一法域的法律。主要由于上述原因，对于动产权益的继承，法院适用被继承人死亡时住所地的法律选择规则（参见第260条、第263条）。要求适用所选法域的法律选择规则的情形，通常基于上述两种原因。常见的情形是，所选法域就是具有更强烈法律适用意愿的法域，同时所有法域适用单一的法律也出于迫切的需要。

9. 诉讼时效借用法（borrowing statutes of limitations）

与反致类似的问题是：如果诉因发生地（假设为X法域）的诉讼时效法，要求驳回起诉，那么受案法院依据其诉讼时效借用法驳回起诉（参见第142条之“评论”6），而假若被告住所地（假设为Y法域）的诉讼时效法要求驳回起诉，X的法院相应地会依据其诉讼时效借用法驳回起诉。在此情况下，受案法院是应仅考虑X法域的时效法，还是也考虑 Y 法域的时效法,取决于法院地诉讼时效借用法追求的目的。X 的法院如何驳回起诉,法院地也如何驳回起诉,如果这是法院地的诉讼时效借用法追求的目的,那么受案法院将既考虑 Y 法域的时效法,也考虑 X 法域的时效法。受案法院若仅考虑 X 的时效法,则可能受理某一案件,尽管该案可能在 X 法域因适用 Y 的时效法而不被受理。

10. 对实用性和可行性的考虑

查明和适用另一法域的法律选择规则,受案法院通常不会承担这个责任,除非其能合理地确认,这样做能够实现某些目标。这些目标,如"评论"8 所述,是指对于特定事实一如另一法域的法院作出同样的判决,以及对于特定问题,所有法院,或几乎所有法院,会作出相同的判决。在那些法律选择规则并不精确的领域,这些目标难以实现。由于这一原因,以及其他原因,在侵权冲突法和合同冲突法领域(参见第七章和第八章),法院不应寻求适用域外的法律选择规则。另一方面,要求适用土地所在地法或动产所在地法或个人住所地法,这些规则符合精确的要求(参见"评论"8)。

在一些情况下,法院无法确信地决定,另一法域的法院会如何解决某个法律选择问题。可以预料,这类情况时常发生,因为在相对不成熟且不确定的法律选择领域,查明域外法的难题可能最为棘手。有时,另一法域的法院自身如何解决某个法律选择问题,答案也不确定。如果法院有理由认为,通过反致无法取得判决一致的结果,那么法院将不承担责任,力图适用另一法域的法律选择规则。法院不得已去查明和适用两个或多个法域的法律选择规则的情况下,适用域外法律选择规则的困难会倍增。此类困难可真实出现于下述情形:受案法院的法律选择规则首先指向的法域,其法律选择规则接着指向第三个法域,而该法域的法律选择规则可能接着指引适用第四个法域的法律选择规则。

此外,法院运用反致可能遇到罕见的情形,适用另一法域的法律选择规则,无从获得案件的解决方案。此类情形见于,法院地的规则指向另一法域的法律选择规则,而该另一法域的法律选择规则又指回法院地的法律选择规则(参见"示例"2)。在此情况下,法院不得不放弃适用另一法域的法律选择规则,而代之以适用自己的法律选择规则所指向法域的实体法来判案。

11. 法律适用意愿的显示

法律选择的一个重要目标是尽可能兼顾相关法域的法律适用意愿。通常,具有更强烈法律适用意愿的法域的实体法应得到适用。另一方面,对争议事项很少或没有法律适用意愿,适用这样的法域的实体法理由不足。一个法域对特定事项是否具有法律适用的意愿及其强度,有时可通过考察其法律选择的判决来求证。例如,A 法域的法律选择判决,适用了另一法域的实体法来裁判特定争议,这一事实可以在一定程度上显示,A 法域对于适用其相关实体法规则来解决该争议,很少或没有法律适用意愿。另一方面,一个法域的法律选择判决要求适用本地的实体法规则,这一事实可以在一定程度上显示,该法域有意愿适用本地的规则来解决该争议。

需要明确的是,在上述情况下,参考一法域的法律选择判决,其理由完全不同于适用本条第 1 款和第 2 款的理由。在上述情况下,受案法院参考一个或更多其他法域的法律选择判决,旨在发现这些判决可提供哪些线索,帮助确定哪些法域有相应的法律适用意愿,进而确定其中哪一法域的法律应得到适用。本条第 1 款和第 2 款要在选法流程的后期阶段才会发挥作用,即法院已经确定准据法所属法域之后。这两款指引法院判定,是适用所选法域的实体法,还是适用其法律选择规则。

示例:

3. H 与 W 系夫妻,其住所位于 X 法域。在 Y 法域,H 开车,W 在途中受伤。W 在 X 法域起诉 H,要求人身伤害赔偿。根据 X 法域的实体法,H 对 W 没有夫妻间豁免权。然而,H 依据 Y 法域的实体法确实享有这种豁免权。X 的法院查明,若在 Y 法域起诉,Y 的法院会适用夫妻共同住所地 X 法域的实体法来判定夫妻间豁免问题(参见第 169 条)。这一事实在一定程度上表明,夫妻间豁免问题适用 X 法域的实体法,不会违背 Y 法域的法律适用意愿。

对第 3 款的评论:

12. 可能出现的情形是:受案法院所在法域与特定争点、当事人或事件没有实质联系,而具有法律适用意愿的各法域的法院,会在裁判该争点时适用同一实体法规则。在此情形下,受案法院通常也会适用同一实体法规则,旨在一如有意愿的各法域的法院那样判案。当然,唯有情况清楚地表明具有意愿的各法域的法院会在裁判特定争点时适用同一实体法规则,受案法院才会从众而为。例如,具有意愿的各法域的法院,都宣布了相同的法律选择一般规则,如侵权案件中当事人的权利和义务适用损害结果发生地的实体法,这一事实可能无法使受案法院确信,域外各法院对于特定案件均适用相同的实体法规则,除非这些法院之前均曾判定,这条一般规则适用于相关的特定争点。若是域外的一个或更多法院近年来未曾对特定争点发表意见,那么受案法院同样无法确信,有意愿的各法院均会适用相同的实体法规则。在此情形下,受案法院可能怀疑,至少某些法院,在面对当前的争点时,可能适用不同的法律选择规则。此外,除非法院可快速而简便地查明,或当事人乐于如此约定,受案法院也不可能发现,有意愿的各法院均会适用相同的实体法规则。对于该问题,允许采用繁复的证据,可能导致审判历程冗长,并使问题复杂化。同时,受案法院可能坚信,即便要求采用繁复的证据,也不可能最终合理地确定,有意愿的各法院均会适用相同的实体法。

若是能够确定,有意愿的各法院均会适用相同的实体法,那么该法通常也会为受案法院所适用。然而,在罕见的情形下,结果也并非如此。一种可能的例证是,有法律适用意愿的各法域的法院,适用的法律选择规则,不会实现其各自的法律适用意愿,而且已为其他法域普遍抛弃。在此情形下,受案法院可以根据其认为正确的法律选择规则,适用其指引的法域的实体法,而适用该法律选择规则,既不会违背任何法域的法律适用意愿,也会推动适宜的法律选择规则的生成。

例如,假设住所在 X 法域的夫妻,在 Y 法域发生车祸,妻子因丈夫驾驶过失而受伤。根据 X 法域的实体法,夫妻在侵权案件中彼此承担责任,而 Y 法域的实体法规定了夫妻间豁免权。进一步假设,本案中,X 法域和 Y 法域的法院,会适用 Y 法域的实体法,即损害结果发生地的法律,而作出丈夫免责的判决。在此情形下,如果妻子到 F 法域起诉丈夫,要求赔偿损失,那么 F 法域的法院,有可能适用 X 法域的实体法,作出有利于妻子的判决。的确,如此一来,F 法域的法院的判决结果,不同于 X 法域和 Y 法域法院的判决。但是,通过适用正确的法律选择规则(参见第 169 条),F 法域的法院既创立了一个有用的先例,也未以任何方式违背 X 法域和 Y 法域的意愿。

第 9 条　对法律选择的限制

在裁决特定争点时,法院不得适用其本地的实体法,除非就本法域和其他法域与相关当事人、财产或事件的联系而言,适用该法是合理的。

评论:

1. 适用范围

本条表述的规则,限制法院适用其实体法创设或影响当事人合法利益的权力。关于对法院适用另一法域实体法的权力的限制,参见"评论"7。一个法域通过法院裁决特定争点的司法管辖权,相关的规则见于第三章。关于一个法域通过其政府官员采取措施的管辖权,参见"评论"8。

2. 立法管辖权和法律选择

适用一个法域的实体法创设或影响当事人的合法利益,这一事实暗含了两个论断。其一,该法域享有适用其实体法的立法管辖权。其二,根据法院地的法律选择原则,该法域的实体法适用于特定案件;或者,若是法院地的成文法可否适用的问题,则对该成文法的适当解释,得出了可适用于特定案件的结论。本条仅涉及一个法域的立法管辖权问题,即该法域的实体法可否适用的情况。在本《冲突法重述》中,本章后面的大部分章节均针对法律选择问题,即在两个或多个具有立法管辖权的法域中,应选择哪个法域的实体法适用于特定争点。成文法的适用范围,除了立法管辖权问题,还涉及成文法的解释,超出了本《冲突法重述》的调整范围。因而,本条规定的是原则,用来决定立法管辖权问题,如美国是否享有在特定案件中适用其反垄断成文法的立法管辖权。然而,本《冲突法重述》没有顾及下一步的问题,即确定立法管辖权后,反垄断法是否应实际适用于具体案件中。这将取决于对反垄断法的解释。

3. 美国的情况

在美国,如果一州并不享有立法管辖权,那么该州法院适用当地的实体法将违背正当程序。在这种情形下适用法院地法,当事人据此可申请联邦最高法院进行违宪审查。例见 Home Insurance Co. vs. Dick, 281 U. S. 397(1930);Hartford Accident &Indemnity Co. vs. Delta & Pine Land Co. ,292 U. S. 143(1934);Clay vs. Sun Insurance Office,Ltd. ,363

U. S. 207(1960),377 U. S. 179(1964)。

在宪法的约束之下,每个州均可制定和适用其立法管辖权规则,而这些规则又基于本州的合理性的理念。关于国际法的限制,参见《美国对外关系法重述》第一章和第二章。

4. 基本标准

一个法域有权适用其实体法来判定特定争点,条件是该争点处于这个法域规制权的合理范围之内。一个法域不应对其并不十分关切的争点,适用其实体法,而不当地侵犯其他法域的法律适用意愿。这一考虑因素在美国特别重要。在美国遇到的特殊问题是,适用一州的实体法来判定某个争点,在联邦国家体制下是否合理。例见 Hanson v. Denckla,357U. S. 235,251(1958)。相对于一个主权国家在国际冲突法领域,适用其实体法的权力所受到的限制,美国的一州适用其实体法的权力,由于联邦制的要求,在州际冲突法领域会受到更多的限制。这种状况,是因为《联邦宪法》在州际冲突法领域发挥的作用。在国际冲突法领域,外国漠视本国强烈的法律适用意愿而作出判决,本国法院可通过拒绝承认和执行该国法院判决来维护本国的法律适用意愿;因此,Y 国法院适用了 Y 国实体法判案,而漠视 X 国更强烈的法律适用意愿,据此 X 国法院可以拒绝承认或执行 Y 国的判决。这种国际冲突法领域的情况,不同于州际冲突法领域的情况。设若作出判决的州,享有对案件的司法管辖权,被告在诉讼中得到了充分的通知,并充分享有了发表意见的机会,那么除第 103 条所述情形,姊妹州必须根据充分信任与尊重条款,承认与执行该判决(参见第三章)。即便原判法院漠视姊妹州更强烈的法律适用意愿,在判案中不适用姊妹州的实体法,而适用原判州自己的实体法,那被请求承认和执行的姊妹州仍要依据宪法而为。在此情形下,若要维护姊妹州的强烈法律适用意愿,借助的理由唯有原判法院所在州无适用其实体法的立法管辖权。若原判法院所在州无立法管辖权,则可以此为由向联邦最高法院请求推翻原判决。唯有通过推翻原判,才能维护姊妹州的法律适用意愿,理由是,只要不推翻原判,除非有第 103 条所述情形,原判就应得到充分信任与尊重。

一项争点是否在一个法域的规制权合理范围之内,取决于争点的性质,以及该法域与当事人和相关事件的联系。因此,一个法域有权适用其实体法,来规制一份人寿保险单中的条款,设若该保险单是由一家域外保险公司向本地的居民签发。另一方面,假如一家域外保险公司,向住所在域外而临时来本地之人签发保单,那么一个法域可能无权适用其实体法,来规制这份人寿保险单中的条款。

行使司法管辖权所依据的有关因素,参见第 27 条。

5. "实体法"的含义

本条使用的"实体法"术语,包括一个法域的判例法和成文法,但排除法律选择规则(参见第 4 条)。

6. 立法管辖权的依据

下文讨论适用一个法域实体法的一些主要的管辖权依据。具有管辖权的依据,使一个法域可适用其实体法来创设或影响当事人的某些合法权益。另一方面,具有管辖权的一种依据,并不能使一个法域有权适用其实体法来创设或影响当事人的所有权益。因此,一种行为提供了对该行为所致诉因行使管辖权的依据,但对于其他行为所致诉因并非如此。由于特定的管辖权依据,一个法域能创设或影响当事人的何种权益,主要取决于"评论"4 所述的合理性的基本标准。

行为发生在一个法域,是最常见的主张立法管辖权的依据。一个法域可适用其实体法,规定当事人在境内行为的法律后果。某人授权另一人代表其在某法域实施一项行为,或已使第三人合理地相信另一人获得了授权,某法域也可适用其实体法,规定另一人代表某人在境内行为的法律后果。典型事例如下:本人在 X 法域指示代理人在 Y 法域实施一项行为。表见代理行为,尽管本人并未实际授权或指示代理人,但前述论断依然成立。一个法域的实体法还可适用于其他情况,规定一项行为的法律后果。"一法域保护自己及其居民的权力,不受代理原则适用范围的约束"[Young vs. Masci,289 U. S. 253,259(1933)]。某人由另一人代理在某法域实施一项行为,对于某法域对某人行使立法管辖权而言,并非必不可少;若是某人对另一人在某法域的出现,被视为负有责任,或者某人能控制另一人在某法域的行为,那么这就足以使某法域对某人行使立法管辖权。典型事例如下:X 法域的车主允许另一人在 Y 法域境内驾驶其车辆;在另一人在 Y 法域境内掌管车辆期间,对于该车卷入的任何事故,Y 法域的实体法均可适用,以判定车主的责任[Young vs. Masci,289 U. S. 253,259(1933)]。

某法域的实体法通常也可用以判定:在他处所为但在某法域产生

后果的行为,一个人是否对此负责。例见 Young vs. Masci,289 U. S. 253,258-259;United States vs. Aluminum Company of America 148 F. 2d 416,43(2d Cir. 1945);Hunter vs. Derby Foods,Inc. 110 F. 2d 970,972(2d Cir. 1940)。如果当事人故意在某法域产生行为后果,或能合理预见到在某法域产生行为后果,那么某法域的实体法就可适用于这一行为。此外,即便当事人并非故意在某法域产生行为后果,或无法预见到这一后果,某法域也有权适用其实体法。除非因果关系过于微弱,否则,适用这一法域的实体法来决定由此类行为后果所引发的权利和责任,并非不合理。

一个法域的实体法也可用以判定,某人是否应对在该法域的不作为承担责任,倘若如此适用法律是合理的。除非当事人有积极行为的义务,否则其不因不作为而承担法律后果。在个案中遇到的问题是,一个法域对相关当事人课以在域内积极行为的义务,这种规定是否合理。问题的答案取决于涉及的具体争点,以及当事人与该法域联系的密切程度。

示例:

1. X 法域立法规定,任何时候都必须给狗戴口套。相邻的 Y 法域无此规定。A,住在 Y 法域,距离 X 法域的边界一英里,未给狗戴口套,让狗自由活动。一天,这条狗跑到 X 法域,并咬伤 B。X 法域的实体法可以适用,据此判定 A 因未依 X 的立法给狗戴口套,而承担赔偿责任。

评论 6(续)

其他立法管辖权的依据,取决于一个人与某法域的联系。除非是罕见的例外情形,否则一个人与其住所地联系最为密切;该法域有权适用其实体法,以决定此人的部分权益,即便这个人此时身在境外亦是如此。例如,适用住所地法可能会影响一个人的身份(例见第 283 条、第 287 条),对其境外财产课以多种税收,禁止其在境外从事某些活动。即便一个人身在境外,其居所地的法域也有权适用自己的实体法,来决定此人的部分权益。征收所得税经常依据这种管辖权依据。同样,即便一个人身在国外,其国籍国也有权适用自己的实体法,来决定此人的某些权益。这种对本国人的管辖权的范围,与一个法域对身在境外的本地居民管辖权范围大致相同。因此,美国可对美国人在国外的行为适用美国刑法[United States vs. Bowman, 260U. S. 94 (1922) ; cf. Blackmer vs. United State, 284 U. S. 421 (1932)],并可对身在国外的美国人的国外财产征税[United States vs. Bennett, 232U. S. 299 (1914)],也可对其国外收入征税[Cook vs. Tait, 265U. S. 47 (1924)]。在一些情况下,美国的各州也有权对身在境外的本地居民适用本州的实体法[Skiriotes vs. Florida, 313U. S. 69 (1941)]。

当事人的同意也可作为另一种管辖权依据。因此,如果当事人在其合同中约定,合同项下的权利和义务适用 X 法域的实体法,那么该法就可如此适用。

管辖权的另外依据还取决于一个法域与财产的联系。一个法域的实体法可用以判定,某一事件对一个人当时境内有形财产(不动产或动产)权益的法律后果。一个法域的实体法也可用以判定一个人境外的有形财产(不动产或动产)的权益,倘若适用该法是合理的。一个法域的法律适用是否合理,有赖于该法域与财产的联系,以及相关的具体争点。

示例:

2. A 去世时住所在 X 法域,遗留下的动产位于 Y 法域和 Z 法域。X 的实体法可有效适用,以调整这些动产的分配。

评论 6(续)

无形财产分为两种:一种体现在文件中,如债券、股票、支票或本票,以及其他文件。文件是动产,一般而言,文件所在的法域可适用其实体法,以判定该文件体现的财产权益(比较第 248 条与第 249 条)。第二种无形财产,如简单的合同、债务和侵权请求,缺少有形的载体,不存在空间上的所在地。一个法域有权适用其实体法来判定这类财产权益,倘若该法域与财产的联系,足以使法律适用合理。

示例:

3. 在 X 法域,A 与 B 签订了一份合同,合同约定的履行地为 X 法域。A 的住所在 X 法域,而 B 的住所在 Y 法域。B 去世时未留遗嘱。Y 法域的实体法可适用以判定,A 依合同对 B 的欠款,如何在 B 的亲属之间分配。

评论 6(续)

比较《美国对外关系法重述》第二章规定的管辖权依据。

7. 另一法域实体法的适用

一个法域适用另一法域实体法的权力也面临类似的限制。对于特定争点,本法域、外法域与相关当事人、财产或事件的联系,足以使适用另一法域的实体法是合理的,在此情形下,受案法院才可适用另一法域的实体法来裁判特定争点。适用另一法域的实体法是否合理,取决于"评论"4 和 5 所列的因素。

8. 对域外行政行为的限制

整体参见《美国对外关系法重述》的第 20~25、32、34、36~38、44~62 条。

第 10 条　州际法律冲突和国际法律冲突

本《冲突法重述》中的规则,适用于涉及美国一州或更多州的案件,通常也适用于涉及一个或更多外国的案件。但是,在特定的国际法律冲突案件中,可能有些因素要求,这类案件的裁决结果有别于州际法律冲突案件的结果。

评论:

1. 本《冲突法重述》中规则的来源

除非另有所指,本《冲突法重述》中的规则源自州际法律冲突判例。这些州际冲突法判例提供了大部分相关权威依据。

2. "州"之外的国内法域

本《冲突法重述》中的规则通常也适用于美国的其他国内法律冲突案件,如涉外要素分布在哥伦比亚特区和某个州之间。

3. 国际法律冲突

本《冲突法重述》中的规则通常也适用于涉及一个或更多外国因素的案件。由于州际法律冲突案件与国际法律冲突案件涉及相似的价值和考虑因素(参见第 1 条、第 2 条),所以这种处理方案应为妥当。

4. 一些因素的差异

州际法律冲突案件和国际法律冲突案件之间存在重大差异。其中一些差异如下:(1)世界各国的政治、社会和法律制度的多样性。(2)在美国,有《联邦宪法》提供的保障,例如第十四修正案中的正当程序条款,可在很大程度上从法律层面确保各州官方行为的公平性。比较而言,在国际法律冲突案件中不存在此类保障,那么就要求更细致的审查,或者区别对待。(3)在美国,如第 2 条之“评论”2 所述,有权威的宪法规则,这些规则无法约束其他国家的法院,也可能无法适用于在美国审理的国际法律冲突案件。但是,一个美国法院在裁判国际法律冲突案件时,尽管这些宪法规则不能严格适用,也应以此类规则所含公平和平等政策为指引。(4)外国法中的法律关系,如一夫多妻制或一种新型的担保权益,可能不存在于法院所在州的实体法。对于此类新奇情况,美国各州的法律选择规则应当允许法院,通过适用一般原则和类推,作出公正和可预期的判决。

第七章　非 法 行 为

第一节　侵 权 行 为

一、一般原则

第 145 条　一般原则

(1)关于某一侵权争点的当事人权利和责任,依第 6 条所述原则,适用针对该争点与事件和当事人具有最重要联系的法域的实体法。

(2)在依第 6 条的原则决定一个争点的准据法时,应当考虑的连结点包括:

①损害结果发生地;

②加害地;

③当事人的住所、居所、国籍、公司成立地和当事人营业地;以及

④(假如存在)当事人之间关系的重心地。

这些连结点要根据它们对于特定争点的相对重要性来衡量。

评论:

1. 适用范围

本条规定的原则,适用于所有侵权行为,以及侵权的各种争点,因而措辞极为概括。考虑到侵权行为种类众多,相应争点数量庞大,以及目前关于侵权法律选择的判决和学术观点正变动不居,概括性必不可少。本节第二部分(第 146~155 条)针对特定的侵权行为,尽可能地表述了相对精准的规则。毋庸置疑,精准规则的清单会随着经验的积累而加长。本节第三部分(第 156~174 条)针对的是侵权的特定争点。显而易见,让侵权冲突法变得精准,最佳方法是尝试针对具体侵权和具体争点提炼出特殊的规则。

对第 1 款的评论：

2. 理由

第 6 条所述原则是所有法律选择规则的基础，并用于针对特定争点，权衡有法律适用意愿的法域与交易、当事人之间联系的重要程度。第 6 条第 2 款列出的考虑因素可以分为五组。第一组考虑因素关注如下事实，即在涉外案件中，至关重要的是，裁决规则对于成员间相互依赖的联邦体制和国际社会，应促进其成员之间和谐而互利的关系。第二组考虑因素，聚焦于竞相适用的各实体法规则的目的、政策、主旨和目标，以及有法律适用意愿的法域对适用其规则的关切。第二组中的考虑因素有时称作"法域的利益"或事关"有利害关系的法域"。第三组考虑因素涉及当事人的需要，即保护当事人的正当期望，结果的确定性和可预见性。第四组考虑因素，指向诸如侵权或合同等具体法律领域的基本政策的实现。第五组考虑因素关注司法工作的需要，即容易确定和适用准据法。

第 6 条第 2 款列出的考虑因素，在不同的法律领域，对于不同的争点，其重要程度有所不同。保护当事人的正当期望在合同、财产、遗嘱和信托等领域极为重要，而在侵权领域则相对次要。这是因为，对于非特定关系人之间的侵权，特别是过失侵权，侵权人通常不会预先考虑到哪一法律适用于其行为的法律后果。在侵权冲突法领域，需要保护的侵权人正当期望，即便存在，也是微乎其微；因此，针对侵权人，在判定法律选择问题时，保护当事人正当期望发挥的作用极小，或者本不存在。同样，相对于当事人及其律师在规划交易时就可能考虑到法律适用问题，在侵权领域，结果的确定性、可预见性和一致性价值的重要性较低。最后，侵权法领域追求诸多政策目标，如遏制侵权行为和赔偿受害者。若是侵权事实的重要因素分散在两个或多个法域时，这些政策很可能指向不同的方向。

由于上述因素在侵权法律选择中相对次要，第 6 条所列其余因素的重要性相对上升。这些因素分别是：州际秩序和国际秩序的需要，法院地的相关政策，其他有法律适用意愿的法域的相关政策，尤其是对争点判定最为关切的法域的相关政策，以及确定和适用准据法的容易程度。

3. 侵权法律规则的目的

有法律适用意愿的法域，其侵权实体法规则力图实现的目的，以及法域与事件和当事人的联系，这两方面是在决定最重要联系的法域时需要考虑的重要因素。这是因为，某一法域适用其侵权实体法规则来裁决特定争点的意愿，取决于该规则力图实现的目的，以及该法域与事件和当事人的联系。如果相关侵权实体法规则主要旨在遏制或惩罚非法行为，如可归入此类的允许因离间夫妻感情、通奸罪而获得损害赔偿的规则，那么行为发生地可能就是有强烈法律适用意愿的法域，因而成为具有最重要联系的法域（参见第154条之“评论”3）。另一方面，若侵权实体法规则主要旨在赔偿受害人的损失，则损害结果发生地（通常是原告的居住地）可能对此有强烈的法律适用意愿。然而，这一因素不可过分强调。至少在一定程度上，每一条侵权实体法规则均体现出威慑不法行为人和弥补受害人两种目的。毫无疑问，二者的相对权重因规则而异，而且就特定规则而言，判断哪种目的更重要往往困难重重。

在法律选择过程中，规定侵权人对其危害行为免责的规则，与规定担责的规则，应受到同样的重视。然而，经常遇到的情况是，免责规则比担责规则更难辨别立法目的。试举一例，一部成文法，废除了对离间夫妻感情的诉权。该法可能仅旨在减轻法院的讼累。若是如此理解，则该法应仅在制定该法的法域适用，以禁止此类诉讼。另一方面，该法的唯一目的，或另一种目的，在于保护被告免受此类诉讼的滋扰。若是如此理解，只要被诉行为发生在制定该法的法域，尤其是被告的住所曾经位于该法域，那么就有理由将该法适用于在制定地以外的法域提起的诉讼。

频繁出现的情形可能是，在解决侵权的法律选择问题时，法院并不慎重考虑相关法域的侵权法规则力图实现的目的。基于特定的案情，侵权应适用某法域的法律，显然就属于这种情形。

4. 涉及的争点

法院已长期意识到，不一定依据单一法域的法律裁决所有的争点。因此，在一起发生在法院地之外的简单交通事故案件中，法院的传统和主流做法是，将法院地法适用于程序、诉答状、当事人合并和审判管理的争点（参见第六章）；但在裁决诸如被告开车是否存在过失之类的争点时，法院应运用本章所述规则决定此类争点的准据法。本条规则明确说明了针对特定争点确定准据法的方法。

如果根据两个或多个有法律适用意愿的法域的实体法规则,不同争点将以不同方式解决,则每个争点均应予以单独考虑。

司法经验和法律分析表明,在侵权案件中反复出现的某些争点,与其有最重要联系的法域,就是有特定联系或有特定连结点的法域。例如,一个法域显然愿意规制境内之人的行为,为在当地发生的损害提供救济。因此,除了罕见的例外情形,侵权行为和损害结果均发生在一地,该法域的实体法应得到适用,用以判定行为人是否达到了最低行为标准,受行为人侵害的权益是否应该获得法律保护(参见第 146 条、第 147 条)。

另一方面,当事人住所地的实体法,而非侵害行为和损害结果发生地的实体法,可适用于判定一方对另一方是否免责,或一方仅因故意行为或严重过失导致的损害对另一方承担责任;或者相反,相对于侵权行为和损害结果发生地的实体法要求,一方是否对另一方负有更高标准的谨慎义务。试举一例,家庭成员之间免责的争点,如第 169 条所述,通常适用夫妻共同住所地的实体法。同样,因汽车司机的过失而受伤的乘客,何种情形下享有诉权,应适用乘客和司机共同住所地的实体法,而非损害结果发生地的实体法,倘若双方共同住所地至少是其旅程出发地和返程目的地。

再者,对于侵权人死亡后索赔之诉是否存续的争点,侵权行为和损害结果发生地并非必然是最关切的法域。因此,若是侵权行为和损害结果发生在 X 法域,但原告和被告的住所均在 Y 法域,那么至少在通常情况下,Y 法域对诉讼存续的争点更加关注,其实体法应当得到适用(参见第 167 条之“评论”3)。同样,慈善机构能否以慈善豁免权成功主张抗辩,应适用原告住所地和被告成立地的实体法,而非侵权行为和损害结果发生地的实体法(参见第 168 条之“评论”2)。再举一例,所有利害关系人的住所所在的法域,至少在通常情况下,对各方如何分配侵权赔偿额最为关切。因此,对于夫妻一方对另一方的伤害,夫妻间损害赔偿的分配问题,可适用夫妻共同住所地的实体法(参见第 166 条之“评论”2)。

毫无疑问,将来出现的判例,将为针对其他法律选择的争点创制特别的规则奠定基础。

对第 2 款的评论：

5. 决定最重要联系法域的重要连结点

法院在适用第 6 条的原则来决定最重要联系的法域时，应考虑有法律适用意愿的各法域的相关政策，以及在裁定特定争点上这些法域的意愿大小。最可能想适用自己法律的法域，是那些与交易或当事人具有以下一项或多项联系的法域。其中一些联系在创制法律选择规则中也具有突出的地位。

(1)损害结果发生地

在侵害人身权益或损害有形财产的案件中，对于大多数争点而言，损害结果发生地在法律选择过程中具有重要作用(参见第 146 条、第 147 条)。如果损害结果发生在单一的、明确可定的法域，这一连结点在确定其他类型侵权案件的准据法时，同样发挥着重要作用。如此规定的原因之一是，在某个法域造成损害的人，通常不应逃脱当地实体法对损害规定的责任。因此，对于非法拘禁，原告被拘禁地的实体法通常会得到适用。同样，若是一个人在 X 法域写了一封关于原告的信，并被 Y 法域的人收到；Y 法域，作为信息公布地，其实体法应适用于大部分的侵权争点，除非就特定争点而言，另一法域与事件和当事人的联系如此充分，以致使其成为具有更重要联系的法域(参见第 149 条)。

然而，确实会出现下述情况：损害结果发生地在法律选择中并不重要。例如，损害结果发生在某地纯属偶然，或者由于其他原因，就特定争点而言，该地与事件和当事人的联系并不密切，就属于这类情况(参见第 146 条之“评论”4、5)。同样属于此类情况的是：在欺诈和虚假陈述案件中，无论从逻辑上还是从说服力上，均难说一法域而非另一法域是损害结果发生地(参见第 148 条)，或者在跨境诽谤案件中，损害结果发生在两个或多个法域(参见第 150 条)。还可能会出现的情况是：被告少有或没有理由去预见其行为会在特定法域造成损害。被告缺乏可预见性是阻碍适用损害结果发生地法的一个因素。其实，在此情况下适用损害结果发生地的实体法有时会引发管辖权问题(参见第 9 条之“评论”6)。

(2)加害地

若是损害结果发生在单一的、明确可定的法域，并且侵权实施行为也发生在该地，就侵权的大多数争点而言，该法域的实体法通常就是准据法。对于行为标准的争点，结论尤其可能如此，原因是，侵权行为和损害结果所在的法域自然会关切如何判定这类争点。

若是被告的侵权行为及其造成的损害结果发生在不同法域，那么准据法的选择将变得更加困难。若是损害结果发生在两个或多个法域，或者，损害结果发生地无法确认或发生在某地纯属偶然，并且就特定争点而言，该地与事件和当事人的几无联系，那么被告的侵权行为实施地，在确定准据法所属法域时，通常应受到特别重视。例如，对于侵扰婚姻关系（参见第 154 条）或不正当竞争（见“评论”6）的侵权，侵权行为发生地举足轻重，原因是，在此类侵权案件中，往往没有明确的损害结果发生地。同样，若是相关侵权实体法规则主要旨在遏制或惩罚非法行为，则行为发生地特别重要（参见“评论”3）。会得出同样结论的情况是，行为发生地的实体法要求当事人从事特定行为，或赋予行为人以特权（参见第 163 条之“评论”1）。

在诸如跨境诽谤之类情形下，被告侵权行为发生地相对次要（参见第 150 条），不然，潜在的被告会视何地的侵权法对其有利，而选择实施侵权行为的法域。

（3）当事人的住所、居所、国籍、公司成立地和当事人营业地

这些连结点都与当事人有持久的联系。其相对重要性因涉案利益的性质而有所差异。所涉及的若是个人利益，如个人的名誉、隐私权或对妻子的情感，则住所、居所和国籍在法律选择中的重要性要大于涉及下述利益的情况，诸如不正当竞争、侵害合同关系或商业诋毁所侵犯的商业或金融利益。就后者而言，营业地是更重要的连结点。至少就大多数争点而言，公司的主营业地比公司成立地是更重要的连结点，公司在成立地少有或没有营业活动时尤其如此。

若是损害结果分散在两个或多个法域，这些连结点在法律选择中的作用举足轻重。因此，跨境散布信息，损害原告名誉（参见第 150 条）、导致原告经济损失（参见第 151 条）、侵犯原告隐私权（参见第 153 条）的情形下，就大多数争点而言，原告的住所地，有时是其主营业地，就成为决定准据法所属法域的唯一的、最重要的连结点。

在其他侵权案件中，这些连结点的重要性，在很大程度上取决于其与其他连结点的聚合程度。例如，一方当事人在一个特定法域拥有住所或营业，这一事实本身通常对于法律选择无关紧要。另一方面，如果

各方当事人的住所和营业地均集中在同一法域,那么这一事实就成为决定准据法所属法域的重要考虑因素。如果被告的侵权行为实施地或原告的损害结果发生地也在这些连结点聚合之地,那么该法域就特别有可能成为准据法所属的法域。即使侵权行为和损害结果偶然发生在该法域,且该地与事件和当事人的联系微弱,该法域的实体法也可能是准据法。(参见第 146 条之“评论”4、5)。

这些连结点的重要性往往取决于涉及的特定争点(参见“评论”4)。

(4)(假如存在)当事人之间关系的重心地

若是原告和被告之间存在某种关系,并且造成损害的行为发生在这种关系存续期间,那么其关系的重心地是另一个需要考虑的连结点。因此,若是原告受到伤害发生在其乘坐火车期间,或作为客人乘坐汽车期间,那么他与铁路或汽车司机之间法律关系的重心地,可能就是准据法所属的法域。如果其他的重要连结点,如损害结果地、侵权行为实施地、当事人的住所地或营业地,也位于这一法域,那么结论尤其如此(例见第 146 条之“评论”5 和第 147 条之“评论”5)。在罕见情形下,就大部分争点而言,法律关系重心地可能成为最重要的连结点。试举一例,X 法域的原告,从被告处购买了火车票,并从 X 法域的一个城市前往该法域的另一个城市,但在火车短暂经过 Y 法域时受伤。在此情形下,X 法域的实体法,而非 Y 法域的实体法,应被认定适用于当事人的权利和责任。

示例:

7. A 和 B 的住所均位于 X 法域。B 邀请 A 作为客人陪伴其开车旅行,行程起点在 A 法域,经过数个相邻法域,然后终点还是 X 法域。B 在 X 法域投保了第三人责任险。在相邻的 Y 法域,因 B 驾驶存在过失,汽车冲出了公路,A 受伤。A 在 Z 法域的法院起诉,请求损害赔偿。根据 Y 法域的实体法,B 不对 A 承担赔偿责任,因为 Y 立法规定,作为客人的搭乘者,对车主因过失造成的损害,不享有诉权。但是,根据 X 法域的实体法,B 应对 A 承担赔偿责任。Z 法院需要回答的第一个问题是,X 法域和 Y 法域是否会因其各自的实体法适用,而增进其利益。对于这一问题,只能根据两地法律规则的目的来回答(参见“评论”3)。X 法域的法律规则,有可能是旨在保护 X 法域的乘客免受 X 法域的车主的过失伤害;若如此理解,则 X 法域可通过适用其规则增进其利益。Y 法域可否通过适用其规则来增进其利益,答案更难确定。如果 Y 法域的法律规则,唯一目的是,保护 Y 法域的保险公司免受主客串通欺诈,那么 Y 法域就不会因适用其规则而增进其利益,因为本案涉及的是 X 法域的保险公司。在此情形下,Z 法院应适用 X 的实体法,准许 A 对 B 的索赔。另一方面,若是 Y 法域的规则至少有一个目的是,保护身在 Y 法域的车主免受忘恩负义的乘客的索赔,那么就可推定 Y 法域可通过适用其规则增进其利益。在本案中,Z 法院要回答的问题之一是,X 法域适用其规则的意愿,是否超过了 Y 法域的相对意愿。支持对该问题作出肯定回答的因素是,A 和 B 的住所均在 X 法域,双方法律关系重心地在 X 法域。支持适用 X 规则的其他因素还有,旅程的起点和终点均在 X 法域,事故发生在 Y 法域而非其他法域纯属偶然。若是能够发现,Y 法域的法院面对当前的案件事实也不会适用自己的规则,那么适用 X 法域的规则的主张将更有说服力,因为显而易见,即便在 Y 法域的法院眼中,所涉及的 Y 法域的利益也不足以要求适用 Y 法域的规则(参见第 8 条之“评论”11)。

8. 除了一点,其余事实同于“示例”1。这一点区别是,假如汽车上安装了一种安全设备,这起事故本可不发生。安全设备是 Y 法域实体法所要求的,而 X 法域的实体法中无此要求。那么,B 是否因未安装安全设备对 A 受伤承担责任? 在本案中,Y 法域会因适用本地的规则而增进自己的利益,原因是,Y 法域显然关切当地容许的行为标准情况。支持 Z 法院适用 Y 的规则进而让 B 担责的其他因素还有:侵权行为和损害结果均发生在 Y 法域,Y 显然希望适用其规则。若是能够发现,X 法域的法院面对当前的案件事实也会适用 Y 法域的规则,那么适用 Y 法域的规则的主张将更有说服力,因为显而易见,即便在 X 法域的法院眼中,所涉及的 X 法域的利益也不足以要求适用 X 法域的规则(参见第 8 条之“评论”11)。

评论:

6. 涉及的侵权

上述连结点的相对重要性,因所涉侵权行为的性质不同而有所差异。因此,对于人身伤害和损害有形财产,损害结果发生地特别重要(参见第 146~147 条)。对于非法拘禁或恶意诉讼和滥用诉讼程序(参见第 155 条),结论也是如此。另一方面,在下列侵权中,损害结果发生地就相对次要:欺诈性虚假陈述(参见第 148 条),诸如虚假广告和侵占他人商业价值之类的不正当竞争行为。虚假广告造成的损害是原告失去客户或生意。这些客户或生意往往分散在两个或多个法域。这类损失本质上是金钱损失,损失的后果通常在原告的总部或主营业地的影响最大。但是,该地可能与被告的行为以及原告失去客户或生意,仅有微弱的联系。若是侵占他人商业价值,情况本质上相同,只是原告可能没有遭受金钱损失,但被告构成不当得利。基于以上种种原因,对于虚假广告和侵占他人商业价值,损害结果发生地在法律选择中的作用并不如对于其他侵权那样重要。反而被告侵权行为主要实施地通常最受重视,用以决定哪一法域的实体法适用于虚假广告和侵占他人商业价值引发的权利和责任。

对于侵扰婚姻关系,被告侵权行为主要实施地也是唯一的最重要的连结点(参见第 154 条)。跨境散布信息,损害原告名誉(参见第 150 条)、导致原告经济损失(参见第 151 条)、侵犯原告隐私权(参见第 153 条)的情形下,原告的住所地,有时是其主营业地,就成为决定准据法所属法域的唯一的、最重要的连结点。

7. 基于侵权以外的理论获得救济

原告若适用本条规定选择法律无法获得侵权赔偿,则有时可能会依据其他某种责任基础,主张适用对其更加有利的法律。因此,原告可基于违约,请求被告对其承担赔偿责任。若是如此,则准据法的选择依据的是第 187 条、第 188 条。反而言之,本来依据本条规定所选法律应承担责任的被告,有时会因合同的规定而能够摆脱责任。雇主与雇员的关系、承运人与乘客的关系、卖方与买方的关系,均可为将案件定性为合同而非侵权提供依据。在某些情况下,无论问题被定性为侵权或合同,案件结果均相同。关于定性,参见第 7 条。

8. 指引的法是所选法域的"实体法"

指引的法是准据法所属法域的"实体法",而非其"法律",后者指包括法律选择规则在内的法律整体(参见第 4 条)。结果确定性和便于适用的价值追求,要求法院适用所选法域的实体法,从而避免因适用其冲突法规则可能引起的复杂情况。以公平为由要求法院适用所选法域的冲突法规则,这一假定立足不稳。假定当事人在采取可能构成侵权的行动前考虑了法律选择问题，他们很可能期望，依据本条规定所选法域的实体法会得到适用。

另一方面，判断一个法域是否有适用其某一实体法规则的意愿时，受案法院应考虑该法域的法院在裁决案件时是否会适用这条实体法规则。该法域的法院适用这条规则，就可表明：受案法院适用该条规则将会实现该法域的重要意愿。相反，该法域的法院都不会适用这条规则，就可表明：即便受案法院不适用这条规则，该法域的意愿也不会被冒犯（参见第 8 条之“评论”11）。应该重申的是，在侵权领域，法院不会适用另一法域的冲突法规则。不过，受案法院会适当参考此类冲突法规则，看其在多大程度上可以表明，另一法域适用自己实体法规则的意愿。

示例：

9. A 在 X 法域开枪打鸟，结果击中了站在 Y 法域的 B。住所在 Y 法域的 B，到 Z 法域起诉 A。若认定 Y 法域是具有最重要联系的法域，则 Z 法院应适用 Y 法域的实体法。在认定 Y 法域是否为具有最重要联系的法域时，Z 法院可考虑 Y 法域的法院对于特定的争点，是会适用 Y 法域的实体法，还是会适用另一法域的实体法。

评论：

9. 两个或多个法域的规则相同

如果侵权的一些连结点分布于两个或多个法域，而这些法域有关特定争点的实体法规则并无不同，那么，从法律选择的角度看，该案将被视为其连结点聚集在一个法域。

示例：

10. A 在 X 法域的行为，在 Y 法域伤害了 B。有关人身伤害责任的规定，X 法域和 Y 法域的实体法规则相同。从本条规定的目的看，本案案情将被视为侵权行为和损害结果发生在同一法域。

二、特殊侵权行为

第 146 条 侵害人身权益

在侵害人身权益之诉中，当事人的权利和责任适用损害结果发生地的实体法，除非对于特定争点，另一法域依第 6 条所述原则与事件和当事人具有更重要的联系，则适用该另一法域的实体法。

第 147 条　侵害有形财产

在侵害土地及其他有形财产的诉讼中，当事人的权利和责任适用损害结果发生地的实体法，除非对于特定争点，另一法域依第 6 条所述原则与事件和当事人具有更重要的联系，则适用该另一法域的实体法。

第 148 条　欺诈和虚假陈述

(1)原告因信赖被告的虚假陈述而遭受金钱损失，并且原告在作出和接受虚假陈述的地方采取了行动，当事人的权利和责任适用该法域的实体法，除非对于特定争点，另一法域依第 6 条所述原则与事件和当事人具有更重要的联系，则适用该另一法域的实体法。

(2)基于虚假陈述，原告在陈述地以外的法域采取全部或部分行动，确定针对特定争点与事件和当事人具有最重要联系的法域，法院应至少考虑下述可能相关的连结点：

①原告基于被告陈述而采取行动的地点；

②原告接受陈述的地点；

③被告作出陈述的地点；

④当事人的住所、居所、国籍、公司成立地和当事人的营业地；

⑤事件发生时，作为当事人之间交易标的物的有形财产的所在地；

⑥基于被告虚假陈述签订的合同的履行地。

第 149 条　诽谤

除非存在第 150 条规定的情况，在有关诽谤的诉讼中，当事人的权利和责任适用信息传播地的实体法，除非对于特定争点，另一法域依第 6 条所述原则与事件和当事人具有更重要的联系，则适用该另一法域的实体法。

第 150 条　跨境诽谤

(1)对他人的诽谤，体现于任何一本书、一份报纸，或任何一次广播、电视播放、电影放映，或类似的公共传播，由此产生的权利和责任，针对该具体争点，依第 6 条所述原则，适用与事件和当事人具有最重要联系的法域的实体法。

(2)当自然人声称其遭受了公共传播的诽谤,如果被指控内容在其当时的住所地传播,则该地通常为具有最重要联系的法域。

(3)当公司或其他法人声称其遭受了公共传播的诽谤,如果被指控内容在其当时的主营业地传播,则该地通常为具有最重要联系的法域。

第 151 条　导致经济损失的诋毁

关于导致经济损失的诋毁的法律选择规则,与涉及诽谤的规则相同。

第 152 条　隐私权

在侵害隐私权之诉中,侵害地的实体法决定当事人的权利和义务,除非对于特定争点,依第 6 条所述原则,另一法域与事件和当事人具有更重要的联系,此时另一法域的实体法适用,但符合第 153 条规定情形的除外。

第 153 条　跨境侵犯隐私权

侵害原告的隐私权,体现于任何一本书、一份报纸,或任何一次广播、电视播放、电影放映,或类似的公共传播,由此产生的权利和责任,针对该具体争点,依第 6 条所述原则,适用与事件和当事人具有最重要联系的法域的实体法。最重要联系地通常为侵害当时的原告住所地,条件是被诉的侵权之事传播于该地。

第 154 条　侵扰婚姻关系

侵扰婚姻关系者的责任,适用被指控行为主要发生地的实体法,除非对于特定争点,另一法域依第 6 条所述原则与事件和当事人具有更重要的联系,则适用该另一法域的实体法。

第 155 条　恶意诉讼和滥用诉讼程序

因恶意诉讼和滥用诉讼程序而导致的当事人权利和责任,适用被指控诉讼发生地的实体法,除非对于特定争点,另一法域依第 6 条所述原则与事件和当事人具有更重要的联系,则适用该另一法域的实体法。

三、重要争点

第 156 条　行为的侵权性

(1)行为人的行为是否构成侵权,适用依第 145 条所选择的法律。

(2)准据法通常为损害结果发生地的实体法。

第 157 条　谨慎标准

(1)行为人的谨慎标准,适用依第 145 条规则所选择的法律。

(2)准据法通常为损害结果发生地的实体法。

第 158 条　法律保护的权益

(1)受影响的权益是否应得到法律保护,适用依第 145 条规则所选择的法律。

(2)准据法通常为损害结果发生地的实体法。

第 159 条　对原告负有的义务

(1)行为人是否对受害人负有义务,以及是否违反该义务,适用依第 145 条规则所选择的法律。

(2)准据法通常为损害结果发生地的实体法。

第 160 条　法定原因

(1)作为或不作为是否造成损害,适用依第 145 条规则所选择的法律。

(2)准据法通常为损害结果发生地的实体法。

第 161 条　抗辩

就诉因的事实,被告可对原告的诉讼请求提出何种抗辩,适用依第 145 条规则所选择的法律。

第 162 条　责任的特定条件

(1)行为人的行为或事件的发生是否为承担责任的必要条件,适用依第 145 条规则所选择的法律。

(2)准据法通常为损害结果发生地的实体法。

第 163 条　行为的义务或特权

根据行为地的实体法,某一行为是必要的或被免责的,行为人据此事实是否可以免除责任,适用依第 145 条规则所选择的法律。

第 164 条　原告促成过错

(1)原告促成过错是否完全或部分排除其获得救济,适用依第 145 条规则所选择的法律。

(2)准据法通常为损害结果发生地的实体法。

第 165 条　自担风险

(1)原告方自愿冒险是否排除其获得救济,适用依第 145 条规则所选择的法律。

(2)准据法通常为损害结果发生地的实体法。

第 166 条　可归责的过失

(1)在何种情况下某人因他人的过失而无法获得救济,适用依第 145 条规则所选择的法律。

(2)准据法通常为损害结果发生地的实体法。

第 167 条　诉讼存续

侵权赔偿请求权在侵权人或受害人死亡后是否可以继续存在,适用依第 145 条规则所选择的法律。

第 168 条　慈善豁免

慈善豁免的争点,适用依第 145 条规则所选择的法律。

第 169 条　家庭成员之间的豁免

(1)家庭成员之间的侵权责任豁免,适用依第 145 条规则所选择的法律。

(2)准据法通常为当事人住所地的实体法。

第 170 条　放弃起诉或协议不起诉

(1)对一位共同侵权人放弃起诉或协议不起诉的承诺对其他侵权人的效力,适用依第 145 条规则所选择的法律。

(2)基于特定文本放弃起诉或协议不起诉,对于并非该文本当事人的共同侵权人的效力,适用依第 145 条规则所选择的法律。

第 171 条　赔偿金

损害赔偿金的标准,适用依第 145 条规则所选择的法律。

第 172 条　共同侵权

(1)两人或多人就其各自行为向第三人承担责任,适用依第 145 条规则所选择的法律。

(2)准据法通常为损害结果发生地的实体法。

第 173 条　侵权人之间的追偿和求偿

一位侵权人是否有权对另一位侵权人追偿或求偿,适用依第 145 条规则所选择的法律。

第 174 条　替代责任

某人是否对他人的侵权行为负责,适用依第 145 条规则所选择的法律。

第二节　非法致死之诉

第 175 条　非法致死之诉

在非法致死之诉中,当事人的权利和责任适用损害结果发生地的实体法,除非对于特定争点,另一法域依第 6 条所述原则与事件和当事人具有更重要的联系,则适用该另一法域的实体法。

第 176 条　抗辩

对非法致死之诉中的诉因可以提出何种抗辩,适用依第 175 条规则所选择的法律。

第 177 条　受益人:赔偿金如何分配

对非法致死之诉中的赔偿金应如何分配,适用依第 175 条规则所选择的法律。

第 178 条　赔偿金

非法致死之诉中损害赔偿金的标准,适用依第 175 条规则所选择的法律。

第 179 条　起诉人资格

依第 175 条规则所选法域的非法致死法指定的、死者个人代表以外的起诉人,就该请求权可以在任何州提起诉讼。

第 180 条　个人代表提起诉讼

如果依第 175 条规则所选法域的非法致死法,非法致死之诉应由死者的个人代表提起,则可以起诉:

(1)如果非法致死法规定赔偿金归个人受益人,且在法院地并未指定个人代表,则由第 314~315 条规则中提及的任何法域指定的个人代表提起。

(2)如果非法致死法规定赔偿金归入死者的遗产,则由受案法院指定的或有资格起诉的个人代表提起,但以受案法院地的实体法有此规定为限。

第三节　工人赔偿

一、宪法问题

第 181 条　允许的属地适用范围

某一法域可依其工人赔偿法,以符合正当程序要求的方式给予劳工补偿,只要:

(a)劳工在该法域内受伤;或

(b)雇佣行为主要发生在该法域之内;或

(c)雇主在该法域的营业地监督雇员活动;或

(d)根据第 187 条、第 188 条和第 196 条之规定,该法域在工人赔偿争点上与雇佣合同有最重要的联系;或

(e)当事人通过雇佣合同或其他方式同意其权利应适用该法域的工人赔偿法;或

(f)该法域与事件、当事人和雇佣行为有其他合理联系。

第 182 条　同时调整工伤的两种法律的效力

依据某一法域的工人赔偿法即可判决赔偿,尽管姊妹州的法律也可适用。

第 183 条　侵权法和非法致死法提供救济的有效性

若该法据此免除被告对原告侵权法和非法致死法上的责任,并不会在宪法层面上禁止姊妹州侵权法或非法致死法赋予原告的救济。原告依据某一法域工人赔偿法:

(1)可以从被告处获得赔偿;或

(2)已经,或能够从他人处获得赔偿。

二、法律选择问题

第 184 条　侵权法和非法致死法之诉权的丧失

若该法域免除被告对原告侵权法和非法致死法上的责任,则任何法域均不得准许原告再获得侵权法或非法致死法上的救济。如果依某一法域工人赔偿法,被告须对某种特殊危险作业投保,并且依据该法:

(1)原告已经获得损害赔偿;或

(2)原告可以获得损害赔偿,因为该法域系①损害结果发生地,或②主要雇佣行为发生地,或③雇主的营业地且在此监督雇员活动,或④按照第 187 条、第 188 条和第 196 条的规定,该法域实体法应调整雇佣合同。

第 185 条　给予赔偿后进行的侵权诉讼或非法致死之诉

支付赔偿者在雇员就同一伤害从第三人获得的赔偿中享有何种权益,适用该雇员根据其劳工赔偿法获得损害赔偿的法域的实体法。

第八章 合 同

第一节 合同的有效性及其创设的权利

一、一般原则

第186条 准据法

合同的争点，适用当事人依第187条所选择的法律；在当事人未作选择时，适用依第188条所选择的法律。

评论：

1. 适用范围

本条规定的原则，适用于各种合同，以及合同的各种争点。第187条、第188条确立了合同法律适用的一般规则。本节第二部分（第189～197条），详细规定了多种合同的法律适用；基于现有知识，已有可能为这些合同确立更精准的规则，来决定相应准据法的所属法域。本节第三部分（第198～207条），分别规定了合同重要争点的法律适用，这些争点包括：缔约能力（第198条），形式要求（第199条），实质有效性（第200条），虚假陈述、胁迫、不当影响和错误（第201条），违法（第202条），高利贷（第203条），合同用语的解释（第204条），合同义务的范围（第205条），履行细节（第206条）以及救济方法（第207条）。显而易见，让合同冲突法变得精准，最佳方法是尝试针对具体合同和具体争点提炼出特殊的规则。

2. 指引的法是所选法域的“实体法”

除非有相反的意思表示（参见第187条之“评论”2），法律选择规则指引适用的法律是所选法域的“实体法”，而非其“法律”，后者指包含冲突法规则的法律整体（参见第4条）。结果确定性和便于适用的价值追求，要求法院适用所选法域的实体法，从而避免因适用其冲突法规则可能引起的复杂情况。以公平为由要求法院适用所选法域的冲突法规则，这一假定立足不稳。假定当事人在订立合同前考虑了法律选择问题，他们很可能期望，依据本章规定所选法域的实体法会得到适用，除非有相反的意思表示。

另一方面，判断一个法域是否有适用其某一实体法规则的意愿时，受案法院应考虑该法域的法院在裁决案件时是否会适用这一实体法规则。该法域的法院适用这条规则，就可表明：受案法院适用该条规则将会实现该法域的重要意愿。相反,该法域的法院都不会适用这条规则,就可表明:即便受案法院不适用这条规则,该法域的意愿也不会被冒犯(参见第8条之"评论"11)。应该重申的是,在合同领域,除非有相反的意思表示,法院不会适用另一法域的冲突法规则。不过,受案法院会适当参考此类冲突法规则,看其在多大程度上可以表明,另一法域适用自己实体法规则的意愿。

示例:

1. 在X法域,A与B签订了一份合同,履行地在Y法域。B,住所在Y法域,在Z法域对A提起违约之诉。Z法域若是认定Y法域是具有最重要联系的法域,则应适用Y的实体法。在认定Y法域是否为具有最重要联系的法域时,Z法院可以考虑,Y法院在裁决特定争点时是适用其实体法,还是适用另一法域的实体法。

评论:

3. 两个或更多法域的规则相同

如果合同的一些连结点分布于两个或多个法域,而这些法域有关特定争点的实体法规则并无不同,那么,从法律选择的角度看,该案将被视为其连结点聚集在一个法域。

示例:

2. 在X法域,A与B签订了一份合同,履行地在Y法域。X法域和Y法域有关争议问题的实体法规则相同。从本条的意旨看,对于争议问题,本案将被视为,合同签订地和履行地如同位于一个法域。

第187条　当事人所选法域的法律

(1)如果特定争点本可由当事人通过合同中的明确约定予以解决,则其合同权利和义务适用当事人所选法域的法律。

(2)即使特定争点不可由当事人通过合同中的明确约定予以解决,其权利义务仍可适用当事人所选法域的法律,除非存在下列两种情况之一:

①所选法域与当事人或交易不存在实质联系,且当事人的选择也无其他合理依据;或者

②适用所选法域的法律将违反另一法域的基本政策;对于特定争点,另一法域要比所选法域具有明显更强烈的法律适用意愿,而且依据

第188条规则,在当事人未作有效的法律选择时,应适用另一法域的法律。

(3)除非有相反的意思表示,指引适用的是所选法域的实体法。

评论:

1. 适用范围

本条规定仅适用于,当事人对准据法所属法域的选择,得到了法院认可。当事人在选择时,通常会在合同中明确指出准据法所属法域。这是确保意愿有效的最佳方式。然而,即使合同没有指明任何法域,法院仍可从合同条款中推断,当事人希望适用哪个法域的法律。合同中的法律用语,或指向的法律原则,若为某一法域的实体法所特有,则可作为当事人希望适用该法的可信证明。

另一方面,除非能够确定当事人选择了准据法的所属法域,否则本条规定不得适用。假如当事人考虑过此事,仅凭这一点不足以表明他们会希望适用特定法域的法律。

示例:

1. 住所在X法域的A,与住所在Y法域的B,在X法域签订了一份合同,约定合同履行地在Y法域。合同中载入一款:当事人"遇有严重损失(laesio enormis),则放弃要求完全(in integrum)恢复原状的权利"。X法域的实体法中没有此类法律术语。但是,Y法域的实体法不仅有这些术语,而且允许当事人放弃这种恢复原状的权利。基于上述事实,法院可妥当地认定,当事人希望适用Y法域的法律。

评论:

2. 不正当或错误

法律选择条款,与任何其他合同条款一样,若是通过不正当的方式(如虚假陈述、胁迫、不当影响和错误)获得一方当事人的同意并被纳入合同,则应被认定无效。一方当事人的同意是否通过不正当手段或错误获得,将由法院根据其本地的法律原则确定。法院可参考的一项因素是,法律选择条款是否包含在"附意合同"(adhesion contract)中。这种合同由强势一方单方面起草,并以"或接受或放弃"的方式提出,弱势缔约方没有对条款进行谈判的真正机会。此类合同通常以印刷形式出现,并且其中一些条款的字体可能非常小。常见的例子是各种票据和保险单中的此类条款。包含在这类合同中的法律选择条款通常会得到认可。尽管如此,法院将会仔细审查,并拒绝适用其中任何可能导致对弱势方严重不公的法律选择条款。

示例:

2. A 交给 B 一份合同,请其签字;合同中含有他们以前协议的条款,但加了一条——合同项下当事人的权利,适用 X 法域的法律。A 不希望 B 知道适用 X 法律的条款,因而告诉 B,合同不过是以前协议的内容,B 没必要阅读一遍合同。B 信赖 A 的言辞,没读合同,就在合同上签字。法院不应认可适用 X 法律的条款。

3. 在 X 法域,A 从 B 公司购买了一张船票,搭乘 B 公司的轮船,从 X 法域前往 Y 法域。船票上规定适用 Y 法域的法律,还明确规定,B 公司对于其雇员的过失所致损失,不承担责任。后一规定,依 Y 法律有效,但依 X 法律无效。在航程中,由于 B 公司雇员的过失,A 受伤。A 在 Z 法域对 B 起诉,要求赔偿损失。在判定是否认可法律选择条款的效力时,Z 法院应考虑下述事实:合同由 B 单方起草,B 是优势的一方,它与 A 签约是基于“或接受或放弃”的条件。

对第 1 款的评论:

3. 可依据当事人在合同中针对特定争点的明确约定而解决的争点

本款的规则,是一条指引并入的规则,而非一条法律选择规则。一般而言,当事人有权决定其合同条款,并在合同中详细列明。除了列明详尽条款,他们也可指引外部资料,如某域外法的条款,从而将其并入合同。在此情形下,法院将适用所指引法域的法律中可适用的规定,以实现当事人的意愿。如此操作,向无疑问。尽管如此,有一点还是值得强调,大部分合同法规则旨在填补合同约定的空白,这些事项当事人自己本可用明确的合同条款约定。符合上述情况的合同事项包括:合同解释、先决条件和后续条件、履行的充分性以及不履行的理由(包括目的落空和履行不能的问题)等。对于所有上述事项,法院将适用当事人所选法律的规定。

当事人是否本可通过明确的约定来决定特定争点,这个问题适用依第 188 条的规定所选法域的实体法。不过,有潜在法律适用意愿的各法域的实体法,通常以同样的方式对待该问题。在此情况下,法院无须费心确定准据法所属法域。

示例：

4. 在X法域，A设立了一份信托，约定受托人B将获得Y法域实体法所允许的最高比例的佣金。A和B的住所均在X法域，信托仅与X法域存在联系。在X法域，允许支付给受托人的佣金的最高比例为5%。在Y法域，允许的最高比例为4%。本案中的法律选择条款应被认定为有效，B有权获得4%的佣金。

5. 与“示例”4的案情唯有一点不同，X法域所允许的佣金的最高比例为4%，而在Y法域为5%。X法域的实体法规定，当事人无权约定比例超过4%的佣金，而Y法域，作为当事人所选法律的法域，与当事人或信托没有任何联系；基于上述事实，当事人选择Y法律，应被认定为无效。

对第2款的评论：

4. 不可依据当事人在合同中针对特定争点的明确约定而解决的争点

本款的规定仅适用于，对于特定争点，两个或多个法域均有法律适用意愿的情形。本款不适用于，所有连结点均位于一个法域，自然唯有一个法域具有法律适用意愿的情形。在上述限定条件下，本款的规定适用于寻求当事人不得通过合同中针对特定争点的明确约定解决的特定争点所适用的法律，如当事人缔约能力、合同形式和合同的实质有效性。一个人，不得因在合同中自称有缔约能力，就获得缔约能力。双方当事人约定，即便不符合法定形式要求，合同也在当事人之间具有约束力；这种约定无法免除法定的合同形式要求，如书面的要求。同样，当事人不得以类似方式来规避合同实质有效性问题，如合同是否违法。然而，当事人所选法域的实体法通常将适用于此类事项。尽管适用当事人所选法域的法律，将忽视无当事人选法时将适用的准据法所属法域的某些规定，当事人所选法域的实体法通常会得到适用。

当然，允许当事人在常见案件中选择准据法，并不等于赋予其随心所欲的合同自由。当事人的准据法选择权受制于本款规定的两个条件（参见“评论”6和7）。

5. 理由

合同法的主要目标是保护当事人的正当期望，并使其能够准确预见合同项下的权利和义务。在跨境交易中，通过让当事人选择法律，以调整合同有效性及其创设的权利，可谓实现上述目标的最佳方式。允许当事人选法，也最有可能确保结果的确定性和可预见性。赋予当事人法律选择权也与下述事实相吻合：与其他法律领域相比，在合同领域，人们可以在广泛的范围内自由决定其合同义务之性质。

过去，偶有反对意见指出，赋予当事人法律选择权无异于使其成为立法者。这种观点认为法律决定了合同的效力，因此，除非将立法权实际让渡给当事人，否则，在合同有效性的法律适用上，当事人不能掌控决定权。如今，这种观点已经过时，而且丝毫未有的放矢。法院通过适用当地的冲突法规则，为个案选定准据法。毫无理由禁止法院采用这样的法律选择规则：除了例外情况，合同的有效性及其创设的权利适用当事人所选法域的实体法。适用当事人所选法域的法律，并非因为当事人自身是立法者，而唯因法院地法律选择规则的要求。

另有反对意见认为，如果享有了法律选择权，那么当事人就能够逃避本应成为准据法所属法域的禁止性规定。然而，基于法律选择的确定性、可预见性和便利性的价值追求，在某些限制条件下，应允许当事人享有法律选择权。

偶尔，当事人可能选择了使合同无效的法律。在此情形下，该法并不因当事人的选择而获得适用。认可该法将违背当事人的期望，而本规则旨在保护当事人的期望。应当假定：当事人期待合同条款对其具有约束力（比较第188条之“评论”2）。如果当事人选择了使合同无效的法律，那么可以假定，他们是出于差错才作出的选择。但是，如果当事人所选的法律，是根据第188条规则也会适用的准据法，那么，即使该法使合同无效，法院也应予以适用。在此情况下，适用该法是因第188条的规定，而非因当事人的选择。

示例：

6. 在X法域，P和D在一份协议上签上了其姓名的首字母，约定在Y法域履行。合同约定，当事人的权利适用Y法域的法律。在X法域，P起诉D违约。D对此抗辩：根据X法域的反欺诈法，他未在合同上签名，因而合同无效。但是，该合同依据Y法律是有效的。X法院应支持P的请求。

7. H和W系夫妻，住所在X法域。W在Y法域与C签订了一份合同，C的住所和商业活动均在Y法域。合同约定，C同意向H赊销货物。W 为此提供 1000 美元的担保。合同中载有,该合同适用 X 法域的法律。根据 X 法域的实体法,已婚妇女享有完全缔约能力。但是,根据 Y 法域的实体法,已婚妇女无能力成为丈夫的担保人。在 C 对 W 提起的诉讼中,合同不应因 W 无缔约能力而被认定无效。

8. 在 X 法域,A 履行义务,向 B 交付一份单据。根据该单据,A 同意补偿 B 因代 C 提供上诉担保金的责任而遭受的一切损失,Y 法域已作出一份针对 C 的判决。该单据载有,其适用 Y 法域的法律。根据 Y 法域的实体法,该单据有效,可予以执行,但依 X 法域的实体法,该单据因缺少对价而不具有执行力。在 B 对 A 提起的诉讼中,该单据不应因缺少对价而被认定无效。

评论:

6. 当事人选法应有合理依据的要求

针对当事人不得以明确的约定来商定的争点,如果当事人选择法律缺乏合理的依据,那么法院将不会适用当事人所选法律去判定这些争点。比如,当事人本着好奇心,或想让法官开眼界,而选择域外法,法院将不适用这类法律。这种情况在实践中不会出现。签订合同出于重要的目的;当事人无合理的原因而选择法律,即便有,也十分罕见。

所选法域与当事人或合同存在某种实质联系的情形下,当事人的选择会被认定具有合理依据。例如,所选法域是一方当事人的实际履行地,或其住所地,或其主要营业地。所选法域若是合同缔结地,那么这种选择也具有合理依据,除非在特殊情况下,在该地签约纯属偶然,而且该地与合同或当事人缺乏真实联系。上述情况仅为举例。毫无疑问,还有其他情况,所选法域与当事人和合同存在足够密切的联系,使当事人的法律选择具有合理性。

涉外合同的当事人,选择与合同没有实质联系的法域,也可能有合理依据。例如,在法律制度对当事人来说是陌生的且相对不成熟的国家签订合同,当事人应当能够选择自己熟悉且发达的法律。唯有如此,他们才能确保准确知悉其在合同下的权利和义务。因此,当事人在法制相对落后的两国之间从事海上货物运输,应被允许在合同中约定适用众所周知和高度详备的商法。

7. 适用所选法律将会违反本应作为准据法的所属法域的基本政策

实现当事人的期望,并非合同法的唯一价值,法院还必须考虑相关法域的法律适用意愿和监管。倘若这种选择未顾及法域的法律适用意愿,当事人所选法律不应得到适用,而在当事人没有作出有效的法律选择的情形下,针对合同所涉特定争点,该法域的法律本该适用。适用当事人所选法律,与适用另外情形下本该适用的法律,两者结果不同,那么法院不会仅因结果差异而拒绝适用当事人所选的法律。唯有出现以下情形,当事人的法律选择才不被认可:(1)为保护第 188 条所指引准据法的所属法域的基本政策,(2)在裁决特定争点方面,该法域要比当事人所选法域具有更为强烈的法律适用意愿。法院将适用其当地的法律原则来判定,某一政策是否为现行法含义上的基本政策,以及在裁决特定争点方面,另一法域是否比当事人所选法域具有更为强烈的法律适用意愿。重要的连结点四处分散,以致实在难以确定若无当事人选法而本该适用法律的所属法域,这种情况下当事人的法律选择权受到最少的限制。

若无当事人选法而本该适用的法律所属法域的"基本"政策的出现情形难以详尽表述。一个重要的考虑因素是,重要连结点在某法域的聚集程度。法院更倾向于尊重与合同和当事人密切相关的法域的政策,而非那些联系较弱且连结点分散,只在当事人的选择被否定后才成为准据法所属法域的政策。另一个重要的考虑因素是,连结点在当事人所选法域内的聚集程度。当事人所选法域与合同和当事人的联系越密切,法律选择条款就越有可能有效。当事人选择的法域与合同和当事人的联系越密切,本应适用法律的所属法域的政策就必须更重要,以证明否定当事人法律选择条款效力的正当性。

一项"基本"政策,无论如何均应涉及合同实质问题。除了与遗嘱有关的合同,基本政策很少涉及合同的形式要求,例如《反欺诈法》(参见"示例"6)。此种政策也不太可能体现在以下两类规则中,一是渐趋过时的规则,如有关已婚妇女缔约能力的规定(参见"示例"7);二是合同法的一般规则,如有关需要对价的规则(参见"示例"8)。另一方面,基本政策可能包含在下述立法中:规定一种或更多种合同是非法的,或旨在保护弱者免受另一方优势谈判地位的强迫。涉及被保险人对抗保险公司的权利,这类立法可能也含有基本政策(参见第 192 条、第 193 条)。本条规则意义上的"根本性"政策,并不必与那些引起法院依第 90 条拒绝承认境外诉因的政策所需的强度相一致。

示例：

9. 住所均在 X 法域的 A 和 B，在当地协商了合同条款，履行地也是当地。合同约定适用 Y 法域的法律。A 在 X 法域签字，然后 B 在 Y 法域签字。当事人在 Z 法域提起合同有效性之诉。在该案中，若合同要素不是如此密集地出现在 X 法域，法院会更容易认定法律选择条款的效力。

10. 在 X 法域，A 保险公司签发了一份人寿保险单，为 B 的人身提供保险。X 法域是 A 的成立地和总部所在地，而 B 的住所在 Y 法域。保险单上有条规定，当事人的权利适用 X 法域的法律。B 在 Y 法域向 A 的代理人提出购买保险的申请。在申请时，B 作了一项虚假陈述；这一行为，依 X 的实体法，将构成保险人在涉保险单之诉中的充分抗辩理由，但依 Y 法域的立法，不具有这种效果。B 在 Z 法域的法院提起有关保险单的诉讼。根据第 192 条的规定，若当事人没有作出有效的法律选择，则 Y 法域的法律将适用于合同的有效性。Z 法院将不认可这份保险单中法律选择条款的效力。

对第 3 款的评论：

8. 指引的法律是所选法域的“实体法”

除非有相反的意思表示，指引的法律是所选法域的“实体法”，而非其“法律”，后者指包含冲突法规则的法律整体。在选择调整合同有效性的法律时，当事人考虑的是某一法域的“实体法”，而非“法律”（比较第 186 条之“评论”2）。适用某一法域的“法律”，会将法律选择的不确定性引入诉讼程序，并会破坏确定性和可预见性等基本目标，而冲突法规则旨在实现这些目标。

9. 选择两种法律

对于缔约能力以外的事项，当事人可在多大程度上选择两个或多个法域的实体法，这个问题的答案还不确定。例如，当事人能否约定，其缔约能力适用某一法域的实体法，而合同的形式适用另一法域的实体法，答案尚不确定。如果双方当事人的住所位于不同的法域，并且分别依各自住所地的实体法，各方均有缔约能力，那么他们应当在符合本条规定的条件下，在合同中约定，各方的缔约能力适用各自住所地的实体法。

第 188 条　当事人未有效选择法律时的法律适用

(1)有关特定合同争点的当事人权利和义务,依第 6 条所述原则,适用就该争点与交易和当事人具有最重要联系的法域的实体法。

(2)如果当事人未有效选择法律(参见第 187 条),那么适用第 6 条所述原则决定该争点的准据法时,要考虑的连结点包括:

①缔结地;

②合同谈判地;

③履行地;

④合同标的所在地;以及

⑤住所、居所、国籍、公司成立地和当事人营业地。

这些连结点要根据它们对于特定争点的相对重要性来衡量。

(3)如果合同谈判地与履行地位于同一法域,则除非存在第 189 条至第 199 条和第 203 条规定的其他情况,合同通常适用该法域的实体法。

评论:

1. 适用范围

本条规定的原则,适用于当事人未作出有效法律选择时的所有情况(参见第 187 条)。

对第 1 款的评论:

2. 理由

第 6 条所述原则是所有法律选择规则的基础,并用于针对特定争点,权衡有法律适用意愿的法域与交易、当事人之间联系的重要程度。第 6 条第 2 款列出的考虑因素可以分为五组。第一组考虑因素关注如下事实,即在涉外案件中,至关重要的是,裁决规则对于成员间相互依赖的联邦体制和国际社会,应促进其成员之间和谐而互利的关系。第二组考虑因素,聚焦于竞相适用的各实体法规则的目的、政策、主旨和目标,以及有法律适用意愿的法域对适用其规则的关切。第二组中的考虑因素有时称作“法域的利益”或事关“有利害关系的法域”。第三组考虑因素涉及当事人的需要,即保护当事人的正当期望,结果的确定性和可预见性。第四组考虑因素,指向诸如侵权或合同等具体法律领域的基本政策的实现。第五组考虑因素关注司法工作的需要,即容易确定和适用要适用的法律。

第 6 条第 2 款列出的考虑因素，在不同的法律领域，对于不同的争点，其重要程度有所不同。因此，保护当事人的正当期望，在合同冲突法领域相当重要，但在侵权冲突法领域，其重要性则相对较低（参见第 145 条之“评论”2）。在侵权冲突法领域，罕见当事人事先想到，其行为后果适用哪一法域的法律。比较而言，当事人在签订合同时，会事先想到将来可能发生的纠纷应适用什么法律，甚至可能为此在签约前咨询律师。有时，他们期望，其合同项下的权利和义务适用特定法域的实体法。在此情况下，若符合第 187 条规定的限制条件，该法域实体法将获得适用。如果当事人没有预先考虑合同的法律适用问题，或当事人这方面的意图无法查明，那么至少可以断言，除了罕见的例外情形，他们期望合同条款对于彼此具有约束力。

保护当事人期望，需要重视法律选择结果的确定性、可预见性和一致性的价值。除非实现后面的这些价值，否则当事人的期望可能落空。

在合同冲突法领域，通过法律选择规则保护当事人的正当期望，第 6 条第 2 款有两种考虑因素支持这一目标的实现：一种是指向满足当事人需要的因素，另一种是指向实现特定法律领域基本政策的因素。保护当事人正当期望是合同法冲突法的一项基本政策。

保护当事人的正当期望，这一因素的重要性因争点的不同而有所差异。如上所述，对于涉及合同有效性的争点，如当事人缔约能力、合同的形式和合同的实质有效性，这一因素相当重要。除了罕见的例外情形，签订了合同的当事人很可能期望，至少合同中的条款对于彼此具有约束力。当事人的期望，不应因适用否定合同或其某一条款效力的某法域的实体法，而被挫败，除非在特殊案件中，否定合同效力的某法域适用其规则的意愿，大幅度超过了保护当事人期望的价值。某一法域适用其规则的意愿大小程度，应根据该规则力图实现的目的，以及该法域与交易和当事人的联系来确定（参见“评论”3）。

相对于合同或其某些条款有效性的争点，对于当事人依合同所负义务的性质问题，保护当事人正当期望在法律选择过程中担当的角色较为次要。总体而言，是由当事人自己决定其合同义务的性质。他们可以在合同中列明这些义务，或者采用一种速记方式（as a short-hand device），他们可约定，这些义务应适用某一法域的实体法（参见第 187 条之“评论”3）。对于诸如履行时间这类合同义务性质的争点，倘若当事人没有采用上述两种方法的任何一种,那么由此产生的合同漏洞,就应通过适用某个法域合同法中的相关规则予以填补。所有法域均有这种漏洞填补规则,而且这种规则其实就是合同实体法的主要内容。就当前讨论的主旨而言,重要的一点是,之所以出现合同漏洞,是因为当事人从未考虑过相关的争点。在此情形下,当事人针对相关争点的期望,就不可能因适用此法域而非彼法域的填补漏洞规则,而被挫败。因此,对于这种类型的争点,保护当事人的正当期望,就不可能在法律选择过程中发挥特别重要的作用。就此推理,在创制涉及这些争点的法律选择规则时,应当更加重视第 6 条规定的其他影响法律选择的原则。

3. 合同法律规则的目的

有法律适用意愿的法域,其合同实体法规则力图实现的目的,以及法域与交易和当事人的联系,是确定最重要联系法域时需要考虑的重要因素。这是因为,某一法域适用其合同实体法规则裁决特定争点的意愿,取决于该规则力图实现的目的,以及该法域与交易和各方当事人的联系。因此,合同当事人一方住所地的法域之合同法规则旨在保护本地居民免受另一方强势谈判能力的滥用,显然希望适用该规则保护其本地居民。合同约定当事人将在某法域开展一项特定商业活动,该法域显然想其旨在规制或阻止这类商业活动的规则适用于本地的商业活动。另一方面,合同法规则的目的,以及一个法域与交易和当事人的联系,也可能表明,该法域并不想在特定案件中适用其规则。因此,一个法域在下述情况下对于适用其合同法规则可能几无意愿:其规则旨在保护一方当事人免受另一方强势谈判能力的滥用,而合同履行地在另一法域,并且寻求该规则保护的当事人,其住所也在另一法域。同样,在下述情况下,一个法域可能对适用自己的立法几无意愿:该立法旨在规制或阻止某类商业活动,但引发争议的这类活动并不发生在该法域,而是在另一法域。

是否适用导致合同无效的规则,除了考虑其他因素,答案取决于两方面的因素:一是某一法域适用其否定合同效力的规则的意愿,在特定案件中是否超过了保护当事人期望的价值,二是另一法域对适用自己的规则是否具有更强烈的意愿。

频繁出现的情形可能是,在解决合同的法律选择问题时,法院并不慎重考虑相关法域的合同法规则力图实现的目的。基于特定的案情，合同应适用某法域的法律，显然就属于这种情形。

4. 涉及的争点

法院已长期意识到，不一定依据单一法域的法律而裁决所有的争点。因此，在一起合同之诉中，合同签订地、履行地和当事人住所地均在某外法域，法院的传统和主流做法是，将法院地法适用于程序、诉答状、当事人合并和审判管理的争点(参见第六章)；但在裁决诸如被告的缔约能力之类的争点时，法院应运用本章所述规则决定此类争点的准据法。

如果根据两个或多个有法律适用意愿的法域的实体法规则，不同争点将以不同方式解决，则每个争点均应予以单独考虑。

对第 2 款的评论：

5. 决定最重要联系法域的重要连结点

如果当事人未作出有效的法律选择(参见第 187 条)，那么法院在适用第 6 条所述原则来决定具有最重要联系的法域时，应考虑有法律适用意愿的各法域的相关政策，以及这些法域在裁定特定争点上的意愿大小。最可能想适用自己法律的法域，是那些与交易或当事人具有以下一项或多项联系的法域。其中一些连结点在创制法律选择规则中也具有突出的地位。

(1)合同缔结地

本《冲突法重述》中的合同缔结地系指，根据法院地的要约和承诺规则，合同生效所必需的最后行为的发生地，假设该法域的实体法认可缔约行为的效果。

作为单独的连结点，合同缔结地相对并不重要。诚然，若当事人未作出有效的法律选择，那么很可能在大多数情况下，有关合同有效性的争点适用合同缔结地的实体法。然而，在这些情况下，合同缔结地成为准据法的所属法域，并非仅仅由于它偶然是合同生效所必需的最后行为的发生地。换言之，罕见合同缔结地孑然而立，而几乎全是合同缔结地与其他连结点共在一个法域。通常，合同缔结地就是当事人缔约前的合同谈判地。同时，该法域也往往是缔约双方的共同住所地。比较而言，如果合同在一地缔结纯属偶然，该地与当事人和合同不存在任何其他联系，则合同缔结地的重要性，即便有，也几乎可以忽略不计。例如,一方当事人在州际旅行中,在火车站邮寄了承诺函。

(2)合同谈判地

双方谈判并就合同条款达成一致的地方是重要的连结点。该法域对谈判的进行和达成的协议显然有法律适用意愿。然而,当不存在进行谈判和达成协议的单一地点时,这种连结点就不那么重要了,如双方当事人并不见面,而是在各自的法域通过邮件或电话进行谈判。

(3)合同履行地

合同中的履行地所在法域,对履行性质和履行义务人显然有法律适用意愿。因此,对于履行是否违法的问题,履行所在的法域显然具有法律适用意愿(参见第202条)。如果双方当事人均在一个法域履行合同,那么该地与交易和当事人的联系如此密切,以致往往就是该地的法律得以适用,即便对于那些与履行联系并不密切的争点也是如此。此外,如果双方当事人的住所地均在该法域,那么结论更是如此。

另一方面,在以下两种情形下,履行地对于准据法选择的重要性微乎其微:①在合同缔结时,履行地尚未确定或未知,或者②一方当事人的履行几乎均匀地分散在两个或多个法域,而这些法域有关特定争点的实体法各不相同。

显然,合同履行地的实体法适用于有关履行细节的所有问题(参见第206条)。

(4)合同标的所在地

如果合同处理的是一项诸如土地和动产之类的特定有形财产,或者应对的是地区明确的风险,如在固定地点工作的雇员的不诚实行为,那么财产或风险的所在地是重要的连结点(参见第189~193条)。财产或风险所在的法域,自然关心对当地造成影响的交易。当事人也认为财产或风险的所在地很重要。的确,当财产或风险构成合同的主要标的时,往往可以假定,当事人会期望有关合同的诸多争点,均应适用财产或风险所在地的实体法加以解决。

(5)当事人的住所、居所、国籍、公司成立地和当事人营业地

这些连结点都与当事人有持久的联系。其重要性在很大程度上取决于涉及的争点,以及这类连结点与其他连结点的聚合程度。例如,如果一个人依其住所地的实体法享有缔约能力,那么就几无理由因合同缔结地或履行地的实体法认为其无缔约能力,而宣告合同无效(参见第

198 条)。一方当事人在某一特定法域有住所或营业,这一事实若能再结合其他连结点,如该地也是合同缔结地、履行地或另一方当事人的住所地或营业地,那么该地在决定法律适用上将具有更重要的意义。如第 192 条所述,被保险人的住所地是人寿保险合同中特别重要的连结点。至少就大多数争点而言,相对于公司成立地,公司主营业地是更重要的连结点;若公司在其成立地少有或没有经营业务,则结论尤其如此。

示例:

1. A,住所在 X 法域,被 X 法院宣告为挥霍者。此后,A 在 Y 法域向 B 借款。B,住所在 Y 法域,借款时不知 A 是挥霍者。根据借款合同条款,还款地在 Y 法域。A 到期未还款,B 在 Z 法域提起诉讼。A,根据 X 的实体法不承担责任,因为其已在 X 法域被宣告为挥霍者,但根据 Y 的实体法应承担责任。Z 法院需要解答的第一个问题是,适用 X 法域或 Y 法域的实体法规则是否可增进其各自的利益。对于这一问题,只能从两个法域各自实体法的目的来回答(参见"评论"3)。X 法域实体法规则的目的,显然旨在保护 X 的居民及其家庭。因此,适用 X 法域关于挥霍者的规定,可以实现 X 法域的意愿。另一方面,可以推断,Y 法域的实体法旨在保护 Y 法域的债权人,同时鼓励人们前来 Y 法域签订合同,因此适用 Y 法域的实体法规则也增进其利益。由于 X 法域和 Y 法域均会因适用自己的法律而增进其各自的利益,因此 Z 法院就必须在两种利益之间作出选择。Z 法院要回答的问题之一是,保护当事人正当期望的价值和 Y 法域适用自己法律的意愿,是否会超过 X 法域适用自己让合同无效的规则的意愿。A 到 Y 法域找到 B,B 的住所在 Y 法域,借款合同的谈判和签约均在 Y 法域,合同约定的还款地也是 Y 法域,这些因素表明了 Y 法域适用自己法律规则意愿的强烈程度,这些因素均支持 Z 法院对上述问题作出肯定的回答。

2. A 是一名已婚妇女,住所在 X 法域,来到 Y 法域向 B 借款。借款合同约定,在 Y 法域归还借款。A 到期未还款,B 在 Z 法域起诉 A。A 的抗辩理由是,根据 Y 法域的实体法,已婚妇女没有缔约能力,但是,根据 X 法域的实体法,已婚妇女具有缔约能力。在本案中,适用 X 法域或 Y 法域的实体法规则,是否可增进其各自的利益,这一点令人质疑。Y 法域规定已婚妇女无缔约能力的规则,可能旨在保护 Y 法域的已婚妇女。另一方面,X 法域赋予已婚妇女缔约能力的规则,可能旨在保护在 X 法域的交易。无论如何,结论看来显而易见:Y 法域适用已婚妇女无缔约能力的规则的意愿,并未超越保护当事人正当期望的价值。基于上述情况,对于 A 的缔约能力,X 法域的规则应得到适用,以支持合同的有效性。

对第 3 款的评论:

6. 谈判地和履行地位于同一法域

除了第 189~199 条和第 203 条规定的情况,若谈判地和履行地位于同一法域,则该法域的实体法通常适用于调整合同项下的各种争议。拥有上述连结点的法域,通常对判定合同的各种争点最有法律适用意愿。该法域的实体法应得到适用,除非第 6 条所述原则要求适用其他的法律。如"评论"3 所述,某一法域适用其合同法规则的意愿强烈程度,取决于其规则所寻求实现的目的。

7. 基于第 186 条之"评论"2 所述的原因,指引的法是准据法所属法域的"实体法",而非其"法律",后者指包括法律选择规则在内的法律整体。

8. 关于两个或多个法域的实体法相同的情况,参见第 186 条之"评论"3。

二、特殊合同

第 189 条　转让土地权益合同

当事人未作出有效的法律选择时,转让土地权益合同的有效性及其创设的权利,适用土地所在地的实体法,除非对于特定争点,另一法域依第 6 条所述原则与交易和当事人具有更重要的联系,则适用该另一法域的实体法。

第 190 条　转让土地权益创设的合同义务

当事人未作出有效的法律选择时,转让土地权益为当事人创设的合同义务,适用土地所在地的实体法,除非对于特定争点,另一法域依第 6 条所述原则与交易和当事人具有更重要的联系,则适用该另一法域的实体法。

第 191 条　买卖动产权益的合同

当事人未作出有效的法律选择时,买卖动产权益合同的有效性及其创设的权利,适用合同条款规定的卖方交付该动产所在法域的实体法,除非对于特定争点,另一法域依第 6 条所述原则与交易和当事人具有更重要的联系,则适用该另一法域的实体法。

第 192 条　人寿保险合同

被保险人在其投保单中未作出有效的法律选择时,人寿保险合同的有效性及其创设的权利,适用申请保险单时被保险人住所地的实体法,除非对于特定争点,另一法域依第 6 条所述原则与交易和当事人具有更重要的联系,则适用该另一法域的实体法。

第 193 条　火灾、保证或意外事故保险合同

火灾、保证或意外保险合同的有效性及其创设的权利,适用当事人共知的在保险单有效期内被承保风险主要所在法域的实体法,除非对于特定争点,另一法域依第 6 条所述原则与交易和当事人具有更重要的联系,则适用该另一法域的实体法。

第 194 条　担保合同

当事人未作出有效的法律选择时,担保合同的有效性及其创设的权利,适用担保合同所要承保的主要义务的准据法,除非对于特定争点,另一法域依第 6 条所述原则与交易和当事人具有更重要的联系,则适用该另一法域的实体法。

第 195 条　归还借款合同

当事人未作出有效的法律选择时,归还借款合同的有效性及其创设的权利,适用合同要求的还款地所在法域的实体法,除非对于特定争点,另一法域依第 6 条所述原则与交易和当事人具有更重要的联系,则适用该另一法域的实体法。

第 196 条　服务合同

当事人未作出有效的法律选择时,服务合同的有效性及其创设的权利，适用合同要求提供的全部或大部分服务所在法域的实体法，除非对于特定争点，另一法域依第 6 条所述原则与交易和当事人具有更重要的联系，则适用该另一法域的实体法。

第 197 条　运输合同

当事人未作出有效的法律选择时，运送旅客或货物合同的有效性及其创设的权利，适用旅客出发地或货物发送地所在法域的实体法，除非对于特定争点，另一法域依第 6 条所述原则与交易和当事人具有更重要的联系，则适用该另一法域的实体法。

三、特殊争点

第 198 条　缔约能力

(1) 当事人的缔约能力，适用依第 187 条和第 188 条规则所选择的法律。

(2) 如果当事人依其住所所在法域的实体法具有缔约能力，该缔约能力通常得到支持。

第 199 条　形式要求

(1) 缔结有效合同所需要的形式，适用依第 187 条和第 188 条规则所选择的法律。

(2) 当事人履行合同所在法域的法律所要求的形式通常得到认可。

第 200 条　合同的实质有效性

除缔约能力和形式之外，合同的有效性适用依第 187 条和第 188 条规则所选择的法律。

第 201 条　虚假陈述、胁迫、不当影响和错误

虚假陈述、胁迫、不当影响和错误对合同产生的效力，适用依第 187 条和第 188 条规则所选择的法律。

第 202 条　违法

(1) 违法对合同产生的效力，适用依第 187 条和第 188 条规则所选择的法律。

(2)若在履行地,履约为违法,则合同通常被拒绝履行。

第 203 条 高利贷

如果与合同有实质联系的法域允许合同约定的利率,而且该利率并未过分高于依第 188 条规则确定的准据法所属法域的高利贷法所允许的利率,则合同的有效性不受有关高利贷指控的影响。

第 204 条 合同用语的解释

当无法确定当事人在合同中使用的措辞所要表达的意思时,该措辞将:

(1)依当事人所选法域的实体法解释;或

(2)在无此种选择时,适用依第 188 条规则所选法域的实体法解释。

第 205 条 合同义务的性质和范围

合同创设的权利义务的性质和范围,适用依第 187 条和第 188 条规则所选法域的实体法。

第 206 条 履行细节

有关合同履行细节的问题,适用履行地的实体法。

第 207 条 救济方法

违约的救济方法,适用依第 187 条和第 188 条规则所选法域的实体法。

第二节 合同权利的转让

第 208 条 合同权利的可转让性

未在文书中记载的合同权利是否以及在何种情况下可以有效转让,适用针对该争点与交易和当事人具有最重要联系的法域的实体法。

第 209 条 转让人与受让人之间合同权利的转让

如果合同权利未在文书中记载,但依据第 208 条规则可以转让,则转让该权利的行为的有效性,及其在转让人和受让人之间创设的权利,适用针对该争点与交易和当事人具有最重要联系的法域的实体法。

第 210 条　转让对债务人的效力

未在文书中记载的合同权利被转让之后,债务人向转让人或受让人付款或以其他方式履约将解除其义务,只要符合以下法律:

(1)依第 208 条规则所选择的法律;或者

(2)针对转让人和受让人依第 209 条规则选择的法律,并且适用依第 208 条规则所选的法律该权利可以转让。

第 211 条　连续转让

(1)如果各转让行为受相同法律或具有相同优先权规则的不同法律调整,则两个或多个受让人之间的优先权问题,适用依第 209 条规则确定的调整各转让行为的法律。

(2)针对其他情况,优先权问题适用权利可转让性的准据法(参见 208 条),或者,当转让的是企业的应收账款时,适用证明该款项的账簿保存地所属法域的实体法。

第三节　合同因一方或双方的行为而终止

第 212 条　合同因当事人一方或双方的行为而终止

(1)如果针对合同终止问题,与交易和当事人具有最重要联系的法域的实体法规定,当事人一方或双方的某一行为具有终止未履行合同的效力,则该合同终止。

(2)如果当事人在合同缔结后达成一项旨在终止合同的协议,并且依第 187 条和第 188 条规则选择的法律认可该协议终止未履行合同的效力,则该合同终止。

(3)如果合同一方当事人在缔结合同后实施了旨在终止该合同的行为,并且调整该行为的法律认可其终止合同的效力,则另一方当事人的义务因此得以终止。

第 213 条　担保的解除

(1)如果针对解除担保问题,与交易和当事人具有最重要联系的法域的实体法规定,当事人一方或双方的某一行为具有解除未履行担保的效力,则该担保解除。

(2)如果当事人在约定担保后达成一项旨在解除该担保的协议,并且依第 187 条和第 188 条规则所选法律认可该协议解除未履行担保的效力,则该担保解除。

(3)如果担保的一方当事人在约定担保后实施了旨在解除担保的行为,并且调整该行为的法律认可其解除担保的效力,则该担保解除。

第四节　票　　据

第 214 条　出票人和承兑人的义务

(1)除第 216 条和第 217 条规定的情况外,本票的出票人和汇票的承兑人的义务,适用票据中注明的付款地的实体法。

(2)除第 216 条和第 217 条规定的情况外,若票据中未注明付款地,出票人和承兑人的义务依票据交付地的实体法。该地推定为记载日期的票据所在地,并且,当票据上无相反声明时,这一推定对正当持票人是决定性的。

第 215 条　背书人和出票人的债务

(1)除本条第 2 款以及第 216 条和第 217 条规定的情况外,汇票或本票背书人以及汇票承兑人的债务,适用票据交付地的实体法。该地推定为记载日期的票据所在地,并且,当票据上无相反声明时,这一推定对正当持票人是决定性的。

(2)当票据记载某一法域为付款地时,该地的实体法决定了在哪个法域或哪些法域进行票据提示。

第 216 条　票据权益的转让

(1)转让流通票据权益对于当事人以外其他主体的有效性及效力,适用转让时该票据所在地的实体法。

(2)判断某人是否为票据的正当持票人,适用转让行为发生时票据所在地的实体法。

第 217 条　提示、付款、拒付和拒付通知的细节

提示、付款、拒付和拒付通知的细节，适用行为地的实体法。

第五节　商事仲裁

第 218 条　仲裁协议的有效性和效力

仲裁协议的有效性及及其创设的权利，适用依第 187 条和第 188 条规则所选择的法律。该法决定是否继续维持违反仲裁协议之诉。

第 219 条　执行仲裁协议的方法

执行仲裁协议的方法，适用法院地的实体法。

第 220 条　涉外仲裁裁决的执行

涉外仲裁裁决可在其他法域得到执行，但须满足以下条件：

(1)该裁决在准据法所属法域内可以执行，并且该裁决由对被告享有对人管辖权的仲裁庭作出；被告得到了关于该程序的合理通知和申辩机会；而且

(2)法院地对被告或其财产享有司法管辖权，而且裁决所依据的诉因不违反法院地强烈的公共政策。

第六节　恢复原状法律选择的一般原则

第 211 条　恢复原状

(1)在恢复原状之诉中，当事人就特定争点的权利义务，依第 6 条所述原则，适用针对该争点与交易和当事人具有最重要联系的法域的实体法。

(2)在依第 6 条所述原则确定准据法时，应当考虑的连结点包括：

①当事人之间关系的重心地，但此种关系须与不当得利有实质联系；

②获得利益或不当得利的地方；

③给予利益或不当得利行为的完成地；

④住所、居所、国籍、公司成立地和当事人的营业地；以及

⑤在不当得利发生时，与其有实质联系的有形财产(如土地或动产)的所在地。

这些连结点要根据它们对于特定争点的相对重要性来衡量。

参考文献

一、中文部分

1. [美]H. W. 埃尔曼:《比较法律文化》,高鸿钧等译,清华大学出版社2002年版。

2. [法]巴迪福:《国际私法各论》,曾陈明汝译,正中书局1978年版。

3. [美]W. Burnham:《英美法导论》,林利芝译,中国政法大学出版社2003年版。

4. [美]彼得·海:《美国法概论》(第四版),许庆坤译,北京大学出版社2020年版。

5. [英]马丁·沃尔夫:《国际私法》,李浩培、汤宗舜译,法律出版社1988年版。

二、英文部分

Ⅰ. Books

1. ALI, *The American Law Institute* 50th *Anniversary*, Philadelphia, 1973.

2. J. Beale, *A Treatise on the Conflict of Laws*, Vol. 2, New York, Baker, Voorhis & Co., 1935.

3. G. Clabresi, *A Common Law for the Age of Statutes*, Cambridge, Harvard University Press, 1982.

4. W. Cook, *The Logical and Legal Bases of the Conflict of Laws*, Cambridge, Harvard University Press, 1942.

5. B. Currie, *Selected Essays on the Conflict of Laws*, Durham, Duke University Press, 1963.

6. A. Ehrenzweig, *Private International Law: A Comparative Treatise on American International Conflicts Law, Including the Law of Admiralty*, General Part, Leyden, Sijthoff, 1967.

7. P. Hay, P. Borchers, S. Symeonides, C. Whytock, *Conflict of Laws*, St. Paul, West Academic Publishing, 6th ed., 2018.

8. F. Juenger, *Choice of Law and Multistate Justice*, New York, Transnational Publishers, Special ed., 2005.

9. L. Kalman, *Legal Realism at Yale*: 1927 - 1960, Chapel Hill, The University of North Carolina Press, 1986.

10. K. Roosevelt III, *Conflict of Laws*, New York, Foundation Press, 2010.

11. K. Roosevelt III, *Conflict of Laws*, 2nd ed., St. Paul, Foundation Press, 2015.

12. F. Savigny, *A Treatise on the Conflict of Laws, and the Limits of Their Operation in Respect of Place and Time*, trans. by W. Guthrie, London, Stevens & Sons, 2nd ed., 1880.

13. S. Symeonides, J. Nafziger, *Oregon Law Commission, Choice-of-Law for Torts and other Non - Contractual Claims: Report and Comments*, 2009.

14. S. Symeonides ed., *Private International Law at the End of 20th Century: Progress or Regress?*, The Hague, Kluwer Law International, 2000.

15. S. Symeonides, *The American Choice-of-Law Revolution: Past, Present and Future*, Leiden, Koninklijke Brill NV, 2006.

16. S. Symeonides, *Codifying Choice of Law Around the World*, New York, Oxford University Press, 2014.

17. R. Weintraub, *Commentary on the Conflict of Laws*, New York, Foundation Press, 2006.

Ⅱ. Articles

1. K. Adams, "Blaming the Mirror: The Restatements and the Common Law", *Indiana Law Review* 40, 2007.

2. F. Adkins, "Conflict of Laws: Contracts and Other Obligations", *Louisiana Law Review* 35, 1974–1975.

3. B. Audit, "A Continental Lawyer Looks at Contemporary American Choice – of – Law Principles", *American Journal of Comparative Law* 27, 1979.

4. W. Baxter, "Choice of Law and the Federal System", *Stanford Law Review* 16, 1963–1964.

5. L. Brilmayer & D. Listwa, "Continuity and Change in the Draft Restatement (Third) of Conflict Laws: One Step Forward and Two Steps Back", *The Yale Law Journal* 128, 2018–2019.

6. P. Borchers, "Courts and the Second Conflicts Restatement: Some Observations and an Empirical Note", *Maryland Law Review* 56, 1997.

7. P. Borchers, "Empiricism and Theory in Conflicts Law", *Indiana Law Review* 75, 2000.

8. P. Borchers, "Louisiana's Conflicts Codification: Some Empirical Observations Regarding Decisional Predictability", *Louisiana Law Review* 60, 1999–2000.

9. P. Borchers, "Nebraska Choice of Law: A Synthesis", *Creighton Law Review* 39, 2005–2006.

10. P. Borchers, "The Choice – of – Law Revolution: An Empirical Study", *Washington and Lee Law Review* 49, 1992.

11. D. Cavers, "A Critique of the Choice – of – Law Problem", *Harvard Law Review* 47, 1933–1934.

12. E. Cheatham and W. Reese, "Choice of the Applicable Law", *Columbia Law Review* 52, 1952.

13. B. Currie, "Notes on Methods and Objectives in the Conflict of Laws", *Duke Law Journal*, 1959.

14. B. Currie, "The Disinterested Third State", *Law and Contemporary Problems* 28, 1963.

15. P. Dane, "Whereof One Cannot Speak: Legal Diversity and the Limits of a Restatement of Conflict of Laws", *Indiana Law Journal* 75, 2000.

16. N. Darrell, P. Wolkin, "American Law Institute", *New York State Bar Journal* 52, 1980.

17. A. Ehrenzweig, "American Conflicts Law in Its Historical Perspective: Should the Restatement Be 'Continued'?", *University of Pennsylvania Law Review* 103, 1954-1955.

18. A. Ehrenzweig, "American Private International Law and the 'Restatement'", *Nordisk Tidsskrift for International Ret* 28, 1958.

19. A. Ehrenzweig, "Miscegenation in the Conflict of Laws", *Cornell Law Quarterly* 45, 1960.

20. A. Ehrenzweig, "Parental Immunity in the Conflict of Laws: Law and Reason versus the Restatement", *The University of Chicago Law Review* 23, 1955-1956.

21. A. Ehrenzweig, "Restitution in the Conflict of Laws", *New York University Law Review* 36, 1961.

22. A. Ehrenzweig, "The 'Most Significant Relationship' in the Conflicts Law of Torts—Law and Reason versus the Restatement Second", *Law and Contemporary Problems* 28, 1963.

23. A. Ehrenzweig, "The Second Conflicts Restatement: A Last Appeal for its Withdrawal", *University of Pennsylvania Law Review* 113, 1964-1965.

24. J. Frank, "The American Law Institute: 1923-1998", *Hofstra Law Review* 26, 1997-1998.

25. S. Fuld, "Willis L. M. Reese", *Columbia Law Review* 81, 1981.

26. H. F. Goodrich, "The Story of the American Law Institute", *Washington University Law Quarterly* 1951, 1951.

27. M. Gottesman, "Adrift on the Sea of Indeterminacy", *Indiana Law Journal* 75, 2000.

28. E. Griswold, "David F. Cavers", *Law and Contemporary Problems* 51, 1988.

29. J. Henderson, A. Twerski, "Product Design Liability in Oregon and the New Restatement", *Oregon Law Review* 78, 1999.

30. A. Hill, "For a Third Conflicts Restatement—But Stop Trying to Reinvent the Wheel", *Indiana Law Journal* 75, 2000.

31. N. Hull, "Restatement and Reform: A New Perspective on the Origins of the American Law Institute", *Law and History Review* 8, 1990.

32. F. Juenger, "A Third Conflicts Restatement?", *Indiana Law Journal* 75, 2000.

33. D. Karam, "Conflict of Laws-Contracts", *Louisiana Law Review* 47, 1986-1987.

34. H. Kay, "A Defense of Currie's Governmental Interest Analysis", *Recueil des Cours* 215, 1990.

35. H. Kay, "Ehrenzweig's Proper Law and Proper Forum", *Oklahoma Law Review* 18, 1965.

36. H. Kay, "Theory into Practice: Choice of Law in the Courts", *Mercer Law Review* 34, 1982-1983.

37. D. Kenagy, "The Oregon Law Commission at Ten: Finding Vision for the Future in the Functions of the Past", *Willamette Law Review* 44, 2007-2008.

38. P. Kozyris, "Values and Methods in Choice of Law for Products Liability: A Comparative Comment on Statutory Solutions", *American Journal of Comparative Law* 38, 1990.

39. R. Leflar, "Choice-of-Law Statutes", *Tennessee Law Review* 44, 1976-1977.

40. R. Leflar, "Conflict of Laws, Contracts, and the New Restatement", *Arkansas Law Review* 15, 1960-1961.

41. J. Lewis, "Conflict of Laws in Louisiana: Contract", *Tulane Law Review* 38, 1963-1964.

42. E. Lorenzen, "Developments in the Conflict of Laws, 1902-1942", *Michigan Law Review* 40, 1941-1942.

43. E. Lorenzen, R. Heilman, "The Restatement of the Conflict of Laws", *University of Pennsylvania Law Review* 83, 1934-1935.

44. H. Maier, "The Utilitarian Role of a Restatement of Conflicts in a Common Law System: How Much Judicial Deference Is Due to the Restaters or 'Who Are These Guys, Anyway?'", *Indiana Law Journal* 75, 2000.

45. R. Michaels & C. Whytock, "Internationalizing the New Conflict of Laws Restatement", *Duke Journal of Comparative and International Law* 27, 2017.

46. R. Michaels, "The Conflicts Restatement and the World", *American Journal of International Law Unbound* 110, 2016–2017.

47. J. Morris, "Law and Reason Triumphant or How Not Review a Restatement", *American Journal of Comparative Law* 21, 1973.

48. J. Nafziger, "Avoidance of Choice - of - Law Conflicts: An Introduction", *Willamette Journal of International Law and Dispute Resolution* 12, 2004.

49. J. Nafziger, "Making Choices of Law Together", *Willamette Law Review* 37, 2001.

50. J. Nafziger, S. Dixon, "Oregon's Choice - of - Law Process", *Oregon Law Review* 60, 1981.

51. J. Nafziger, "Oregon's Conflicts Law Applicable to Contracts", *Willamette Law Review* 38, 2002.

52. J. Nafziger, "Oregon's Project to Codify Choice-of-Law Rules", *Louisiana Law Review* 60, 1999–2000.

53. J. Nafziger, "Oregon's Project to Codify Conflicts Law Applicable to Torts", *Willamette Journal of International Law and Dispute Resolution* 12, 2004.

54. J. Nafziger, "The Louisiana and Oregon Codifications of Choice-of- Law Rules in Context", *American Journal of Comparative Law* 58, 2010.

55. A. Nussbaum, "Conflict Theories of Contracts: Cases versus Restatement", *The Yale Law Journal* 51, 1941–1942.

56. R. Passler, "Comparative Impairment: Louisiana's New Metho-dology for Resolving Conflicts of Law", *Louisiana Law Review* 52, 1991–1992.

57. W. Perdue, "A Reexamination of the Distinction between 'Loss-Allocating' and 'Conduct-Regulating Rules'", *Louisiana Law Review* 60, 1999-2000.

58. C. Peterson, "New Openness to Statutory Choice of Law Solutions", *American Journal of Comparative Law* 38, 1990.

59. C. Peterson, "Private International Law at the End of the Twentieth Century: Progress or Regress?", *American Journal of Comparative Law* 46, 1998.

60. C. Peterson, "Restating Conflicts Again: A Cure for Schizophrenia?", *Indiana Law Journal* 75, 2000.

61. B. Posnak, "The Restatement (Second): Some Not So Fine Tuning for a Restatement (Third): A Very Well-Curried Leflar over Reese with Korn on the Side (Or Is It Cob?)", *Indiana Law Journal* 75, 2000.

62. R. Pound, "Joseph Henry Beale", *Harvard Law Review* 56, 1942-1943.

63. W. Reese, "American Trends in Private International Law: Academic and Judicial Manipulation of Choice of Law Rules in Tort Cases", *Vanderbilt Law Review* 33, 1980.

64. W. Reese, "Choice of Law: Rules or Approach", *Cornell Law Review* 57, 1971-1972.

65. W. Reese, "Choice of Law in Torts and Contracts and Directions for the Future", *Columbia Journal of Transnational Law* 16, 1977.

66. W. Reese, "Contracts and the Restatement of Conflict of Laws, Second", *The International and Comparative Law Quarterly* 9, 1960.

67. W. Reese, "Discussion of Major Areas of Choice of Law", *Recueil des Cours* 111, 1964.

68. W. Reese, "Statutes in Choice of Law", *American Journal of Comparative Law* 35, 1987.

69. W. Reese, "The Second Restatement of Conflict of Laws Revisited", *Mercer Law Review* 34, 1982-1983.

70. M. Reimann, "A New Restatement-For the International Age", *Indiana Law Journal* 75, 2000.

71. W. Reppy, "Codifying Interest Analysis in the Torts Chapter of a New Conflicts Restatement", *Indiana Law Journal* 75, 2000.

72. W. Reynolds, "Legal Process and Choice of Law", *Maryland Law Review* 56, 1997.

73. W. Richman, W. Reynolds, "Prologomenon to an Empirical Restatement of Conflicts", *Indiana Law Journal* 75, 2000.

74. W. Richman, D. Riley, "The First Restatement of Conflict of Laws on the Twenty - fifth Anniversary of Its Successor: Contemporary Practice in Traditional Courts", *Maryland Law Review* 56, 1997.

75. M. Rosenberg, "A Comment on Neumeier", *South California Law Review* 31, 1979–1980.

76. M. Rosenberg, "The Comeback of Choice - of - Law Rules", *Columbia Law Review* 81, 1981.

77. M. Rosenberg, "Two Views on Kell v. Henderson: An Opinion for the New York Court of Appeals", *Columbia Law Review* 67, 1967.

78. K. Roosevelt III, "Brainerd Currie's Contribution to Choice of Law: Looking Back, Looking Forward", *Mercer Law Review* 65, 2014.

79. K. Roosevelt II. & B. Jones, "The Draft Restatement (Third) of Conflict Laws: A Response to Brilmayer & Listwa", *The Yale Law Journal* 128, 2018–2019.

80. K. Roosevelt III. & B. Jones, "What a Third Restatement of Conflict of Laws Can Do", *American Journal of International Law Unbound* 110, 2016–2017.

81. E. Scoles, "Oregon Conflicts: Three Cases", *Oregon Law Review* 49, 1969–1970.

82. R. Sedler, "A Real World Perspective on Choice of Law", *Mercer Law Review* 48, 1996–1997.

83. R. Sedler, "Choice of Law in Conflicts Torts Cases: A Third Restatement or Rules of Choice of Law?", *Indiana Law Journal* 75, 2000.

84. R. Sedler, "Interest Analysis and Forum Preference in the Conflict of Laws: A Response to the 'New Critics'", *Mercer Law Review* 34, 1982–1983.

85. R. Sedler, "Interest Analysis as the Preferred Approach to Choice of Law: A Response to Professor Brilmayer's 'Foundational Attack'", *Ohio State Law Journal* 46, 1985.

86. R. Sedler, "Professor Juenger's Challenge to the Interest Analysis Approach to Choice of Law: An Appreciation and a Response", *University of California, Davis Law Review* 23, 1989-1990.

87. R. Sedler, "Rules of Choice of Law versus Choice-of-Law Rules: Judicial Method in Conflicts Torts Cases", *Tennessee Law Review* 44, 1976-1977.

88. R. Sedler, "The Governmental Interest Approach to Choice of Law: An Analysis and a Reformulation", *UCLA Law Review* 25, 1977-1978.

89. R. Sedler, "The Louisiana Codification and Tort Rules of Choice of Law", *Louisiana Law Review* 60, 1999-2000.

90. J. Shaman, "The Vicissitudes of Choice of Law: The Restatement (First, Second) and Interest Analysis", *Buffalo Law Review* 45, 1997.

91. G. Shreve, "A New Restatement of Conflicts: Introduction", *Indiana Law Journal* 75, 2000.

92. L. Silberman, A. Lowenfeld, "A Different Challenge for the ALI: Herein of Foreign Country Judgments, and International Treaty, and an American Statute", *Indiana Law Journal* 75, 2000.

93. G. Simson, "Leave Bad Enough Alone", *Indiana Law Journal* 75, 2000.

94. J. Singer, "Pay No Attention to That Man Behind the Curtain: The Place of Better Law in a Third Restatement of Conflicts", *Indiana Law Journal* 75, 2007.

95. E. Stimson, "Simplifying the Conflict of Laws: A Bill Proposed for Enactment by the Congress", *American Bar Association Journal* 36, 1950.

96. S. Symeonides, "A New Conflicts Restatement: Why Not?", *Journal of Private International Law* 5, 2009.

97. S. Symeonides, "An Introduction to 'The Romanist Tradition in

Louisiana': One Day in the Life of Louisiana Law", *Louisiana Law Review* 56, 1995-1996.

98. S. Symeonides, "Choice of Law in the American Courts in 2019: Thirty-Third Annual Survey", *American Journal of Comparative Law* 68, 2020.

99. S. Symeonides, "Exploring the 'Dismal Swamp': The Revision of Louisiana's Conflicts Law on Successions", *Louisiana Law Review* 47, 1986-1987.

100. S. Symeonides, "Louisiana Conflicts Law: Two 'Surprises'", *Louisiana Law Review* 54, 1993-1994.

101. S. Symeonides, Louisiana's New Law of Choice of Law for Tort Conflicts: An Exegesis, *Tulane Law Review* 66, 1991-1992.

102. S. Symeonides, "Oregon's Choice-of-Law Codification for Contract Conflicts: An Exegesis", *Willamette Law Review* 44, 2007-2008.

103. S. Symeonides, "Oregon's New Choice-of-Law Codification for Tort Conflicts: An Exegesis", *Oregon Law Review* 88, 2009.

104. S. Symeonides, "Problems and Dilemmas in Codifying Choice of Law for Torts: The Louisiana Experience in Comparative Perspective", *American Journal of Comparative Law* 38, 1990.

105. S. Symeonides, "The Conflicts Book of the Louisiana Civil Code: Civilian, American, or Original?", *Tulane Law Review* 83, 2008-2009.

106. S. Symeonides, "The First Conflicts Restatement Through the Eyes of Old: As Bad as Its Reputation?", *Southern Illinois Law Journal* 32, 2007-2008.

107. S. Symeonides, "The Judicial Acceptance of the Second Conflicts Restatement: A Mixed Blessing", *Maryland Law Review* 56, 1997.

108. S. Symeonides, "The Third Conflicts Restatement's First Draft on Tort Conflicts", *Tulane Law Review* 92, 2017.

109. S. Symeonides, "The Need for a Third Conflicts Restatement (and a Proposal for Tort Conflicts)", *Indiana Law Review* 75, 2000.

110. M. Traynor,"The First Restatement and the Vision of the American Law Institute,Then and Now", *Illinois Law Journal* 32,2007–2008.

111. K. Tuininga, "Forty – Plus Years of Iowa Choice – of – Law Precedent: The Aftermath of the Restatement (Second) of Conflict of Laws" ,*Creighton Law Review* 43,2009–2010.

112. A. Twerski,"One Size does not Fit All:The Third Multi–Track Restatement of Conflict of Laws" ,*Indiana Law Journal* 75,2000.

113. E. Vitta, "The Impact in Europe of the American 'Conflicts Revolution'" ,*American Journal of Comparative Law* 30,1982.

114. L. Weinberg, " A Structural Revision of the Conflicts Restatement" ,*Indiana Law Journal* 75,2000.

115. R. Weintraub, "'At Least, To do no Harm': Does the Second Restatement of Conflicts Meet the Hippocratic Standard?" ,*Maryland Law Review* 56,1997.

116. R. Weintraub, "Courts Flailing in the Waters of the Louisiana Conflicts Code: Not Waving but Drowning" ,*Louisiana Law Review* 60, 1999–2000.

117. R. Weintraub,"The Contributions of Symeonides and Kozyris to Making Choice of Law Predictable and Just: An Appreciation and Critique" ,*American Journal of Comparative Law* 38,1990.

118. R. Weintraub, "The Restatement Third of Conflict of Laws: An Idea Whose Time Has Not Come" ,*Indiana Law Journal* 75,2000.

119. G. Wichershanm, "The American Law Institute and the Projected Restatement of the Common Law in America" ,*Law Quarterly Review* 43, 1927.

120. S. Wiegand, "Fifty Conflict of Laws 'Restatements': Merging Judicial Discretion and Legislative Endorsement" ,*Louisiana Law Review* 65,2004–2005.

121. H. Yntema,"The Restatement of the Law of Conflict of Laws", *Columbia Law Review* 36,1936.

122. H. Yntema, "What Should the American Law Institute Do?", *Michigan Law Review* 34,1935–1936.